Einführung in das
Studium der iberischen
und lateinamerikanischen
Geschichte

Karin Schüller

Einführung in das Studium der iberischen und lateinamerikanischen Geschichte

Aschendorff Münster

In neuer Rechtschreibung

© 2000 Aschendorffsche Verlagsbuchhandlung GmbH & Co., Münster
Das Werk ist urheberrechtlich geschützt. Die dadurch begründeten Rechte,
insbesondere die der Übersetzung, des Nachdrucks, der Entnahme von
Abbildungen, der Funksendung, der Wiedergabe auf fotomechanischem
oder ähnlichem Wege und der Speicherung in Datenverarbeitungsanlagen
bleiben, auch bei nur auszugsweiser Verwertung, vorbehalten. Die Vergü-
tungsansprüche des § 54, Abs. 2, UrhG, werden durch die Verwertungsge-
sellschaft Wort wahrgenommen.
Printed in Germany
ISBN 3-402-06960-1

Inhaltsverzeichnis

I. Einleitung

Zuerst soll an dieser Stelle für eine Beschäftigung mit der Geschichte der iberischen Staaten und Lateinamerikas geworben werden. Eurozentrische Sichtweisen, ideologische Einseitigkeit oder die Verabsolutierung westlicher Politik- und Demokratiemodelle lässt gerade die lateinamerikanische Geschichte oft in keinem günstigen Licht erscheinen. Am Anfang der Missverständnisse steht die Schwarze Legende über Spanien, die bis heute weiterwirkt und vor allem die Eroberung und Kolonisation Amerikas ausschließlich als die brutale Niederwerfung der indianischen Bevölkerung sieht. Doch bei näherer und vor allem bei vergleichender Betrachtung mit englischen, französischen und anderen Kolonisationsversuchen relativiert sich dieses Bild schnell. Auch die häufig ausschließlich negativ erscheinende »diktatorische Tradition« Lateinamerikas nach der politischen Unabhängigkeit von Europa bietet bei einer genaueren Beschäftigung ebenfalls ein facettenreiches Bild. Bis heute faszinierend ist die rassisch-ethnische Heterogenität Lateinamerikas, die zwar konfliktreich aber zugleich auch kulturell bereichernd gewirkt hat. Gerade die Geschichte bietet die Möglichkeit, zu einem tieferen Verständnis des als so anders empfundenen lateinamerikanischen Subkontinentes zu kommen.

Doch Lateinamerika, das immer ein relativ breites Interesse in Deutschland gefunden hat, ist ohne seine iberischen Wurzeln nur schwer zu verstehen und war während der drei Jahrhunderte umfassenden Kolonialzeit auf das Engste mit Spanien und Portugal verbunden. Gerade die iberischen Staaten aber werden von der deutschen Geschichtswissenschaft sträflich vernachlässigt. Nur das Historische Seminar der Universität zu Köln integriert eine Abteilung für iberische **und** lateinamerikanische Geschichte und an der Universität Bielefeld gibt es noch eine Professur für iberische **und** lateinamerikanische Geschichte, während ansonsten die entsprechenden Professuren auf Lateinamerika ausgerichtet sind und die Geschichte Spaniens und Portugals, wenn überhaupt, nur marginalen Raum findet. Die Bedeutung, die die iberische und lateinamerikanische Geschichte etwa in der stark universalgeschichtlich ausgerichteten französischen »Historikerschule der Annales« einnimmt, wäre in der deutschen Geschichtswissenschaft undenkbar. Vielleicht ändert sich dies im 21. Jahrhundert?

Die neuere iberische und die lateinamerikanische Geschichte können selbstverständlich nur als integraler Bestandteil der allgemeinen neueren Geschichte betrachtet werden. Durch die im 20. Jahrhundert zugenommene Spezialisierung innerhalb der Geschichtswissenschaft, die vor allem nach dem Zweiten Weltkrieg immer weiter fortgeschritten ist, gibt es jedoch heute auch in Deutschland an zahlreichen Universitäten Professuren eigens für lateinamerikanische Geschichte, und gleichzeitig wird die iberische und lateinamerikanische Geschichte an der Universität zu Köln als selbstständiges Fach angeboten. Das Studium dieses Faches wird zunehmend möglich, ohne dass gleichzeitig ein anderes historisches Fach gewählt wird. Aus diesem Grund scheint es notwendig, den Studierenden eine auf ihre speziellen Bedürfnisse ausgerichtete Einführung ins Studium zu bieten. Dies ist die Absicht des vorliegenden Buches. Es führt nicht in die neuere Geschichte ein, sondern ergänzt solche allgemeinen Einführungen wie die von Ernst Opgenoorth, Winfried Schulze und Volker Sellin für Studenten der iberischen und lateinamerikanischen Geschichte. Dies bedeutet aber, dass in dieser Teildisziplin vor allem eine inhaltliche Einführung erforderlich ist, denn im Gegensatz zur allgemeinen neueren Geschichte, die bei den Erstsemestern wenigstens auf Vorkenntnisse in der deutschen und teilweise sicher auch in der französischen, englischen und US-amerikanischen Geschichte zurückgreifen kann, ist hinsichtlich der Geschichte Spaniens, Portugals und Lateinamerikas von den gerade aus der Schule entlassenen Studenten so gut wie kein Vorwissen zu erwarten. Dieses Grundwissen, das zumindest einen groben chronologischen Überblick und die Kenntnis zentraler Ereignisse und wirtschaftlicher und sozialer Grundtendenzen umfassen sollte, damit ein vertiefendes Studium überhaupt möglich wird, soll in dieser Einführung verständlich vermittelt werden. Es handelt sich damit um die Vorstufe zu einem Handbuch und richtet sich an Anfänger ohne Vorkenntnisse, welche die Mehrheit der Studenten des Faches umfasst. Bei einer Darstellung auf so knappem Raum ist eine häufig simplifizierende und verallgemeinernde Betrachtung unvermeidlich, ja notwendig. Die jahrelangen Erfahrungen aus der Lehre im Grundstudium zeigen, dass die Studenten, die einen gut verständlichen und »geglätteten« Überblick bekommen, erst fähig werden, Differenzierungen, Abweichungen und Ausnahmen in ihrer Bedeutung zu verstehen. Das vorliegende Buch ist damit vor allem die Einladung, bei diesem Wissen nicht stehen zu bleiben, sondern es als Grundstock für ein vertiefendes Studium zu begreifen und zu benutzen.

Neben dem inhaltlichen Überblick werden nach jedem Kapitel Literaturhinweise gegeben, die einen Einstieg in das Studium erleichtern. Sie beschränken sich auf wenige Titel und, wenn möglich, auf Darstellungen in deutscher und englischer Sprache. Auch hier haben die Erfahrungen mit Studenten des Grundstudiums gezeigt, dass Studienanfänger spanische oder portugiesische Sprachkenntnisse in der Regel erst in den ersten Semestern erwerben. Die historischen Hilfswissenschaften werden an passenden Stellen in kleinen Exkursen berücksichtigt, wenn sich prägnante Beispiele aus der iberischen und lateinamerikanischen Geschichte zur Erklärung anbieten. Grundsätzlich gilt aber auch hier der Verweis auf die Einführungen in die Geschichte von den oben erwähnten Autoren. Dies trifft auch für eine erste Beschäftigung mit Fragen der Geschichtstheorie zu, die fast in jeder Einführung in das Studium der neueren Geschichte ein oder mehrere Kapitel umfassen. Da die vorliegende Kurzdarstellung auf Anmerkungen verzichten muss, werden zumindest anhand von ausgewählten zentralen Beispielen einige Forschungsdiskussionen vorgestellt, die dem Anfänger einen ersten Einblick in die wissenschaftliche Kontroverse ermöglichen sollen. Abschließend werden anhand praktischer Benutzungsvorschläge für die Erstellung der ersten Referate und Hausarbeiten die wichtigsten Hilfsmittel des Faches vorgestellt. Auch hier wird keinesfalls Vollständigkeit angestrebt, sondern es werden nur die wichtigsten allgemeinen Handbücher, Nachschlagewerke und Zeitschriften angeführt und kommentiert.

Einführungen in das Studium der neueren Geschichte:
Um sich einen ersten Überblick über die Fragen der Geschichtstheorie zu verschaffen, halte ich das Kapitel »Theoriefragen der Geschichtswissenschaft« in der Darstellung von WINFRIED SCHULZE, *Einführung in die Neuere Geschichte*, Stuttgart 1987, für besonders geeignet. Hier werden die wichtigsten Problemkreise relativ ausführlich dargeboten. Für einen Überblick über Quellenarten, Hilfswissenschaften und zur Praxis des Geschichtsstudiums empfiehlt sich neben Schulze das Buch von ERNST OPGENOORTH, *Einführung in das Studium der neueren Geschichte*, Paderborn u. a. [3]1989. Anschaulich geschrieben und praxisorientiert ist außerdem VOLKER SELLIN, *Einführung in die Geschichtswissenschaft*, Göttingen 1995.

Zur iberischen und lateinamerikanischen Geschichte:
Einen inhaltlichen Grundriss des Faches bietet der zwar schon vor mehr als drei Jahrzehnten publizierte, aber immer noch lesenswerte Artikel von RICHARD KONETZKE, »Einige Grundzüge der geschichtlichen Besonderheit Lateinamerikas auf der Westlichen Hemisphäre«: *Historische Zeitschrift* 204 (1967). Ein Versuch, die Entwicklung der iberischen und lateinamerikanischen Geschichte international als Teildisziplin der allgemeinen neueren Geschichte zu skizzieren, ist HORST PIETSCHMANN, »Lateinamerikanische Geschichte als historische Teildisziplin. Versuch einer Standortbestimmung«, in: *Historische Zeitschrift* 248 (1989). Einen einführenden Artikel zur Entwicklung der lateinamerikanischen Geschichte in Deutschland hat verfaßt REINHARD LIEHR »Geschichte Lateinamerikas in Berlin«, in: *Geschichtswissenschaft in Berlin im 19. u. 20. Jahrhundert. Persönlichkeiten und Institutionen*, hrsg. v. R. Hansen und W. Ribbe, Berlin–New York 1992. Ein erster Überblick über den Stellenwert der iberischen und lateinamerikanischen Geschichte in der im 20. Jahrhundert so bedeutenden französischen Historikerschule der Annales ist KARIN SCHÜLLER, »Iberische und lateinamerikanische Geschichte in der französischen ›Historikerschule‹ der Annales«, in: *Iberoamerikanisches Archiv* 26 (2000).

II. Gegenstand und Terminologie

Auf den ersten Blick scheint der Gegenstand der neueren iberischen und lateinamerikanischen Geschichte völlig klar zu sein: Die Geschichte Spaniens, Portugals und Lateinamerikas seit dem Ende des europäischen Mittelalters. Aber bei näherer Betrachtung ergeben sich sofort drei zentrale Fragen. Muss nicht auch die Geschichte und Kultur der indianischen Völker wenigstens unmittelbar vor der Ankunft der Europäer in Amerika Berücksichtigung finden? Gehört zur iberischen Geschichte nicht auch eine Darstellung der Kolonialgebiete Spaniens und Portugals in Afrika und Asien? Und wie breit oder eng ist der Begriff Lateinamerika zu fassen, der ja offensichtlich nicht identisch mit Iberoamerika ist? Die beiden ersten Fragen sind grundsätzlich zu bejahen. Allerdings wird eine praxisorientierte Einführung auf eine derart ausufernde Integration aller Bereiche verzichten müssen und können. Die Geschichte der autochthonen Bevölkerung Amerikas wird im Allgemeinen von der Ethnologie (Völkerkunde) erforscht, wofür der Geschichtswissenschaft die sprachlichen und handwerklichen Voraussetzungen fehlen. Aber Ergebnisse der Ethnologie müssen von der Geschichtswissenschaft natürlich rezipiert werden, damit ein Verständnis der autochthonen und interkulturellen Aspekte amerikanischer Geschichte überhaupt möglich wird. Die Kolonialgebiete Spaniens und Portugals außerhalb des amerikanischen Kontinentes müssen zumindest dort Erwähnung finden, wo sie mit der lateinamerikanischen Geschichte in wichtiger Verbindung stehen. Man denke etwa nur an den transatlantischen Sklavenhandel und damit an die afrikanischen Ursprünge großer Bevölkerungsteile Amerikas.

Von zentraler Wichtigkeit ist die dritte Frage nach der Bedeutung des Terminus **Lateinamerika**. Eine kritische Betrachtung der zahlreichen Begriffe, mit denen Teile des amerikanischen Kontinentes bezeichnet werden, wird zwar keine endgültige Definition ermöglichen, aber zumindest das Bewusstsein schärfen können, wie Bezeichnungen verwendet werden, verwendet werden können oder verwendet werden sollten. Der Name Amerika geht auf den Florentiner **Amerigo**

Vespucci zurück, der zu Beginn des 16. Jahrhunderts einer der ersten war, die erkannten, dass es sich bei den seit 1492 entdeckten Gebieten um einen ganzen Kontinent handelte, um eine »Neue Welt«. **Amerika,** und darauf muss immer wieder hingewiesen werden, umfasst den gesamten amerikanischen Kontinent von Alaska bis Feuerland, auch wenn der Begriff fälschlicherweise in der Umgangssprache häufig mit den Vereinigten Staaten gleichgesetzt wird. Amerika ist demnach eine geographische Bezeichnung, ebenso wie **Nordamerika, Mittel-** oder **Zentralamerika** und **Südamerika.** Diese geographischen Bezeichnungen helfen bei der Abgrenzung des Gegenstandes lateinamerikanischer Geschichte kaum, denn Mexiko, ohne Zweifel ein Teil Lateinamerikas, gehört geographisch zu Nordamerika. Ein Bewohner Acapulcos oder Veracruz' kann sich mit dem gleichen Recht als Nordamerikaner bezeichnen wie ein Bewohner New Yorks oder San Franciscos, auch wenn dies in der Alltagssprache kaum der Fall sein wird.

Schon hilfreicher ist der Begriff **Angloamerika** im Gegensatz zu Lateinamerika. Unter Angloamerika sind grundsätzlich jene Territorien zu verstehen, die von England kolonisiert wurden oder im Verlauf der Kolonialzeit von anderen europäischen Mächten an die englische Krone abgetreten wurden. Lateinamerika würde entsprechend jene Territorien umfassen, die von europäischen Mächten kolonisiert wurden, die eine aus dem Lateinischen hervorgegangene Sprache sprechen, das heißt also die romanischen Länder Spanien, Portugal und Frankreich. Dabei ist allerdings zu bedenken, dass die Französisch sprechenden Teile Kanadas demnach zu Lateinamerika gehören würden, was niemand ernsthaft behaupten wird, während die niederländischen sowie früheren skandinavischen oder russischen Besitzungen Amerikas in diesen Kategorien gar nicht fassbar sind. Es handelt sich bei diesen Begriffen um mehr oder weniger kulturelle Einheiten, die flexibel gehandhabt werden müssen. Kanada ist auf Grund seiner Gesamtentwicklung entsprechend zu Angloamerika, die Insel Curaçao (niederländisch) beispielsweise zu Lateinamerika zu zählen.

Zweifelsfrei sind dagegen Begriffe wie **Iberoamerika, Hispanoamerika** (auch Spanischamerika) und **Lusoamerika** (Portugiesischamerika) zuzuordnen. Es handelt sich um jene Territorien, die von den iberischen Mächten kolonisiert wurden und in denen auch heute noch Spanisch und Portugiesisch gesprochen wird. Der Ursprung der Bezeichnungen Hispanoamerika und Lusoamerika geht dabei auf die römischen Namen der jeweiligen iberischen Regionen zurück. Das Gebiet, das heute Portugal umfasst, hieß in der Römerzeit Lusitania, Spanien hieß Hispania.

Von den geographischen Termini abgesehen, sind alle bisher eingeführten Begriffe im Grunde eurozentrisch (nur aus europäischer Perspektive gesehen), das heißt, sie definieren Amerika als territoriale und kulturelle Verlängerung Europas. Teilweise, aber eben nur teilweise, hat dies durchaus seine Berechtigung, denn die verschiedenen Teile Amerikas stehen den jeweiligen europäischen Regionen politisch und kulturell gewiss viel näher als Afrika oder Asien. Aber neben vielen anderen Verschiedenheiten ist ein zentraler Unterschied die ethnische Vielfalt der amerikanischen Bevölkerung, die sich aus Menschen zusammensetzt, die ihre Ursprünge in vier Kontinenten haben: Europa, Afrika, Asien und natürlich Amerika. Indianer und Schwarze haben dabei neben den Europäern die quantitativ größte Bedeutung. Aus diesem Grund haben sich die beiden Termini **Indoamerika** und **Afroamerika** entwickelt, bei denen es sich ebenfalls weniger um geographisch klar umrissene als vielmehr um kulturelle Einheiten handelt, die das autochthone (indianische) und das afrikanische Element Amerikas umfassen.

Am Schluss soll darauf hingewiesen werden, dass diese Begriffe häufig mit ideologischem Hintergrund verwendet werden. In Spanien etwa wurde, und wird teilweise immer noch, der Begriff Lateinamerika abgelehnt, weil hinter seiner Verwendung französische Ansprüche auf eine kulturelle Dominanz gesehen wurden. Lange Zeit ging man auch davon aus, der Begriff Lateinamerika sei in Frankreich entstanden, während er wahrscheinlich tatsächlich aus Hispanoamerika kam, in Frankreich aber sehr schnell aufgegriffen wurde. Wichtig ist für den Historiker, dass er sich über die angeführten Definitionsprobleme bewusst ist, und in seiner Wissenschaftssprache versucht, so präzise wie möglich zu sein.

III. Periodisierung

Unter Periodisierung in der Geschichtswissenschaft versteht man eine sinnvolle zeitliche Epocheneinteilung. Traditionell werden bis heute drei Großepochen unterschieden, das Altertum, das Mittelalter und die Neuzeit. Wenn wir uns hier mit der neueren iberischen und der lateinamerikanischen Geschichte beschäftigen, so gilt es zunächst, die Neuzeit vom Mittelalter abzugrenzen. Das Ende einer Epoche und damit verbunden der Anfang einer neuen Epoche lassen sich nicht auf den Tag genau, ja nicht einmal auf ein bestimmtes Jahr festlegen, denn epochenverändernde Entwicklungen sind im Allgemeinen langfristiger Natur. Trotzdem gibt es zeitliche Eckpunkte, das heißt herausragende Ereignisse, die in die Zeit der Epochenwende fallen und den Anfang von etwas neuem in besonderer Weise repräsentieren. Als allgemeine Eckdaten für den Beginn der neueren Geschichte werden häufig die Erfindung des Buchdrucks um 1450, die **Entdeckung Amerikas 1492** und die Reformation mit dem Thesenanschlag Martin Luthers 1517 angeführt. Eines dieser drei Ereignisse, die jedes für sich fundamentale gesellschaftliche Veränderungen zur Folge hatten, ist für die iberische und lateinamerikanische Geschichte von herausragender Bedeutung, die Entdeckung Amerikas durch Christoph Kolumbus. Damit trat ein neuer Kontinent in das Bewusstsein Europas, und durch die Edelmetallfunde wurden die wirtschaftlichen Verhältnisse beträchtlich beeinflusst. Das gleiche Jahr **1492** brachte zusätzlich auf der Iberischen Halbinsel den **Abschluss der Reconquista**. Die Herrschaft des Islam, deren Beginn mit der Schlacht von Jerez de la Frontera (711) auch als Anfang des Mittelalters auf der Iberischen Halbinsel gilt, war hier charakteristisch für das frühe Mittelalter, während Hoch- und Spätmittelalter durch die Reconquista, die Rückeroberung der Iberischen Halbinsel für die Christen geprägt waren. Als 1492 das letzte Emirat der Mauren, Granada, zurückerobert werden konnte, war die Herrschaft des Islam endgültig vorbei. Gleichzeitig wurde es für Kolumbus dadurch erst möglich, die Unterstützung der spanischen Krone für seine geplante Entdeckungsreise zu gewinnen, denn vorher war man auch finanziell ganz auf den Krieg gegen die Mauren konzentriert. Das heißt also, dass das Jahr 1492 für die iberische und lateinamerikanische Geschichte zwei miteinander verbundene einschneidende Ereignisse mit sich brachte. Mit der **Fahrt des Portugiesen Vasco da Gama 1497/98** gelang es zum ersten Mal, rund um Afrika auf dem östlichen Seeweg Asien zu erreichen, auch dies eine einschneidende Zäsur zwischen Mittelalter und Neuzeit. Wichtig, wenngleich nicht von derselben überragenden Bedeutung wie die bisher angeführten Ereignisse, war noch das Jahr 1479, in dem die während der Reconquista im Mittelalter entstandenen Königreiche Aragonien und Kastilien unter den Katholischen Königen enger zusammengeschlossen wurden. Damit war der Grundstein für den gesamtspanischen Staat gelegt. Ferdinand von Aragonien und Isabella von Kastilien (Katholische Könige) hatten 1469 durch ihre Eheschließung diese Entwicklung vorbereitet und als der König von Aragón 1479 starb und die Herrschaft auf seinen Sohn Ferdinand überging, war eine erste Voraussetzung für die spanische Zentralstaatsbildung geschaffen, denn Ferdinands Gemahlin Isabella war Königin von Kastilien. Allgemein setzte die Epochenwende zur Neuzeit also gegen Ende des 15. Jahrhunderts ein, während die Folgen der angeführten Ereignisse im 16. Jahrhundert ihre volle Wirkung entwickelten. Die Reformation hatte die Konfessionsbildung zur Folge, die in Europa die Einheit des Christentums sprengte und mit dem Ausgreifen der verschiedenen Konfessionen zugehörenden westeuropäischen Mächte in den Atlantik dann auch in Amerika verschiedene christliche Konfessionen etablierte, wobei Lateinamerika im Wesentlichen durch den Katholizismus der iberischen Mächte geprägt wurde. Die europäische Expansion beschleunigte die Entwicklung kapitalistischer Wirtschaftsformen als ökonomische Charakteristik im Gegensatz zum Mittelalter. Dabei war die Entstehung des Welthandels ebenso entscheidend wie die sich immer mehr durchsetzende Geldwirtschaft.

Die neuere Geschichte selbst wird noch einmal in verschiedene zeitliche Perioden unterteilt. Zunächst unterscheidet man zwischen der Geschichte der frühen Neuzeit, die mit der Wende vom 18. zum 19. Jahrhundert endet, und der Geschichte des 19. und 20. Jahrhunderts. Die **frühe Neuzeit** in Europa ist geprägt durch die Staatswerdung, d.h. an die Stelle des Personenverbandsstaates des Mittelalters trat der Territorialstaat. Schließlich bildete sich die absolute Macht des Königtums heraus, das seine Legitimität aus dem Gottesgnadentum ableitete. In Amerika kann die frühe Neuzeit gleichgesetzt werden mit der **Kolonialzeit.** Herausragende Ereignisse, mit denen das Ende der frühen Neuzeit im Allgemeinen identifiziert wird, sind die 1776 erfolgte Unabhängigkeitserklärung der USA und die Französische Revolution von 1789, mit denen die Herrschaft des absoluten Königtums diesseits und jenseits des Atlantiks in eine Krise geriet. An die Stelle dieser absoluten Königsmacht trat nun erstmalig die Volkssouveränität als bestimmender Machtfaktor, die ihre Legitimität nicht mehr aus dem Gottesgnadentum der Monarchen sondern aus geschriebenen Verfassungen ableitete. Auch in Spanien, Portugal und Lateinamerika kam es am Ende der frühen Neuzeit zu fundamentalen Veränderungen, die in Zusammenhang mit der Französischen Revolution gesehen werden müssen. Zunächst waren es die französischen Kolonien (v.a. auf den Antillen), die durch die Revolution im Mutterland destabilisiert wurden. Die Iberische Halbinsel wurde in die napoleonischen Kriege hineingezogen und **1808** von französischen Truppen besetzt. Während das spanische Königshaus von den Franzosen entmachtet wurde, floh der portugiesische Hof nach Brasilien. Ein großer Teil der lateinamerikanischen Kolonien konnte sich auf Grund dieser Ereignisse **zwischen 1791 und 1825** seine politische **Unabhängigkeit** erkämpfen. Die Erreichung der Unabhängigkeit von Europa markiert also in Amerika das Ende der frühen Neuzeit. Das 19. und das 20. Jahrhundert sind politisch entsprechend durch die Eigenstaatlichkeit geprägt.

Innerhalb der frühen Neuzeit kann man für Spanien und seine amerikanischen Kolonien nochmals eine Zweiteilung vornehmen, die keine Entsprechung in der allgemeinen neueren Geschichte hat. Im 16. und 17. Jahrhundert steht an der Spitze der spanischen Monarchie die Dynastie der Habsburger. Als 1700 der letzte König dieser Dynastie kinderlos starb, brach der so genannte Spanische Erbfolgekrieg aus. Sowohl das französische Königshaus der bourbonischen Dynastie als auch die österreichischen Habsburger erhoben Anspruch auf den spanischen

Thron. Die Franzosen konnten den Krieg für sich entscheiden, so dass im 18. Jahrhundert an die Stelle der habsburgischen die bourbonische Dynastie trat, die den spanischen Thron bis heute innehat. Die frühe Neuzeit der spanischen Welt kann also nochmals in **eine habsburgische und eine bourbonische Epoche** unterteilt werden. Die frühe Neuzeit Portugals lässt sich grob in drei Phasen einteilen. Zunächst herrschte seit dem 15. Jahrhundert bis 1580 die **Dynastie Avis**. Als diese ausstarb, kam es zwischen 1580 und 1640 zu einer **Personalunion mit der spanischen Krone**. Seit dem erfolgreichen Aufstand Portugals gegen Spanien herrschte seit 1640 die **Dynastie Braganza**.

Das 19. Jahrhundert wurde in den verschiedenen Staaten diesseits und jenseits des Atlantiks durch die Industrielle Revolution begleitet, die auf der Iberischen Halbinsel und in Lateinamerika jedoch später einsetzte als in anderen europäischen Staaten und in den USA. Vor allem die lateinamerikanischen Staaten entwickelten sich in der zweiten Hälfte des 19. Jahrhunderts zu Rohstofflieferanten für die entstehenden Industriestaaten. Ein weiteres Charakteristikum des 19. Jahrhunderts ist die Nationenbildung, die vor allem in Lateinamerika ein langwieriger und konfliktreicher Prozess war. In der Geschichte des 19. und 20. Jahrhunderts schließlich wird in der Geschichtswissenschaft noch einmal die so genannte **Zeitgeschichte** abgetrennt. Darunter versteht man die Epoche der Mitlebenden. Lange Zeit wurde der Anfang der Zeitgeschichte mit dem Jahr 1917 gleichgesetzt. Es handelt sich deshalb um eine einschneidende Zäsur, weil einerseits zum ersten Mal die US-Amerikaner durch ihren Eintritt in den Ersten Weltkrieg umfassenden Einfluss auf Europa gewannen und andererseits mit der Russischen Revolution die das 20. Jahrhundert so prägende Geschichte der kommunistischen Staaten begann. Für Lateinamerika sind diese Ereignisse weniger bedeutungsvoll, aber trotzdem beginnt mit der Wende vom 19. zum 20. Jahrhundert auch dort eine neue Epoche, die vor allem durch eine immer deutlichere Entwicklung kapitalistischer Strukturen in der Wirtschaft und einen zunehmenden Einfluss der Vereinigten Staaten auf Lateinamerika geprägt wurde. Ein zentrales Ereignis war der **Spanisch-Nordamerikanische Krieg von 1898**, in dem Spanien seine letzten Kolonien verlor:

Kuba und Puerto Rico sowie in Asien Guam und die Philippinen. Gleichzeitig konnten sich die USA mehr oder weniger direkt die Kontrolle über diese Gebiete sichern. Mit der **Mexikanischen Revolution** von 1910 schließlich setzte in Lateinamerika erstmalig eine soziale Massenbewegung ein, die die wirtschaftliche und politische Emanzipation breiter Bevölkerungsteile zum Ziel hatte. In **Brasilien** ist das 19. Jahrhundert durch das **Kaiserreich** geprägt, das 1889 von der **Republik** abgelöst wurde. In Portugal wurde 1910 die Monarchie mit einer Revolution beendet und durch die republikanische Staatsform ersetzt.

Wenn aber Zeitgeschichte als Epoche der Mitlebenden definiert wird, so muss man aus heutiger Sicht den Beginn später ansetzen. Der Zweite Weltkrieg ist hier als Ausgangspunkt für die Blockbildung ein zentraler Einschnitt. Für **Spanien**, das am Zweiten Weltkrieg nicht beteiligt war, ist das radikale Ereignis jener Zeit der **Bürgerkrieg (1936–1939),** mit dem die Diktatur des Generals Franco begann. In **Portugal** begann mit der Diktatur von Salazar 1932 der so genannte **Estado Novo.** Auf der Iberischen Halbinsel wurden mit diesen autoritären Bewegungen die politisch instabilen Verhältnisse des 19. und beginnenden 20. Jahrhunderts beendet, während Mitte der 1970er Jahre die Diktatur in beiden iberischen Staaten durch die Demokratie abgelöst wurde.

Exkurs in die Chronologie:

Die Chronologie ist die Lehre von der Zeitrechnung, weshalb sich eine kurze Vorstellung im Zusammenhang mit der Periodisierung anbietet. Für die Geschichte stellt die Chronologie eine Hilfswissenschaft dar, da sie sich mit verschiedenen Zeitrechnungen, Festkalendern, Kalenderreformen etc. beschäftigt, die im Hinblick auf Datierungen Grundlage historischer Arbeit sein können. Aspekte der Chronologie innerhalb der neueren Geschichte, die die iberische und lateinamerikanische Geschichte in besonderem Maße betreffen würden, oder markante Beispiele aus diesem Bereich gibt es freilich keine. Deshalb sei hier auf die in die Chronologie einführenden Kapitel allgemeiner Darstellungen verwiesen. Erwähnt zu werden verdient allerdings die Zeitrechnung der Mayakultur, deren Siedlungsschwerpunkt zur Zeit der Eroberung auf der Halbinsel Yucatán im Gebiet des heutigen Mexiko lag. Den **Maya-Kalender** kann man als enorme intellektuelle Leistung der indianischen Hochkulturen bezeichnen. Ihre Jahresberechnung kombiniert das Sonnenjahr mit den beobachteten Veränderungen anderer Himmelskörper wie Mond und Venus. Dadurch wird teilweise eine größere Genauigkeit erreicht, als sie der heute noch gültige Gregorianische Kalender aufweist.

Eines der für die Chronologie wohl wichtigsten Ereignisse mit großer Bedeutung für die neuere Geschichte ist die gregorianische **Kalenderreform von 1582**, durch die Papst Gregor XIII. den bis dahin gültigen **Julianischen Kalender** ersetzte. Um das Kalenderjahr mit dem Sonnenjahr in Übereinstimmung zu bringen, bediente sich schon der Julianische Kalender der Schaltjahre, die einen Tag länger waren als die anderen Jahre. Die wesentliche Reform bestand nun darin, die Häufigkeit der Schaltjahre zu reduzieren. Gleichzeitig sprang man, um die bis dahin entstandene Verschiebung von zehn Tagen auszugleichen, direkt vom 4. auf den 15. Oktober 1582. Bedeutung für die Geschichtswissenschaft bekommt die Reform vor allem dadurch, dass die protestantischen Staaten den **Gregorianischen Kalender** lange Zeit nicht anerkannten, so dass es zeitweilig zwei Kalenderrechnungen in Europa gab. Spanien und Portugal als katholische Monarchien führten die Kalenderreform sofort ein, das protestantische England beispielsweise dagegen erst 1752. In den Quellen können dadurch scheinbare Widersprüche in der Chronologie von Ereignissen auftreten. In modernen historischen Darstellungen wird grundsätzlich die Datierung nach dem Gregorianischen Kalender vorgenommen, auch wenn die Arbeit sich mit einem protestantischen Staat befasst, der noch nach dem Julianischen Kalender rechnete. Wenn die alte Datierung aus irgendeinem Grund benutzt wird, so gibt der Historiker das im Allgemeinen ausdrücklich an. Dem Datum wird dann meist das Kürzel für »alter Stil« (a. S.) hinzugefügt.

IV. Das Zeitalter der Entdeckung und Eroberung

Im 15. Jahrhundert, das heißt gegen Ende des Mittelalters, begann das **Zeitalter der europäischen Expansion**. Das Hauptmotiv war die Suche nach einem direkten Seeweg zwischen Europa und Asien, der den jahrhundertealten Handel zwischen beiden Regionen ohne die Zwischenhändler der islamischen Welt Vorderasiens ermöglichen sollte. Fleischkonservierende Gewürze, aber auch Luxusartikel wie Seide und Edelsteine bezogen die Europäer aus Asien, und der Handel mit diesen Artikeln in Europa wurde von den norditalienischen Handelsstädten kontrolliert. Ihre Handelsrouten reichten vom östlichen Mittelmeer bis zur Iberischen Halbinsel und weiter in den europäischen Atlantik bis zu den Britischen Inseln. Es ist also kein Zufall, dass der Entdecker Amerikas ein Genuese war.

Die geographische Lage der Iberischen Halbinsel als Verbindung zwischen Mittelmeer und Atlantik innerhalb des von den oberitalienischen Städten kontrollierten Handelssystems prädestinierte Portugal und Spanien, einen direkten **Seeweg nach Asien** zu suchen. Zunächst war Portugal die treibende Kraft, denn hier war die Reconquista bereits lange abgeschlossen, und im Verlauf des 15. Jahrhunderts drangen die Portugiesen immer weiter an der westafrikanischen Küste nach Süden vor. Bis in die letzten Jahrzehnte des 15. Jahrhunderts waren es Gold und Sklaven aus Afrika, die die Expansion der Portugiesen nach Süden motivierten. Um diese Zeit (seit etwa 1480) begann man, Plantagensklaven auf den so genannten Zuckerinseln einzusetzen (Madeira, Kapverden und Kanaren). Bis dahin waren es im Wesentlichen Haussklaven für Portugal selbst, die in Afrika erworben wurden. In den achtziger und neunziger Jahren ist dann erstmalig das Ziel einer Umsegelung Afrikas und damit der Auffindung des **östlichen Seeweges** nach Asien bezeugt. Im Mittelalter führten zwei Wege nach Asien. Der erste auf dem Seeweg durch das Mittelmeer nach Byzanz und von dort auf Karawanenstraßen durch Zentralasien, der zweite ebenfalls über das Mittelmeer bis Alexandria und dann über das Rote Meer und den Indischen Ozean. Beide Handelswege wurden im ausgehenden Mittelalter von islamischen Zwischenhändlern kontrolliert, während der europäische Gewürzhandel von norditalienischen Handelsstädten, vor allem Venedig, beherrscht wurde. Portugals Suche nach dem Seeweg zielte also auf die Ausschaltung der islamischen Zwischenhändler und auf die Brechung des oberitalienischen Monopols im europäischen Gewürzhandel. Der entscheidende Erfolg vor dem Erreichen Asiens war 1487/88 die Umrundung der Südspitze Afrikas, des Kaps der Guten Hoffnung, durch Bartolomeu Dias. Er kehrte jedoch nach Portugal zurück, ohne seine Reise bis nach Asien fortgesetzt zu haben.

In der zweiten Hälfte des 15. Jahrhunderts versuchten die iberischen Mächte bereits, ihre Interessensphären im atlantischen Raum, die die Inselgruppen der Kanaren, Kapverden und Azoren sowie die afrikanische Küste betrafen, voneinander abzugrenzen. 1479 wurde zwischen Portugal und Spanien der **Vertrag von Alcáçovas** geschlossen, der eine Demarkationslinie von Ost nach West festlegte, die südlich der Kanarischen Inseln verlief (Karte 1). Gemäß dieser Vereinbarung erhielten die Portugiesen ein Handelsmonopol für die südlich gelegenen Gebiete, während die zuvor umstrittenen Kanarischen Inseln endgültig an die kastilische Krone fielen.

Eine für viele Zeitgenossen abenteuerliche Idee verfolgte Christoph Kolumbus, der seit den 1470er Jahren in Lissabon weilte und den Plan entwickelte, Asien über einen **westlichen Seeweg**, also über den Atlantik, zu erreichen. Zwar hatte sich unter den Gelehrten der damaligen Zeit bereits teilweise die Vorstellung durchgesetzt, dass die Erde kugelförmig sei, aber allgemeines Wissen war diese Tatsache nicht, und sein Plan stieß deshalb auf Misstrauen und Spott. Zunächst versuchte er in Lissabon die portugiesische Krone von seiner Idee zu überzeugen. Es gelang ihm aber nicht, die Unterstützung der Krone zu bekommen, zumal sich die Portugiesen immer mehr dem Ziel ihrer bisherigen Expansionsrichtung näherten. Kolumbus ging schließlich nach Spanien und konnte nach mehreren vergeblichen Versuchen die Katholischen Könige überzeugen, eine kleine Expedition zu finanzieren, die ihm die Reise über den Atlantik ermöglichte. Da den Spaniern durch die Alcáçovaslinie der östliche Seeweg ohnehin versperrt war und die Portugiesen ihrem Ziel immer näher rückten, bot der Genuese den Katholischen Königen eine Alternative. Als Kolumbus 1492 auf der ersten seiner bis 1504 unternommenen vier Reisen die Karibischen Inseln und damit Amerika entdeckte, hatte Spanien innerhalb kürzester Zeit den Vorsprung Portugals bei der beginnenden europäischen Expansion nach Übersee aufgeholt.

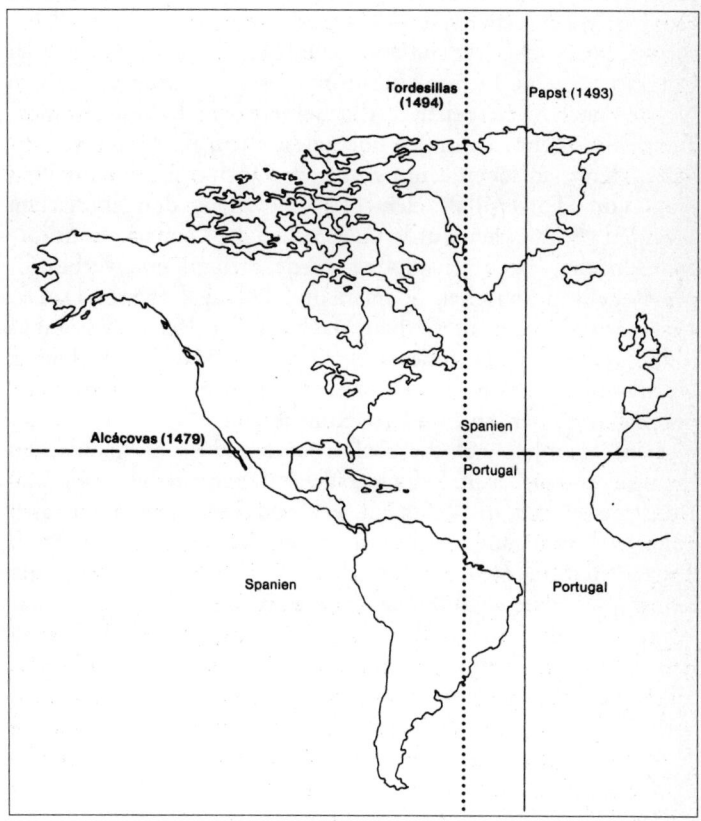

Karte 1: Die Demarkationslinien von Alcáçovas und Tordesillas (Nach A. H. de Oliveira Marques: History of Portugal Bd. 1, New York 1972, S. 227) Aus: Wolfgang Reinhard, Geschichte der europäischen Expansion, Bd. 1, S. 48

Die beiden iberischen Mächte bemühten sich nun, ihre Interessensphären neu voneinander abzugrenzen und rechtlich zu fixieren, da die Alcáçovaslinie den neuen Gegebenheiten nicht mehr angemessen war. Das Papsttum, um diese Zeit zumindest theoretisch immer noch eine Universalmacht innerhalb der christlichen Welt und darüber hinaus die zuständige Instanz für die Heidenmission, bestimmte **1493** in verschiedenen Bullen die Grenze zwischen der spanischen und portugiesischen Einflusssphäre. Die wichtigste Bulle war die **Inter Caetera** vom 4. Mai 1493, in der eine Demarkationslinie festgelegt wurde, die von Norden nach Süden reichte. Alle Gebiete östlich dieser Demarkationslinie gehörten in den portugiesischen, alle Gebiete westlich in den spanischen Einflussbereich. Doch erst mit dem **Vertrag von Tordesillas**, der **1494** zwischen den iberischen Mächten geschlossen wurde und in dem die Demarkationslinie weiter nach Westen verschoben wurde, erfolgte eine verbindliche Regelung zwischen Spanien und Portugal (Karte 1). Die 1494 zwischen den iberischen Mächten getroffenen Vereinbarungen schlossen alle anderen europäischen Mächte aus. Dieser Umstand betraf vor allem die westeuropäischen Atlantikanrainer und zog über Jahrhunderte Konflikte im atlantischen Raum und im Hinblick auf die Kolonisierung des amerikanischen Kontinentes nach sich. Jedoch erst einmal begann die Eroberung Amerikas durch die Spanier, während die Portugiesen sich zunächst noch ganz auf den östlichen Seeweg und auf Asien konzentrierten. **1497/98** erreichte der Portugiese **Vasco da Gama** auf der neu gefundenen Route um Afrika herum erstmalig Asien. Der Osten Südamerikas, der nach dem Vertrag von Tordesillas den Portugiesen zur Kolonisation zugesprochen war und **Brasilien** genannt werden würde, wurde erst **1500** von **Pedro Alvarez Cabral** entdeckt. Bezeichnenderweise befand er sich auf einer Fahrt nach Asien und wurde durch Sturm von seiner Route abgebracht und weit nach Westen gedrängt, so dass er zufällig an der brasilianischen Küste landete.

Die Eroberung von Teilen des amerikanischen Kontinentes durch die Spanier verlief parallel zu weiteren Entdeckungen. Zunächst wusste man nicht, dass man einen neuen Kontinent entdeckt hatte und später dauerte es geraume Zeit, bis man sich über die Ausdehnung der amerikanischen Landmasse einigermaßen konkrete Vorstellungen machen konnte. Ein wichtiger Einschnitt war die erste **Weltumsegelung**, die der Portugiese **Fernão de Magalhães** (in der hispanisierten Form zumeist Fernando Magellan genannt) im Auftrag der spanischen Krone **1519** unternahm. Er erreichte die Südspitze des amerikanischen Kontinentes und fand die nach ihm benannte Meeresstraße vom Atlantik in den Pazifik. Nach der Erreichung Asiens kehrte ein kleiner Teil seiner Expedition 1522 nach Spanien zurück, während Magellan selbst 1521 auf den Philippinen den Tod fand. Die erste Weltumsegelung bewies unwiderlegbar die Kugelgestalt der Erde.

Ausgangspunkt für die Eroberung Amerikas waren die Antillen, auf denen Kolumbus zuerst gelandet war. Zunächst griff man auf das mittelamerikanische Festland bei der Landenge von Panamá über. Dabei wurde 1513 der Pazifik entdeckt. Durch die Entdeckung des Pazifiks begann die spanische Krone Expeditionen auszusenden, die das südliche Ende des amerikanischen Kontinentes oder eine Wasserstraße durch den Kontinent finden sollten. Dabei fand man 1516 zunächst die Río de la Plata-Mündung, die zuerst für eine Durchfahrtmöglichkeit zum Pazifik gehalten wurde. Die einzige dauerhafte Stadtgründung in diesem Gebiet war 1537 Asunción, die heutige Hauptstadt von Paraguay. Von Asunción aus erfolgte in den sich anschließenden Jahrzehnten die Durchdringung des La Plata-Gebietes. Doch diese Region wurde von der spanischen Krone lange Zeit vernachlässigt, weil in den Gebieten der indianischen Hochkulturen in Mexiko und Peru mit reichen Edelmetallfunden weitaus größere wirtschaftliche Gewinne verbunden werden konnten.

Die großen Kapitel der Eroberungsgeschichte sind denn auch die **Conquista des Aztekenreiches und des Inkareiches**. Während zunächst die Insel Hispaniola (die heutigen Staaten Haiti und Dominikanische Republik) die wichtigste Basis Spaniens war, gewann sehr bald Kuba die Rolle des strategischen Ausgangspunktes für die Eroberung des amerikanischen Festlandes. Hier rüstete **Hernán Cortés** seine Expedition aus, mit der er zwischen 1519 und 1521 das Aztekenreich Mexikos unterwarf. Von 1532 bis 1534 gelang es **Francisco Pizarro**, das Inkareich

Perus für Spanien zu erobern. Wie war es möglich, dass kleine Einheiten spanischer Eroberer die indianischen Hochkulturen in wenigen Jahren besiegten? Zunächst müssen die indianischen Verbündeten der Spanier erwähnt werden. Die von den Azteken unterworfenen Völker stellten sich teilweise auf die Seite der Spanier und unterstützten die Entmachtung der bisherigen Herrscher. In Peru waren es Erbfolgestreitigkeiten innerhalb der herrschenden Inkadynastie, die eine Schwächung der Zentralgewalt gerade zur Zeit der Ankunft der Spanier mit sich brachten. Ein weiterer Faktor war die waffentechnische Überlegenheit der Spanier, deren Feuerwaffen und Pferde für die Indianer völlig neu waren. Dieser Faktor wird von der neueren Forschung jedoch kaum noch als entscheidend gesehen, da die Indianer sich doch relativ schnell darauf einstellten und bald selbst erbeutete Feuerwaffen und Pferde benutzten. Größere Bedeutung wird demgegenüber der taktischen und strategischen Überlegenheit der Spanier beigemessen. Der europäischen Kampfweise, die auf die Vernichtung des Gegners ausgerichtet war, stand bei den Azteken zum Beispiel die eher rituelle, auf das Machen von Gefangenen ausgerichtete Kriegführung gegenüber. Von den Europäern eingeschleppte Krankheiten, gegen die keinerlei Resistenz bei den autochthonen Völkern Amerikas vorhanden war, bedeuteten eine zusätzliche Schwächung der Widerstandskraft. Und schließlich ist der Schock nicht zu unterschätzen, den die unerwartete Ankunft der Fremden ganz allgemein zur Folge hatte. Ein wesentlicher Unterschied im Bewusstsein der aufeinander treffenden Kontrahenten war, dass die Spanier ziemlich genau wussten, was sie wollten, während die Indianer reagieren mussten, häufig ohne die genauen Absichten ihrer Gegner zu kennen. Grundsätzlich gilt darüber hinaus, dass es wesentlich einfacher ist, eine sesshafte Bevölkerung zu unterwerfen, wie sie im Falle des Aztekenreiches und auch des Inkareiches gegeben war, als halbsesshafte und nomadisierende Völkerschaften. Den Nomaden Nordamerikas und des südlichen Südamerika, die den vordringenden Eroberern auswichen und sie aus einem weiten Hinterland immer wieder angriffen, war wesentlich schwerer beizukommen. Deshalb konnten sich solche Stämme den Europäern und später auch den schon unabhängigen Staaten noch bis weit ins 19. Jahrhundert hinein entziehen. Solche Gebiete bildeten lange Zeit die so genannte »**Grenze**«, worunter Regionen zu verstehen sind, in denen langanhaltende Auseinandersetzungen zwischen der indianischen und europäisch-kreolischen Kultur stattfanden.

Die spanische Eroberung Amerikas wurde weitgehend in der Regierungszeit Karls I. (1516–1556) abgeschlossen. Er war nicht nur spanischer König sondern als Karl V. auch Kaiser des Heiligen Römischen Reiches deutscher Nation. Spanien stieg in diesen Jahrzehnten zur Weltmacht auf. In der Regierungszeit Karls V. umfasste die spanische Monarchie neben Spanien und seinen amerikanischen Besitzungen, die Niederlande (etwa die heutigen Niederlande und Belgien), Teile Italiens (Neapel-Sizilien) und einzelne Stützpunkte an der nordafrikanischen Küste. Es darf jedoch nicht vergessen werden, dass weite Teile Amerikas der spanischen Herrschaft nicht unterworfen wurden. Man konzentrierte sich auf die Zentren Peru und Mexiko, wo reiche Silbervorkommen entdeckt wurden, und beschränkte sich ansonsten auf Stadtgründungen wie Asunción oder Santiago (de Chile), von denen aus nur die direkt angrenzenden Territorien kontrolliert und landwirtschaftlich erschlossen wurden. Nordamerika blieb weitgehend den dort lebenden Indianern überlassen, ebenso das Innere Südamerikas, während die Antillen im Zuge der Konzentration auf das Festland von Spanien immer mehr vernachlässigt wurden. Dies traf insbesondere auf die Kleinen Antillen zu, wohingegen die Inseln Kuba, Hispaniola, Jamaica und Puerto Rico (Große Antillen) zumindest teilweise von Kolonisten besiedelt wurden. Die entstehenden Freiräume boten anderen europäischen Mächten die Möglichkeit, das iberische Monopol der Landnahme zu unterlaufen.

Der Osten Südamerikas fiel auf Grund der Vereinbarungen des Vertrages von Tordesillas in den portugiesischen Einflussbereich. Doch Portugal richtete erst allmählich seine Aufmerksamkeit neben Asien auch auf den amerikanischen Kontinent. Cabral nahm 1500 bei seiner Landung die brasilianische Küste formell für die portugiesische Krone in Besitz. Die Region verdankt ihren Namen einem Färbholz (Brasilholz), das dort später in großen Mengen vorgefunden wurde.

Einstieg in das Studium:
Für einen Einstieg in die Entdeckungs- und Eroberungsgeschichte empfiehlt sich die Darstellung von WOLFGANG REINHARD, *Geschichte der europäischen Expansion*, 2 Bände (Stuttgart u.a. 1983/1985), die trotz ihrer Differenziertheit auch für den Anfänger verständlich geschrieben ist. Will man die Entdeckung und Eroberung des amerikanischen Kontinentes von der Küste bis ins Landesinnere langsam nachvollziehen und gleichzeitig in die Chroniken und Reiseberichte eingeführt werden, die dem zeitgenössischen Europäer die Ereignisse nahe brachten, so sollte man mit dem Buch von URS BITTERLI, *Die Entdeckung Amerikas*, München 1991, beginnen. Einen guten Überblick über die Vereinbarungen zwischen Spanien und Portugal bietet das erste Kapitel des Buches von GÜNTER KAHLE, *Lateinamerika in der Politik der europäischen Mächte 1492–1810*, Köln u.a. 1993. Wer sich für die Geschichte der indianischen Hochkulturen vor der Ankunft der Europäer interessiert, findet eine überschaubare Einführung in HANNS J. PREM, *Geschichte Alt-Amerikas* (Oldenbourg Grundriss der Geschichte, Bd. 23), München 1989.

V. Die frühe Neuzeit

1. Spanien in der frühen Neuzeit

Mit der Regierungszeit der Katholischen Könige Ferdinand von Aragonien und Isabella von Kastilien begann in Spanien die frühe Neuzeit. Zu den Ländern der Krone Aragón zählten neben Aragonien auch Katalonien und Valencia sowie die italienischen Besitzungen Neapel-Sizilien. Zur Krone Kastilien gehörte seit der Entdeckung auch das amerikanische Kolonialreich. Durch die Eheschließung Ferdinands und Isabellas war die politische Einigung Spaniens zwar vorbereitet, aber noch keineswegs institutionalisiert, denn beide herrschten jeweils nur über die eigenen ererbten Reiche. **Isabella** war von **1474 bis 1504** Königin von Kastilien, **Ferdinand** von **1479 bis 1516** König von Aragón. Das älteste überlebende der insgesamt fünf Kinder der Katholischen Könige war bei Isabellas Tod (1504) Johanna. Sie trat gemeinsam mit ihrem Mann, Philipp von Habsburg, denn auch die Thronfolge in Kastilien an, und nicht etwa ihr Vater Ferdinand. Da Johanna zunehmend die Anzeichen einer Geisteskrankheit zeigte, die ihr den Beinamen »die Wahnsinnige« eintrug, und Philipp 1506 starb, übernahm nach Ferdinands Tod (1516) ihr ältester Sohn Karl die Regierung sowohl über Kastilien als auch über Aragón. Er war mit 16 Jahren der älteste Enkel der Katholischen Könige und damit Thronfolger in ganz Spanien. Zu Karls ererbtem Besitz gehörten auch die Niederlande, die auf diese Weise zu Spanien kamen. Mit Karl I. begann die Herrschaft der habsburgischen Dynastie in Spanien.

Eine der wichtigsten Grundlagen für die Stärke der königlichen Zentralregierung waren die besonderen Rechte, die die spanische Krone bereits unter den Katholischen Königen gegenüber der Kirche gewann. Die Reform der spanischen Kirche ist eng mit dem Namen von Kardinal Ximénez de Cisneros verbunden. Um die Moral und Kenntnisse des spanischen Klerus zu verbessern, gründete Cisneros 1508 die Universität von Alcalá de Henares, in der zukünftige Geistliche von nun an eine solide Ausbildung erhielten, womit einer der Ursachen für die reformatorischen Bewegungen, die kurz darauf in Mitteleuropa die Kirchenspaltung verursachten, in Spanien erfolgreich entgegengewirkt wurde. Orthodoxie und Einheit des Glaubens sollten auch durch die 1492 erfolgte Vertreibung der Juden aus Spanien sichergestellt werden. Die jüdische Bevölkerung wurde vor die Alternative gestellt, sich taufen zu lassen oder zu emigrieren. Getaufte Juden und deren Nachkommen hießen **Conversos**, die häufig besonders misstrauisch von der unter den Katholischen Königen neu geschaffenen modernen spanischen Inquisition beobachtet wurden. Lezteres traf auch für die so genannten **Morisken** zu, die noch in Spanien lebende maurische Bevölkerung, die 1502 ebenfalls vor die Alternative gestellt wurde, sich taufen zu lassen oder das Land zu verlassen. Für die Autorität der Krone besonders wichtig war eine Einschränkung der Macht des Papsttums über die spanische Kirche. Es gelang den Katholischen Königen nicht nur, die Gerichtsbarkeit über den Klerus weitgehend unter ihre Kontrolle zu bringen, sondern sich auch das königliche **Patronatsrecht** zu sichern, das heißt das Recht der Auswahl aller höheren kirchlichen Würdenträger, die von Rom nur noch formal bestätigt wurden. Es wurde zu einem Charakteristikum der spanischen Monarchie, das auch unter den Nachfolgern der Katholischen Könige Bestand hatte, dass die Kirche auf das Engste mit dem Staat und dem Staatsinteresse verbunden und seiner Kontrolle unterworfen blieb.

Unter **Karl I. (1516–1556)** gelang es, die Zentralisierung der Macht, die unter den Katholischen Königen begonnen hatte, auszubauen und gleichzeitig die Einheit Spaniens zu festigen. Die einheitliche und in der Königshand zentralisierte Macht sowohl über die Länder der Krone Aragón als auch über Kastilien wurde vor allem durch die **Ratsgremien der Zentralregierung** repräsentiert. Im Laufe des 16. Jahrhunderts wurden verschiedene oberste Räte für die Regierung Spaniens und seiner europäischen und außereuropäischen Territorien gebildet. Dabei kann man grundsätzlich zwei Arten unterscheiden, zum einen eine Art Ressortträte, die für bestimmte Bereiche wie Krieg oder Finanzen zuständig waren, zum anderen Territorialräte, die sich mit den Angelegenheiten bestimmter Territorien der Gesamtmonarchie befassten, wie z.B. der Italienrat oder der

Indienrat. Der erste Rat mit gesamtspanischer Kompetenz (also zuständig sowohl für Aragón als auch für Kastilien) war der 1483 noch unter den Katholischen Königen eingerichtete Inquisitionsrat. Die genauen Gründungsjahre verschiedener Räte sind bis heute unklar. So wird die Gründung des Kriegsrates meistens für 1517 angenommen, ohne dass dies eindeutig belegt werden kann. Anfang der zwanziger Jahre erfolgte dann jedenfalls unter dem **Großkanzler** Karls, dem Italiener **Mercurino Gattinara,** eine **Verwaltungsreform**, die zur Gründung des Staatsrates (Consejo de Estado um 1522), des Finanzrates (Consejo de Hacienda 1523) und des Indienrates (Consejo de Indias 1524) führte. Eine solche Zunahme bürokratischer Herrschaft ist ein allgemeines Phänomen im frühmodernen Staat, das in Spanien jedoch vergleichsweise früh und intensiv einsetzte.

Eng verbunden mit der Zentralisierung und Bürokratisierung der monarchischen Herrschaft war eine Zurückdrängung der Ständegewalten. Die Gesellschaft der frühen Neuzeit war eine Ständegesellschaft von Adel, Klerus und drittem Stand, der Bauern, Handwerker und entstehendes Bürgertum umfasste. Die Stände konnten gegenüber dem Monarchen in den Ständeversammlungen, die in Spanien **Cortes** hießen, Einfluss ausüben. So mussten die Cortes zu neuen Steuerforderungen des Königs ihre Einwilligung geben und konnten daran Bedingungen knüpfen. Ein wichtiger Unterschied zwischen Kastilien und Aragón bestand darin, dass Kastilien nur noch eine Ständeversammlung hatte, während alle drei Länder der Krone Aragón (Aragonien, Katalonien, Valencia) über eine eigene verfügten. Die Zusammensetzung der Ständeversammlungen war in den verschiedenen europäischen Ländern ganz unterschiedlich. Die kastilischen Cortes bestanden aus Vertretern der Städte, von denen seit 1492 achtzehn jeweils zwei Vertreter *(procuradores)* entsandten, meistens niedere Adlige. Den Einfluss der Cortes konnte Karl I. stark zurückdrängen. Nachdem Karl 1520 die Cortes einberufen hatte und es nicht zu einer Verständigung zwischen dem König und den Städtevertretern über zu bewilligendes Geld gekommen war, rief dies neben anderen Unzufriedenheiten Spaniens, etwa über die Annahme der Kaiserwahl Karls, einen von der Stadt Toledo ausgehenden Aufstand hervor. Dieser so genannte **Comuneroaufstand** wurde mit Waffengewalt niedergeschlagen und führte zur Entmachtung der Cortes.

Die Außenpolitik Karls aus spanischer Sicht wurde durch seine Kaiserwürde im Reich stark beeinflusst. Das für Europa bedrohliche Vordringen der Osmanen musste von Karl sowohl im Mittelmeer, hier durchaus im direkten spanischen Interesse, aber auch im Osten des Heiligen Römischen Reiches aufgehalten werden. Neben den **Türkenkriegen** wurde die Außenpolitik in der ersten Hälfte des 16. Jahrhunderts vor allem durch den **habsburgisch-französischen Gegensatz** und fast permanenten Krieg geprägt. Frankreich wurde von der habsburgischen Monarchie geradezu umklammert: im Osten das Reich, im Norden die Niederlande und im Süden Spanien. Außerdem bestanden seit dem Mittelalter Interessenkonflikte um den Einfluss in Italien. Im Hinblick auf Amerika hatte Spanien in der Zeit Karls V. vor allem mit französischen Piraten zu kämpfen, die im Wesentlichen in Nordamerika im Gebiet des heutigen Kanada in das von den iberischen Mächten beanspruchte Territorium einzudringen versuchten. Die Kriege zwischen Karl V. und dem französischen König Franz I. (1515–1547) sind prägend für die erste Hälfte des 16. Jahrhunderts. Diese Phase wird erst im Frieden von Cateau-Cambrésis 1559 beendet, als Karls Sohn, Philipp II., bereits drei Jahre König von Spanien war. Durch die Verpflichtungen Karls als Kaiser ergab sich seine häufige Abwesenheit von Spanien, die dazu führte, dass zunächst die Gemahlin des Kaisers, Isabella von Portugal, dann seit 1543 ihr Sohn Philipp die Regentschaft in Spanien führten.

Die größte Herausforderung des Kaisers war die Reformation und die sich daraus ergebende **Glaubensspaltung Europas**. Zwar blieb Spanien, nicht zuletzt auf Grund der schon unter den Katholischen Königen durchgeführten Kirchenreform von reformatorischen Tendenzen weitgehend unberührt, aber die konfessionelle Spaltung des Reiches war für den in vieler Hinsicht noch dem mittelalterlichen Universalanspruch von Kaisertum und Papsttum verhafteten Karl nicht zu akzeptieren. Dies trug mit zu seiner vorzeitigen Niederlegung der Herrschaft bei. Karl V. ordnete in den Jahren 1555/56 die Nachfolge in seinem

Universalreich und dankte ab. Auf Grund von Streitigkeiten innerhalb des Hauses Habsburg entschloss sich Karl, sein Erbe zu teilen. Für seinen Bruder Ferdinand sah er die Nachfolge im Reich und als Kaiser vor, während sein Sohn Philipp neben Spanien und den dazugehörigen Territorien in Italien und Amerika auch die Niederlande erbte.

Zusammen mit den ausgedehnten Reichen erbte **Philipp II.** (1556–1598) auch die damit verbundenen außenpolitischen Herausforderungen und einen defizitären Staatshaushalt, den er noch gesteigert an seinen Sohn weitergeben würde. Der Krieg gegen Frankreich, der charakteristisch für die erste Hälfte des 16. Jahrhunderts gewesen war, konnte dann 1559, wie erwähnt, beendet werden. Da Frankreich in der zweiten Hälfte des 16. Jahrhunderts im Inneren durch die Religionskämpfe, die so genannten Hugenottenkriege, gebunden war, bedeutete dies eine außenpolitische Entlastung für die Regierungszeit Philipps II. Das Vordringen des Osmanischen Reiches im Mittelmeer dagegen setzte sich fort und war vor allem für die ersten Jahrzehnte der Regierungszeit des Königs von zentraler außenpolitischer Bedeutung. Erst die 1571 von den Spaniern, im Bündnis mit dem Papst und Venedig, gewonnene **Schlacht von Lepanto** brachte eine gewisse Entlastung auf diesem Schauplatz. Von der konfessionellen Spaltung Europas, die sich bereits in den letzten Jahren der Herrschaftszeit Karls V. als dauerhaft erwies, wurde schließlich auch die spanische Monarchie betroffen, nämlich in den Niederlanden. Philipp setzte innenpolitisch die starke Zentralisierung der Macht fort, die unter den Katholischen Königen und Karl V. begonnen worden war. Diese frühe Form des monarchischen Absolutismus war in Spanien, wie bereits angedeutet, auf das Engste mit der Erhaltung des Katholizismus als einziger Konfession und Religion verbunden und gleichzeitig mit der Kontrolle des Königs über die Amtskirche. Das heißt, der einheitliche Glauben der Untertanen und eine weit gehende Entmachtung des Papsttums im Hinblick auf die spanische Kirche dienten der absolutistischen Macht der Krone. Als Philipp versuchte, auch die Niederlande verstärkt in diese Politik einzubeziehen und die Verwaltung und Kirchenorganisation stärker zu zentralisieren, traf er auf den Widerstand der dortigen Ständeversammlung, der so genannten Generalstaaten, die ihre Rechte und Privilegien bedroht sahen. **1566/67** begann der **niederländische Aufstand**, der die spanische Außenpolitik weit über die Herrschaftszeit Philipps II. hinaus entscheidend mitbestimmen sollte. Bereits durch die Entdeckung, Eroberung und Kolonisation Amerikas war eine **Westverlagerung** spanischer Politik aus dem Mittelmeer in den Atlantik eingeleitet worden, die sich während der Regierungszeit Philipps II. intensivierte. Zunächst wirkte der Aufstand der Niederlande auf eine stärkere Westorientierung hin. Nach dem Aussterben des portugiesischen Königshauses Avis erbte Philipp **1580** die **portugiesische Krone**, was eine verstärkte Westorientierung zur Folge hatte, die vor allem auf England bedrohlich wirkte. Seit 1567 standen spanische Truppenverbände in den Niederlanden, also auf der England gegenüberliegenden Seite des Ärmelkanals, und seit 1580 verfügte Spanien über die portugiesische Flotte und beherrschte einen nicht unbeträchtlichen Teil der Atlantikküste des europäischen Festlandes. Konfliktverschärfend wirkten seit Ende der sechziger Jahre die englischen Piratenüberfälle auf amerikanische Küstenplätze und Städte, die schließlich Anfang der achtziger Jahre auf die iberischen Hafenstädte ausgedehnt wurden. **1588** sandte Philipp II. eine **Armada** gegen England, die über 100 Schiffe umfasste und einer in den Niederlanden bereitstehenden Invasionsarmee die Landung in England ermöglichen sollte. Die englische Flotte fügte der spanischen Armada jedoch schwere Schäden zu, während Stürme den Rest besorgten. Das Unternehmen scheiterte, was in ganz Europa Erstaunen und an vielen Höfen gewiss auch Erleichterung hervorrief. Die Universalmacht und europäische Hegemonialmacht Spanien wirkte auf die Europäer doch gar zu mächtig. In den achtziger Jahren griff Philipp auch in die vorerst letzte Phase der französischen Hugenottenkriege ein.

Die Regierungszeiten Karls und Philipps waren innenpolitisch durch die zunehmende Zentralisierung der Macht geprägt, außenpolitisch durch nicht abreißende Kriege und insgesamt durch eine finanzielle Überstrapazierung des Staatshaushaltes. Im Todesjahr Philipps II., 1598, wurde deshalb die *pax hispanica* eingeleitet, die außenpolitische Friedenszeit, die für die

Herrschaft **Philipps III.** (1598–1621) charakteristisch war. 1598 wurde Friede mit Frankreich geschlossen, 1604 mit England und 1609 schließlich ein für zwölf Jahre gültiger Waffenstillstand mit den Niederlanden. Gleichzeitig mit der Waffenstillstandsvereinbarung entschloss sich Philipp III., die noch in Spanien lebende maurische Bevölkerung, die Morisken, zu vertreiben. Damit wurde die religiöse und ethnische Homogenisierung Spaniens weitergeführt. Betroffen waren über 300.000 Menschen bei einer spanischen Gesamtbevölkerung von etwa 8 Millionen. Quantitativ handelt es sich damit zwar nur um 4%, aber die ökonomische Bedeutung der arbeitsamen Morisken war weitaus größer als diese Zahl vermuten lässt. Die Vertreibung trug mit zu dem beginnenden ökonomischen Niedergang Spaniens bei, der ein Element der so genannten **Krise des 17. Jahrhunderts** ist. Spanien verlor im 17. Jahrhundert auch die wirtschaftliche Kontrolle über sein Kolonialreich, dessen Reichtümer durch Schmuggel und zunehmende Autonomie vor allem den anderen europäischen Mächten und den Kolonien selbst zuflossen. Neben der ökonomischen Rezession, die auch durch Seuchen und den damit einhergehenden Bevölkerungsrückgang verstärkt wurde, wirkte sich der Niedergang des habsburgisch-spanischen Königshauses selbst aus. Bereits Philipp III. überließ die Regierungsgeschäfte dem Herzog von Lerma, einem adligen Günstling, einem so genannten *valido* oder *privado*. Trotz der für Spanien in der frühen Neuzeit einmaligen Friedensphase von annähernd zwei Jahrzehnten konnte der Staatshaushalt in dieser Zeit nicht konsolidiert werden. Bereits am Ende der Regierungszeit Philipps III. zeichnete sich auch das Ende der *pax hispanica* ab, als Spanien an der Seite der verbündeten deutschen Habsburger in den 1618 ausbrechenden Dreißigjährigen Krieg eingriff.

Als nach dem Tode seines Vaters **Philipp IV.** (1621–1665) den spanischen Thron bestieg, setzte sich jene Partei am spanischen Hof durch, die schon seit längerem den offensichtlichen außenpolitischen Machtverlust aufhalten und die *reputación*, das Ansehen Spaniens in Europa, wiederherstellen wollte. Die Friedensphase, vor allem der Waffenstillstand mit den Niederlanden, war aus dieser Sicht eine schmähliche Niederlage. Für die jetzt an Einfluss gewinnende Gruppe in der spanischen Politik steht der **Graf von Olivares**, der als Günstling des Königs die ersten beiden Jahrzehnte der Regierungszeit Philipps IV. bestimmte. Entsprechend wurde der 1621 ablaufende Waffenstillstand nicht verlängert und der erneut ausbrechende Krieg mit den Niederlanden war bis 1635 die größte Herausforderung Spaniens innerhalb des Dreißigjährigen Krieges. 1635 trat Frankreich auf der Seite der Gegner Habsburgs in den Dreißigjährigen Krieg ein. Im Ergebnis erreichte die spanische Außenpolitik schließlich das Gegenteil dessen, was sie beabsichtigt hatte. Im **Westfälischen Frieden** von **1648**, der den Dreißigjährigen Krieg beendete, musste Spanien endgültig die Unabhängigkeit der nördlichen Niederlande anerkennen. Der so genannte **Achtzigjährige Krieg** zwischen Spanien und den Niederlanden war damit beendet. Gleichzeitig gelang es Frankreich einen Separatfrieden mit dem Kaiser zu schließen und damit die Allianz zwischen den deutschen und den spanischen Habsburgern auseinander zu reißen. Folge war, dass Spanien den Krieg gegen Frankreich allein fortsetzen musste. Als es **1659** im **Pyrenäenfrieden** endlich zum Ende des Krieges kam, löste Frankreich Spanien als europäische Hegemonialmacht ab.

Zusätzlich kam es in der Regierungszeit Philipps IV. zu Aufständen innerhalb der spanischen Monarchie. Dazu trugen Bestrebungen des Grafen Olivares bei, die einzelnen Teilreiche der Gesamtmonarchie in der so genannten Waffenunion *(unión de armas)* zur Finanzierung der Kriege heranzuziehen. **1640** rebellierte Katalonien, im selben Jahr erklärte **Portugal** seine **Unabhängigkeit** und 1647 kam es zu einer weiteren Aufstandsbewegung in Neapel. Die spanischen Kräfte verausgabten sich demnach auf inneren und äußeren Kriegsschauplätzen. Während die Krone sich in Katalonien und Neapel durchzusetzen vermochte, musste sie im Frieden von 1668 die Unabhängigkeit Portugals und seines Kolonialreiches anerkennen.

Doch der Niedergang Spaniens nahm bis zum Ende des 17. Jahrhunderts seinen scheinbar unaufhaltsamen Fortgang. Die Regierung des letzten spanischen Habsburgers, **Karls II. (1665–1700)**, bildet den Tiefpunkt der Krise Spaniens im 17. Jahrhundert. Für den 1661 geborenen Karl führte zunächst seine Mutter die Regentschaft, wobei sie jedoch unter dem Einfluss verschiedener Günstlinge stand und gleichzeitig von dem unehelichen Halbbruder des Königs, Juan José de Austria, angefeindet wurde. 1675 wurde Karl II. volljährig, aber seine Regierung wurde von verschiedenen Günstlingen und seiner zweiten Frau bestimmt und außerdem dadurch überschattet, dass Karl offensichtlich zeugungsunfähig war.

Außenpolitisch wurde die Regierungszeit Karls durch die französischen Ansprüche auf die spanischen Niederlande geprägt, die Ludwig XIV. (der französische Sonnenkönig) seit dem Tode von Karls Vater erhob und in mehreren Kriegen durchzusetzen versuchte. Wenn Frankreich nur Teile der Niederlande besetzte, so lag dies an dem Eingreifen anderer europäischer Mächte und an der Absicht Frankreichs, die öffentliche Meinung in Spanien und am spanischen Hof günstig für eine französische Thronfolge zu stimmen. Die Kinderlosigkeit Karls II. machte die Thronfolge in Spanien zu einer europäischen Angelegenheit, die nach dem Tode des Königs (1700) zum **Spanischen Erbfolgekrieg** führte (1700–1713/14). Ansprüche auf den spanischen Thron erhoben Frankreich und die Habsburger. Karl II. hatte in seinem letzten Testament den Sohn des französischen Dauphins (Thronfolger), also den Enkel Ludwigs XIV., Philipp von Anjou, als Erben der spanischen Monarchie bestimmt. Gegen die französischen Ansprüche schloss sich im November 1701 die Haager Allianz zusammen, in der die Seemächte England und die Niederlande gemeinsam mit dem Kaiser die habsburgischen Thronansprüche vertraten. Nachdem Kaiser Leopold 1705 gestorben war, starb 1711 plötzlich auch sein Nachfolger. Der für den spanischen Thron bestimmte Erzherzog Karl wurde nun unerwartet Kaiser. England entschloss sich daraufhin endgültig, die Habsburger nicht länger zu unterstützen, da man durch die Machtkonzentration des Kaisertums und des spanischen Königtums in einer Person eine Störung des europäischen Gleichgewichtes befürchtete. 1713 wurde der Friede von Utrecht geschlossen, während der Kaiser mit Frankreich erst 1714 in Rastatt Frieden schloss. Damit waren die **Bourbonen** die neue Dynastie auf dem spanischen Thron. Die südlichen Niederlande und zunächst auch Neapel-Sizilien musste Spanien jedoch an die Habsburger abtreten, während

England als der eigentliche Sieger des Erbfolgekrieges gelten kann: es gewann mit Gibraltar und Menorca strategisch wichtige Stützpunkte im Mittelmeer und mit dem so genannten Asiento (bis 1750) das Exklusivrecht, schwarze Sklaven in das spanisch-amerikanische Kolonialreich einzuführen. Innerhalb Spaniens hatte Katalonien die habsburgischen Ansprüche unterstützt, da man dort eine Beschneidung katalanischer Sonderrechte befürchtete, wenn der französische Absolutismus im Stile Ludwigs XIV. Einzug in Spanien hielte.

Die Befürchtungen Kataloniens erwiesen sich als begründet. Unter der neuen Dynastie der Bourbonen kam es im 18. Jahrhundert zu grundlegenden Reformen in Spanien. Die Krise des 17. Jahrhunderts hatte die Durchsetzung des monarchischen Absolutismus, dessen Grundlagen bereits im 16. Jahrhundert vor allem unter Philipp II. gelegt worden waren, verhindert. Erst die innenpolitischen Reformen der neuen Dynastie stärkten im 18. Jahrhundert die Königsmacht in Spanien. Die Unterstützung der Habsburger durch Katalonien während des Erbfolgekrieges boten Philipp V. die Möglichkeit, die Sonderrechte der alten Länder der Krone Aragón endgültig aufzuheben. Nach französischem Vorbild wurde zuerst in Aragonien ein neuer Beamtentypus geschaffen, der Intendant, der direkt vom König abhing und eine stärkere Zentralisierung der Verwaltung bewirkte. Die **Einführung von Provinz- und Heeresintendanten**, die 1749 in ganz Spanien erfolgte, sollte die Schwächen im Militärwesen beheben und eine effizientere Finanzverwaltung erreichen. Auch an der Spitze der Verwaltung wurden grundlegende Veränderungen durchgeführt. So entmachteten die nun geschaffenen *secretarías* (Vorformen moderner Ministerien) die Ratsbehörden, d.h. die kollegialen Institutionen wurden durch zentralistische auf Einzelleitung ausgerichtete Organe zurückgedrängt. Seit der Mitte des 18. Jahrhunderts gelang es darüber hinaus, wieder eine leistungsfähige spanische Flotte aufzubauen.

Die charakteristische geistesgeschichtliche Strömung des europäischen 18. Jahrhunderts war die Aufklärung, die in Spanien nur bedingt Eingang fand und die antiklerikalen Elemente vermissen ließ, die in anderen europäischen Staaten, vor allem in Frankreich, typisch waren. Man spricht für Spanien deshalb auch von einer »katholischen Aufklärung«. Die frühabsolutistischen Bestrebungen des 16. Jahrhunderts hatten aber bereits ein spanisches Staatskirchentum geschaffen, an das nun im 18. Jahrhundert wieder angeknüpft wurde. Der Versuch, die spanische Kirche wieder vollständig unter die Kontrolle der Krone zu bringen, gelang im 1753 geschlossenen Konkordat mit dem Papst zumindest teilweise. Die spektakulärste Maßnahme gegen den vom Staat unabhängigen Einfluss der Kirche war **1767** die **Vertreibung der Jesuiten** aus allen spanischen Territorien. Der Jesuitenorden galt als der Orden, der die Interessen des Papsttums gegen die verschiedenen nationalen Interessen der europäischen Staaten am stärksten vertrat. Es ist demnach nicht überraschend, dass das vom aufgeklärten Absolutismus des 18. Jahrhunderts angestrebte Staatskirchentum gegen den Jesuitenorden vorging.

Bis in die dreißiger Jahre des 18. Jahrhunderts war die spanische Außenpolitik unter **Philipp V. (1701–1746)** wechselhaft. Die dynastischen Interessen des Königs und seiner zweiten Gemahlin, die vor allem ihre Kinder vorteilhaft verheiraten wollte, sowie die Machenschaften verschiedener Günstlinge der Königin ließen die Außenpolitik einmal zu Gunsten des Kaisers, dann wieder zum Vorteil Englands ausschlagen. Die Beziehungen zu Frankreich waren am Anfang gestört, da Philipp sich zunächst noch Hoffnungen auf den französischen Thron machte. Das für die Außenpolitik des 18. Jahrhunderts dann charakteristisch werdende Bündnis mit Frankreich begann mit dem **ersten bourbonischen Familienpakt 1733.** Sein Abschluss war vor allem motiviert durch die Absicht beider Mächte, sich im Polnischen Erbfolgekrieg (1733–1735) territoriale Ansprüche gegen den Kaiser zu sichern. Spanien gelang es 1734, das im Spanischen Erbfolgekrieg verlorene Neapel-Sizilien von den Habsburgern zurückzugewinnen. Im atlantischen Raum und im Mittelmeer war das spanisch-französische Bündnis gegen England gerichtet. Der **zweite Familienpakt** wurde **1743** während des Österreichischen Erbfolgekrieges (1740–1748) geschlossen und sollte aus spanischer Sicht eine Erweiterung der italienischen Besitzungen und die Rückgewinnung Menorkas und Gibraltars von England erreichen. Erreicht wurde nur das erste Ziel.

Nach seines Vaters Tod gelangte **Ferdinand VI. (1746–1759)** auf den spanischen Thron. In seiner Regierungszeit bemühten sich die leitenden Minister um ein neutrales Verhältnis in der Auseinandersetzung zwischen Frankreich und England. Doch im **Siebenjährigen Krieg (1756–1763)** erneuerte Ferdinands Nachfolger Karl, der 1734 König von Neapel-Sizilien geworden war und nun als **Karl III.** König von Spanien wurde **(1759–1788)**, **1761** das Bündnis mit Frankreich im **dritten bourbonischen Familienpakt**. Dies bedeutete an der Seite Frankreichs Krieg mit England. Trotz der englischen Überlegenheit kam Spanien aus dem Siebenjährigen Krieg territorial unbeschadet heraus, im Gegensatz zu seinem französischen Verbündeten, der seinen gesamten nordamerikanischen Kolonialbesitz (Kanada) an England verlor. Auch im Unabhängigkeitskrieg der nordamerikanischen Kolonien gegen England trat Spanien 1779 an der Seite Frankreichs zu Gunsten der Rebellen in den Krieg ein. Der Unabhängigkeitskrieg wurde 1783 im Frieden von Paris beendet und Spanien gewann in Europa die Insel Menorka von England zurück.

Die Regierungszeit **Karls IV. (1788–1808)** stand ganz im Zeichen der **Französischen Revolution** und der beginnenden **napoleonischen Kriege**. Karl IV. war ein schwacher Monarch und seine Gemahlin Maria Luisa übte entscheidenden Einfluss aus, der seit 1792 ihrem Günstling Manuel Godoy einen großen Teil der politischen Macht in Spanien brachte. Nach einer anfänglichen Beteiligung an den europäischen Koalitionskriegen gegen das revolutionäre Frankreich, schloss Spanien 1795 in Basel Frieden und trat in den folgenden Jahren auf französischer Seite in das Kriegsgeschehen ein, wodurch sowohl England als auch der direkte Nachbar Portugal zu spanischen Kriegsgegnern wurden. Napoleon, der seit 1799 Frankreich beherrschte, nutzte schließlich Intrigen am spanischen Hof und die Zerstrittenheit der königlichen Familie, um das spanische Königshaus zu entmachten. Die Opposition gegen die Günstlingsherrschaft Godoys unterstützte den Thronfolger Ferdinand gegen seine Eltern. Von beiden Seiten um Unterstützung gebeten, besetzten napoleonische Truppen Spanien und erzwangen im Mai **1808** den **Thronverzicht** der spanischen Bourbonen. Napoleon setzte seinen Bruder Joseph als neuen spanischen König ein. Die nun einsetzende liberale Bewegung und der Volkskrieg gegen Napoleon markieren politisch das Ende der frühen Neuzeit in Spanien.

Die spanische Wirtschaft der frühen Neuzeit wurde durch den primären Sektor der Landwirtschaft dominiert. In der Agrarwirtschaft wurden Getreide, Wein, Oliven und Früchte angebaut, während die Viehwirtschaft vor allem auf Wanderschafherden basierte. Viehzucht und Agrarwirtschaft befanden sich oft in einem Spannungsverhältnis. Die großen Wanderschafherden Kastiliens, die sich im Wechsel der Jahreszeiten zwischen dem Norden und Süden bewegten, waren für die agrarwirtschaftlichen Anbauflächen eine Bedrohung. Doch die Schafzüchter waren als mächtige Interessengruppe in der so genannten Mesta organisiert und sich wohl bewusst, dass die das Hauptexportprodukt Spaniens, nämlich Wolle, lieferten. Auch der Fischfang bildet Teil des Primärsektors und teilt sich in die Hochseefischerei, die vor allem von Nordspanien aus im Atlantik betrieben wurde, und die Küstenfischerei, die in allen Küstenregionen eine Rolle spielte.

Im sekundären Sektor unterscheidet man grundsätzlich zwischen Handwerk und Industrie, Bereiche, die innerhalb der spanischen Wirtschaft am wenigsten entwickelt waren. Die Metallverarbeitung, insbesondere Eisen, war im nordspanischen Baskenland ein bedeutender Wirtschaftsfaktor. Die Textilverarbeitung war in ganz Spanien verbreitet. Die Seidenindustrie lag vor allem in der Hand der Moriskenbevölkerung Spaniens.

Im tertiären Sektor der Wirtschaft können zwei große Teilbereiche des Handels unterschieden werden, der europäische Handel und der Amerikahandel. Während Katalonien mit seinem Handelszentrum Barcelona auf den Mittelmeerraum konzentriert war, orientierte sich Nordspanien mit seinem bedeutendsten Hafen Bilbao vor allem auf den Handel mit Nordwesteuropa. Andalusien verband verschiedene Handelsstränge miteinander: den Mittelmeerhandel mit dem nordwesteuropäischen Atlantikhandel und dem Überseehandel. Im 16. und 17. Jahrhundert wurde der Amerikahandel über Sevilla, im 18. Jahrhundert dann über Cádiz abgewickelt. Im spanischen

Handel mit Europa bestand der Export im Wesentlichen aus Rohstoffen: Wolle, Salz, Eisen, Wein, Öl. Importiert wurden Getreide, Textilien, Metallmanufakturen und Luxusartikel, aber auch Fisch und Holz. Im Amerikahandel wurden auch Fertigwaren exportiert, die aber größtenteils nicht in Spanien produziert wurden, sondern aus den Niederlanden, aus England, Frankreich und Deutschland stammten.

Die Grundstruktur der spanischen Wirtschaft blieb, trotz Veränderungen innerhalb einzelner Sektoren und bedeutender regionaler Unterschiede, während der frühen Neuzeit unverändert. Die landwirtschaftliche Entwicklung steht teilweise in Zusammenhang mit der Bevölkerungsentwicklung. Im 16. Jahrhundert ist eine kontinuierliche Bevölkerungszunahme zu konstatieren. Am Anfang des Jahrhunderts hatte Spanien ca. 4,5 Millionen Einwohner, am Ende rund 7 Millionen. Davon lebten 80 % auf dem Land. Das 17. Jahrhundert war auf Grund der zahlreichen Kriege, von denen nun einige auch auf der Iberischen Halbinsel ausgetragen wurden, vor allem aber durch Seuchen von einer Stagnation in der demographischen Entwicklung geprägt. Während im krisenhaften 17. Jahrhundert fast überall in Europa zumindest eine geringfügige Bevölkerungszunahme zu verzeichnen war, gingen die Bevölkerungszahlen auf der Iberischen Halbinsel von 11 auf 10 Millionen Menschen zurück. Im 18. Jahrhundert stieg die Bevölkerung Spaniens von ca. 8 Millionen am Anfang des Jahrhunderts über 9 bis 10 in der Jahrhundertmitte auf etwa 11 Millionen am Schluss. Ganz allgemein kann man sagen, dass in Zeiten des Bevölkerungswachstums auch die landwirtschaftliche Produktion stieg, allerdings musste Spanien während der gesamten frühen Neuzeit Getreide importieren, um eine Ernährung seiner Bevölkerung garantieren zu können. Die Hochseefischerei erlebte ebenfalls seit Ende des 16. Jahrhunderts einen Rückgang. Im 17. Jahrhundert hatte sich hier eine Verlagerung von der Irischen See nach Neufundland vollzogen, wo Engländer, Franzosen und Niederländer dominierend waren, die auch nach Spanien Fisch importierten.

Seit Ende des 16. Jahrhunderts konnte die spanische Textilindustrie mit der internationalen Produktion, vor allem der Niederlande und zunehmend auch Englands, nicht mehr konkurrieren. Der Rückgang der Seidenindustrie im 17. Jahrhundert ist eng mit der Vertreibung der Morisken verbunden, die diesen Wirtschaftszweig dominiert hatten.

Im 16. Jahrhundert ist vor allem das Phänomen der so genannten Preisrevolution besonders auffällig, deren Ursachen im Einzelnen nach wie vor umstritten sind, aber zweifellos durch die Integration der amerikanischen Kolonien in die spanische und damit europäische Wirtschaft verursacht wurde, im Wesentlichen durch die Edelmetallimporte aus der Neuen Welt. Weiterhin charakteristisch ist der Abfluss dieser Edelmetalle in den nordwest- und mitteleuropäischen Raum, verursacht durch die defizitäre Handelsbilanz Spaniens und die Kriegskosten, die durch Anleihen der Krone bei großen Handels- und Bankhäusern, wie den Fuggern, gedeckt wurden. Der Amerikahandel wurde trotz des spanischen Monopols zunehmend durch Ausländer kontrolliert, die über spanische Strohmänner agierten. Der Schmuggelhandel entzog Spanien im 17. Jahrhundert schließlich weitgehend die Kontrolle über den Kolonialhandel.

Auch im 18. Jahrhundert musste Spanien Getreide importieren, da der Primärsektor den Inlandbedarf noch immer nicht zu decken vermochte. Handwerk, Gewerbe und Industrie erlebten im gesamteuropäischen Vergleich keine großen Veränderungen. Erwähnenswert ist eine bescheidene Metallindustrie im Baskenland und eine allerdings recht bedeutende Baumwollindustrie in Katalonien. Der Amerikahandel nahm im 18. Jahrhundert auf Grund der Bourbonischen Reformen wieder einen Aufschwung.

Einstieg in das Studium:
Kompetente und differenzierte Überblicksdarstellungen über die spanische Geschichte der frühen Neuzeit sind die drei, jeweils ein Jahrhundert behandelnden, Bücher von JOHN LYNCH: *Spain 1516–1598. From Nation State to World Empire*, Oxford-Cambridge (Mass.) 1992; *The Hispanic World in Crisis and Change 1598–1700*, Oxford-Cambridge (Mass.) 1992; *Bourbon Spain 1700–1808*, Oxford-Cambridge (Mass.) 1989. Es handelt sich um ältere Darstellungen, die der Autor aber aktualisiert und auf den neuesten Forschungsstand gebracht hat. Sie eignen sich auch vorzüglich, um sich durch die Lektüre nur einzelner Kapitel lediglich bestimmte Teilbereiche der spanischen Geschichte zu erschlie-

ßen. In deutscher Sprache liegt als kürzere Zusammenfassung die *Geschichte Spaniens. Von der frühen Neuzeit bis zur Gegenwart* von WALTHER L. BERNECKER und HORST PIETSCHMANN vor (Stuttgart u. a. 1993). Für einen ersten Einstieg ebenfalls gut geeignet ist WALTHER L. BERNECKER u. a. (Hrsg.), *Die spanischen Könige. 18 historische Porträts vom Mittelalter bis zur Gegenwart*, München 1997, wo die spanische Geschichte anhand der Persönlichkeiten der Monarchen anschaulich vermittelt wird.

Für den Einstieg in die frühneuzeitliche Wirtschafts- und Sozialgeschichte der Iberischen Halbinsel sind die verschiedenen Beiträge über Spanien und Portugal im *Handbuch der europäischen Wirtschafts- und Sozialgeschichte*, hrsg. v. W. Fischer u.a., Bde. 3 u. 4, Stuttgart 1986 u. 1993, geeignet. Die neueste ausführliche Darstellung der Sozialgeschichte ist JAMES CASEY, *Early Modern Spain. A Social History*, London-New York 1999. Zur Preisrevolution, ihren Ursachen und Wirkungen vgl. die Zusammenfassung von RENATE PIEPER, *Die Preisrevolution in Spanien (1500–1640)*, Wiesbaden 1985. Zum spanischen Handel mit Nordeuropa erschien jüngst eine erste knappe Gesamtschau von REGINA GRAFE, *Der spanische Seehandel mit Nordwesteuropa von der Mitte des sechzehnten bis zur Mitte des 17. Jahrhunderts. Ein Forschungsüberblick*, Saarbrücken 1998.

Exkurs in die Genealogie:

Die Genealogie ist die Lehre von den Verwandtschaftsbeziehungen. Ihre nähere Betrachtung im Zusammenhang mit der frühneuzeitlichen Geschichte ist deshalb sinnvoll, weil die dynastischen Interessen ein die Politik entscheidend mitbestimmender Faktor waren. Gerade die **Heiratspolitik** und die letztlich aus ihr resultierenden Erbfälle wirkten sich immer wieder entscheidend auf die frühneuzeitliche iberische Geschichte aus. Dies wird im Folgenden an prägnanten Beispielen verdeutlicht. Das Erbe Karls V. ist ebenso eine Folge der Heiratspolitik wie die Personalunion zwischen Portugal und Spanien oder der Dynastiewechsel von den Habsburgern zu den Bourbonen.

Wie entstand das Erbe Karls V. und das Weltreich der spanischen Habsburger aus genealogischer Sicht? Nach dem Tode des letzten Herzogs von Burgund (wie Ende des 15. Jahrhunderts die Niederlande mit der Freigrafschaft Burgund hießen) heiratete dessen einzige Tochter den späteren habsburgischen Kaiser Maximilian I. Deren Sohn Philipp heiratete Johanna, eine Tochter der Katholischen Könige, und aus dieser Ehe ging als ältester Sohn Karl hervor. Nach dem Tode seines Vaters Philipp fielen Karl 1506 die Niederlande zu, wo er auch geboren und aufgewachsen war. Beim Tode seines Großvaters, des Katholischen Königs Ferdinand, trat Karl 1516 als ältester Enkel das Erbe in Spanien an. Nach dem Tode seines anderen Großvaters schließlich, Kaiser Maximilians I., 1519, wurde er außerdem zum Kaiser gewählt. Karl verheiratete sich mit Isabella, der Tochter des portugiesischen Königs Manuel I., und aus dieser Ehe ging Philipp II. hervor. Philipp erbte von seinem Vater die spanischen Reiche und die Niederlande, und konnte 1580 auf Grund der Herkunft seiner Mutter Ansprüche auf den portugiesischen Thron geltend machen. (Tafel 1)

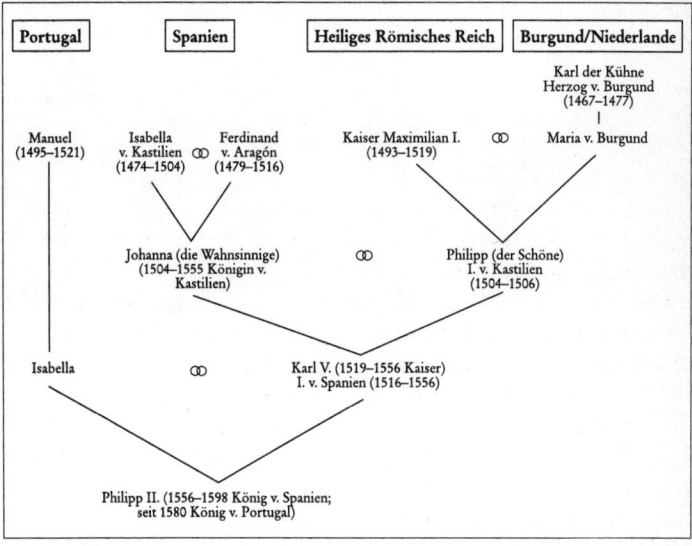

Tafel 1: Entstehung des Weltreiches der spanischen Habsburger

Die Heiratspolitik hatte aber auch noch andere Folgen, die vor allem aus den sich häufenden Verwandtenehen der Habsburger resultierten. Die Ahnentafel einer Einzelperson baut sich in Zweierpotenzen auf. Das heißt, theoretisch verdoppelt sich die Zahl der Vorfahren mit jeder weiteren Generation in der Vergangenheit: 2 Eltern, 4 Großeltern, 8 Urgroßeltern etc. Durch häufige Verwandtenehen wird die Anzahl der Vorfahren reduziert und man spricht in der Genealogie von **Ahnenschwund**. Durch häufige Ehen zwischen den spanischen und deutschen Habsburgern war das spanische Königshaus im 16. und 17. Jahrhundert davon besonders betroffen. Der Sohn Philipps II., Don Carlos, hatte statt 8 Urgroßeltern nur 4 und statt der normalen 16 Ururgroßeltern sogar nur 6. (Tafel 2). Der Ahnenschwund bei den spanischen Habsburgern trug mit zur Dekadenz des spanischen Königshauses im 17. Jahrhundert bei und wahrscheinlich auch zur Kinderlosigkeit Karls II., die den Spanischen Erbfolgekrieg auslöste.

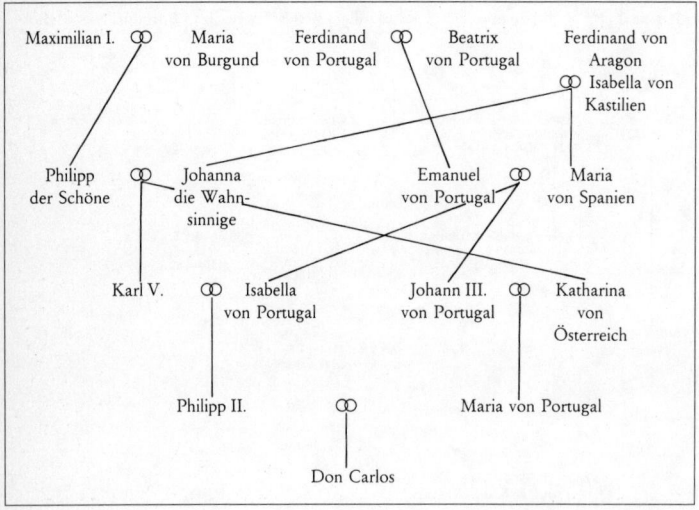

Tafel 2: Aus Brigitte Hamann (Hrsg.), Die Habsburger. Ein biographisches Lexikon, S. 207

Aus konkurrierenden Erbansprüchen entstanden im frühneuzeitlichen Europa immer wieder **Erbfolgekriege**, in denen meist nicht nur um die Herrschaften gekämpft wurde, deren Erbe zur Disposition stand. Die Erbfolgekriege dienten häufig zu allgemeinen territorialen Verschiebungen und Besitzwechseln, so dass sie zu gesamteuropäischen Kriegen eskalierten, in denen die verschiedensten Interessen eine Rolle spielten. Der Spanische Erbfolgekrieg (1700–1713/14) gehört zu den bedeutendsten. Auf Grund der vorangegangenen Heiratspolitik konnten Frankreich und Österreich nach dem Tode Karls II. (1700) Erbansprüche stellen (Tafel 3). Die gesamteuropäische Relevanz des Spanischen Erbfolgekrieges zeigt sich vor allem in der entscheidenden Rolle Englands, das von dem spanischen Erbe direkt gar nicht betroffen war.

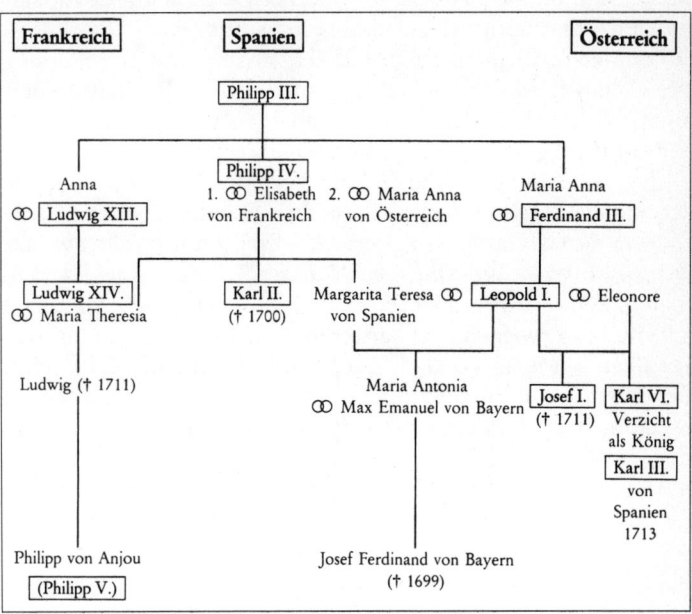

Tafel 3: Aus Brigitte Hamann (Hrsg.), Die Habsburger. Ein biographisches Lexikon, S. 214

Die Forschungsdiskussion um die Schwarze Legende:

Die so genannte Schwarze Legende *(leyenda negra)* über Spanien bezeichnet ein Phänomen, das bis heute in der Forschung sehr umstritten ist. Das ausgesprochen negative Bild von der spanischen Monarchie, wie es sich im 16. Jahrhundert herausbildete, wurde von den einen als unzutreffende Diffamierung oder Übertreibung, von den anderen als begründete Kritik an tatsächlich begangenen Gräueltaten bzw. an tatsächlich vorhandenen Missständen gedeutet. Die Schwarze Legende besteht aus europäischen und amerikanischen Elementen, die alle auf eine vermeintliche Grausamkeit, Macht- und Goldgier, Engstirnigkeit und religiöse Unduldsamkeit der Spanier abzielen. Alle Bestandteile lassen sich im Wesentlichen auf drei Hauptelemente zurückführen, die Eroberung Amerikas, die Person des spanischen Königs Philipps II. und die Inquisition.

Das erste Element ist die Unterwerfung und Vernichtung der Indianer bei der Eroberung Amerikas. Im 16. Jahrhundert entstanden verschiedene Berichte über das grausame Vorgehen der Spanier gegen die autochthone Bevölkerung der Neuen Welt. Das wichtigste und für die Verbreitung in Europa entscheidende Werk ist der 1552 von dem Dominikanerpater **Bartolomé de las Casas** publizierte *Kurzgefasste Bericht von der Verwüstung der Westindischen Länder*. Las Casas schildert in diesem Werk die vermeintliche Vernichtung von 20 Millionen Indianern vorwiegend im karibischen Raum, das heißt auf den Antillen, in Mexiko und im nördlichen Südamerika. Die Indianer werden als friedliebende Menschen beschrieben, die von grausamen und goldgierigen Spaniern niedergemetzelt wurden. Es war das Ziel Las Casas', die spanische Krone zu einer Verbesserung der Lebensbedingungen der Indianer zu veranlassen.

Das zweite Element ist die negative Sicht des in der zweiten Hälfte des 16. Jahrhunderts regierenden spanischen Königs Philipp II. Er wurde zum Inbegriff des unduldsamen, kaltblütigen und bigotten Monarchen. Durch die Publikation der so genannten *Apologie* des niederländischen Rebellen oder Freiheitskämpfers **Wilhelm von Oranien** wurde dieses Bild erstmalig gezeichnet und zum Bestandteil der Schwarzen Legende. 1580 war Wilhelm von Oranien vom spanischen König für vogelfrei erklärt und auf seinen Kopf ein Preis ausgesetzt worden. Ein Jahr später erschien die Apologie oder Verteidigung Wilhelms, die vor allem eine Anklage gegen Philipp II. darstellt, um den Aufstand der Niederlande zu rechtfertigen.

Die spanische **Inquisition** schließlich, das dritte Hauptelement der Schwarzen Legende, steht für religiöse Intoleranz und die Verfolgung von Minderheiten durch die spanische Monarchie. Die Gräuel der Inquisition wurden 1567 erstmalig ausführlich in einem Werk von **Reginaldus Gonsalvius Montanus** in Heidelberg publiziert. In dem Autor wurde ein aus Sevilla exilierter spanischer Protestant vermutet, der in seinem Werk vor allem grausame Folterungen der spanischen Inquisition schilderte.

Die angeführten Werke wurden in die wichtigsten europäischen Sprachen übersetzt, erfuhren dort verschiedene Auflagen, und ihr Inhalt fand Eingang in weitere Veröffentlichungen, die vor allem im 17. Jahrhundert von den protestantischen Mächten und von Frankreich, also den politischen Gegnern Spaniens in Europa, als Propagandawerke instrumentalisiert wurden. Die so entstandene Schwarze Legende wurde erst im 20. Jahrhundert auch so genannt. Bereits der spanische Staatsmann und Historiker **Julián Juderías**, bei dem sich der Begriff *leyenda negra* zum ersten Mal nachweisen lässt und der ihn prägte, bringt sämtliche und in der späteren Diskussion fast immer nur vereinzelt wiederkehrende Bestandteile der Schwarzen Legende in seinem 1914 erstmalig erschienenen und später unter wechselnden Titeln mehrfach wiederaufgelegten Werk zur Sprache (*La Leyenda Negra. Estudios acerca del concepto de España en el extranjero*, Barcelona [8]1917). Seitdem wird die Schwarze Legende in der Historiographie kontrovers diskutiert. 1969 und 1971 beispielsweise erschienen in der bedeutendsten Zeitschrift zur lateinamerikanischen Geschichte, der *Hispanic American Historical Review*, zwei kontroverse Artikel zu diesem Thema. Der nordamerikanische Historiker Benjamin Keen rechtfertigte dabei vor allem die von Las Casas vorgebrachten Anklagen im Hinblick auf die Eroberung Amerikas. Keen kommt in seinem

Aufsatz zu der Schlussfolgerung, die so genannte Schwarze Legende sei grundsätzlich zutreffend und sei folglich überhaupt keine Legende (»The Black Legend Revised: Assumptions and Realities«, in: HAHR 49,4: 1969). Der ebenfalls nordamerikanische Historiker Lewis Hanke reagierte ein gutes Jahr später auf Keens Ausführungen, indem er dessen Thesen als unbegründet zurückweist (»A Modest Proposal for a Moratorium on Grand Generalizations: Some Thoughts on the Black Legend«, in: HAHR 51,1: 1971). Die Kontroverse dieser Artikel zielt also auf die Feststellung des Wahrheitsgehaltes der Schwarzen Legende. Die einen versuchen, die Elemente der Schwarzen Legende als historische Tatsachen zu beweisen, andere Historiker, sie zu widerlegen. Auf diese Art wurde meistens mit dem Problem verfahren, nicht zuletzt auch 1992, als sich die Entdeckung Amerikas zum 500sten Mal, oder 1998, als sich der Tod Philipps II. zum 400sten Mal jährte. Einen ersten Einblick, zumindest in die deutschsprachigen Veröffentlichungen, die um 1992 anlässlich des *Quinto Centenario* erschienen, vermittelt Ulrich van der Heyden, *Die publizistische Entdeckung Amerikas. Deutschsprachige Publikationen anlässlich des 500. Jahrestages der Entdeckung Amerikas durch Christoph Kolumbus. Ein Literaturbericht*, Berlin 1994, während Walther L. Bernecker in einem Artikel die Grundzüge der um 1992 geführten Debatte erläutert, »›Rauchender Spiegel‹. Das Jubiläum der »Entdeckung Amerikas im Widerstreit der Meinungen«, in: *Nord und Süd in Amerika. Gemeinsamkeiten, Gegensätze, Europäischer Hintergrund*, hrsg. v. Wolfgang Reinhard u. Peter Waldmann, Freiburg i.B. 1992. Die 1997 und 1998 erschienenen beiden englischsprachigen Darstellungen über Philipp von Henry Kamen (*Philip of Spain*, New Haven-London 1997) und Geoffrey Parker (*The Grand Strategy of Philip II*, New Haven-London 1998) zeigen denselben Monarchen auf die denkbar verschiedenste Weise.

Eine andere, bis heute nur selten systematisch erfolgte, methodische Auseinandersetzung mit der Schwarzen Legende ist die Analyse, wie das negative Spanienbild aufgebaut und von den europäischen Gegnern der spanischen Monarchie vor allem in der frühen Neuzeit instrumentalisiert wurde. Einen interessanten ersten Versuch, dem Problem quantitativ auf die Spur zu kommen, unternahm der französische Historiker Pierre Chaunu 1963 in einem in der *Revue Historique* publizierten Artikel. Er stellte anhand von vier Werken des Dominikaners Las Casas einen Zusammenhang her einerseits zwischen Neuauflagen und Neuübersetzungen von Las Casas' Werken und andererseits den politischen Spannungen in Westeuropa. Er stellte fest, dass von 139 Ausgaben verschiedener Werke des Dominikaners, die bis 1700 in Europa erschienen, allein 54 Editionen des *Kurzgefassten Berichtes* über die Eroberung Amerikas waren, also annähernd die Hälfte. Unter den 139 Ausgaben aller vier Las Casas-Werke befanden sich nur 16 spanische, aber 123 Übersetzungen. Die Propagandafunktion wird vor allem durch die quantitative Verteilung nach Sprachen innerhalb der Übersetzungen unterstrichen. Es fanden sich 11 deutsche Übersetzungen, 9 lateinische, 5 italienische und 2 portugiesische. Bei der Anzahl der Übersetzungen in die drei verbleibenden Sprachen sah bereits Chaunu die Hierarchie der Gegner Spaniens repräsentiert: 46 niederländische Übersetzungen, 37 französische und 13 englische. Unter den niederländischen befanden sich allein 17 des *Kurzgefassten Berichtes von der Verwüstung der Westindischen Länder* (»Las Casas et la première crise structurelle de la colonisation espagnole, 1515–1523«, in: *RH* 229: 1963). Eine solche Herangehensweise vernachlässigt zunächst einmal den vermeintlichen Wahrheitsgehalt der Schwarzen Legende und konzentriert sich ausschließlich auf ihre Propagandafunktion.

Die Diskussion um die Schwarze Legende wird sicherlich weitergehen, und es sind zahlreichere Forschungen nötig, die sich auf Quellenbasis mit den Inhalten befassen, aber auch Untersuchungen, die Chaunus Ansatz folgen und durch quantitative Untersuchungen die Propagandafunktion bestimmter Werke belegen. Die lesenswerte jüngste Darstellung, in der verschiedene Aspekte diskutiert werden und in der die Entwicklung der Schwarzen Legende im Laufe der Jahrhunderte nachgezeichnet wird, ist von dem spanischen Historiker Ricardo García Cárcel, *La leyenda negra. Historia y opinión*, Madrid 1992.

2. Portugal in der frühen Neuzeit

König **Johann II.** (1481–1495) stärkte in Portugal, analog zu den Katholischen Königen in Spanien, die zentrale Machtstellung der Krone. Er förderte nachhaltig auch die Entdeckungsfahrten entlang der afrikanischen Küste, die nach dem Tode des in dieser Hinsicht sehr aktiven portugiesischen Prinzen, Heinrichs des Seefahrers (1394–1460), vernachlässigt worden waren. Der Kolonialhandel steigerte die Einnahmen der Krone, und die Zentralregierung wurde unter dem Nachfolger Johanns, **Manuel I.** (1495–1521), weiter ausgebaut. 1496 wurden auch aus Portugal alle Juden und Mauren vertrieben, die sich nicht zu einer Konvertierung zum Katholizismus zwingen ließen. Neben den portugiesischen Juden waren davon vor allem die wenige Jahre zuvor aus Spanien nach Portugal geflohenen Juden betroffen. Da eine Emigration der meisten verhindert wurde, handelte es sich im Wesentlichen um eine Zwangskonversion. 1536 wurde dann die neuzeitliche portugiesische Inquisition geschaffen, deren wesentliche Aufgabe in der Überwachung der Konvertiten bestand.

In den Kämpfen zwischen Spanien und Frankreich, die die gesamte erste Hälfte des 16. Jahrhunderts bestimmten, verhielt sich Portugal neutral. Für den kleinen, ganz nach Übersee ausgerichteten Staat war ein friedliches Verhältnis zu seinem direkten Nachbarn auf der Iberischen Halbinsel eine wichtige Prämisse seiner Außenpolitik. Dies führte **1529** mit zu der Abgrenzung der gegenseitigen Interessen im pazifischen Raum durch den **Vertrag von Zaragoza** ähnlich der Tordesillaslinie im atlantischen Raum von 1494. Durch Heiraten zwischen dem portugiesischen und spanischen Königshaus wurden die freundschaftlichen Beziehungen bekräftigt. Während der portugiesische König **Johann III.** (1521–1557) die Schwester Karls V., Katharina, heiratete, nahm der Kaiser seinerseits Isabella, die Schwester Johanns, zur Gemahlin.

Als König Johann 1557 starb, war sein Enkel und Thronfolger **Sebastian** (1557–1578) erst drei Jahre alt. Bereits damals bereitete man sich in Spanien auf eine mögliche Übernahme des portugiesischen Thrones vor. Doch Sebastian erreichte das

Erwachsenenalter und nach verschiedenen Regentschaften, die seine Großmutter Katharina und sein Onkel Kardinal Heinrich führten, trat Sebastian 1568 vierzehnjährig die Regierung an. Zu seiner politischen Lieblingsidee wurde eine Fortsetzung der Reconquista auf afrikanischem Boden. Trotz aller Versuche, ihn von dieser irrationalen Idee abzubringen, unternahm er 1578 einen Feldzug nach Nordafrika, der ihn in der Schlacht von Ksar-el-Kebir das Leben kostete. Der schon betagte Kardinal Heinrich übernahm nun nochmals die Regierung Portugals, aber ein direkter Thronfolger war nicht vorhanden.

Philipp II. von Spanien leitete Ansprüche über seine Mutter Isabella ab, die die älteste Tochter Manuels I. war. Er besaß als einziger Anwärter die Autorität und Macht, sich gegen alle Konkurrenten durchzusetzen und übernahm nach Heinrichs Tod 1580 die portugiesische Krone. Widerstand gegen die **Personalunion mit Spanien** gab es nur auf den Azoren, der jedoch 1583 durch die spanischen Seestreitkräfte endgültig gebrochen werden konnte. Philipp wurde vor allem von den portugiesischen Eliten, von Adel und hohem Klerus, unterstützt. Auch die Herzogsfamilie Braganza, die selbst Thronansprüche angemeldet hatte und sechzig Jahre später eine neue portugiesische Dynastie begründen würde, leistete Philipp schließlich den Treueid. Portugal wurde nur durch die Personalunion des Königs mit Spanien verbunden, während es in seiner Verwaltung und auch in seinem Kolonialhandel weitgehend selbstständig blieb. Innerhalb des spanischen Rätesystems der Zentralregierung wurde Portugal seit 1583 durch einen eigenen Territorialrat repräsentiert (Portugalrat). In der Zeit Philipps II. konnte auch das portugiesische Kolonialreich noch effektiv gegen andere europäische Mächte geschützt werden. So wurden französische Kolonisationsversuche in Brasilien gewaltsam beendet.

Zu größerer Unzufriedenheit mit der spanischen Herrschaft kam es erst unter den Nachfolgern Philipps II. Der beginnende Niedergang der Königsherrschaft und die erneute Verstrickung Spaniens in die europäischen Kriege nach der *pax hispanica* bedrohten auch Portugal, vor allem aber das portugiesische Kolonialreich. Doch auch die menschlichen und materiellen Ressourcen des kleinen Staates reichten letztlich nicht aus, ein so ausgedehntes Kolonialreich gegen die aufstrebenden Seemächte Englands und der Niederlande zu verteidigen. Die von Olivares angestrebte Waffenunion forderte von allen Teilreichen der spanischen Krone einen finanziellen Beitrag zur Verteidigung der Gesamtmonarchie. Diese finanziellen Forderungen führten zu Unzufriedenheit in Portugal. Wenig später gelang es dann den Niederländern, sich in Brasilien festzusetzen (1635–1654). Gleichzeitig eroberten die Niederländer einige der portugiesischen Stützpunkte an der Westküste Afrikas, die für den Sklavenhandel von erheblicher Bedeutung waren. Die zunehmende Belastung durch Steuern verstärkte die Abneigung gegen die spanische Herrschaft. Als 1640 der katalanische Aufstand begann, forderte Olivares von Portugal Truppen und Geld zur Niederschlagung der Katalanen. Der portugiesische Aufstand begann daraufhin Anfang Dezember 1640, und der **Herzog von Braganza** wurde als **Johann IV. (1640–1656) erster portugiesischer König der neuen Dynastie.** Sein ältester Sohn und Thronfolger **Alfons VI. (1656–1683)** war körperlich und geistig krank, so dass er nie selbstständig die Regierung führte. Innenpolitische Machtkämpfe konnten aber die dauerhafte Unabhängigkeit Portugals von Spanien nicht mehr ernsthaft gefährden, zumal seit 1667 Alfons Bruder Peter die Regentschaft übernahm, bis er nach Alfons Tod auf den Thron folgte.

1641 schloss Portugal mit den Niederlanden einen zehnjährigen Waffenstillstand, der eine vorläufige Tolerierung der Niederländer in Brasilien bedeutete. Da Spanien auf anderen europäischen Kriegsschauplätzen gebunden war und die Portugiesen über keine ausreichende Armee verfügten, kam es bis zum Pyrenäenfrieden von 1659 zwischen Spanien und Portugal kaum zu Kampfhandlungen. Danach erhielten die Portugiesen wirkungsvolle Unterstützung von englischer Seite. 1661 schloss Portugal einen Vertrag mit England, der das Bündnis mit der Eheschließung zwischen Karl II. von England und Katharina, der Tochter Johanns IV. besiegelte. Portugal war von nun an einer bis ins Mittelalter zurückgehenden Tradition folgend eng mit England verbündet. 1668 wurde schließlich der Friede zwischen Spanien und Portugal geschlossen, das damit endgültig seine Unabhängigkeit gewonnen hatte.

In den sich anschließenden europäischen Kriegen des ausgehenden 17. Jahrhunderts blieb Portugal neutral. **Peter II. (1683–1706)** gab die Neutralität erst am Anfang des 18. Jahrhunderts im Spanischen Erbfolgekrieg auf. Er unterstützte Philipp von Anjou und schloss im Juni 1701 ein Bündnis mit Frankreich. Portugal erhoffte sich, dadurch einige Inseln zurückzugewinnen, die es an England und die Niederlande verloren hatte. Als sich jedoch beide Seemächte im November 1701 in der Haager Allianz mit dem Kaiser verbanden, um die habsburgischen Thronansprüche in Spanien zu unterstützen, sah sich Portugal mit der englisch-niederländischen Flotte konfrontiert. Es wechselte kurzerhand die Seiten und schloss sich offiziell 1703 der Haager Allianz an. Der Friedensschluss brachte Portugal das 1680 gegründete Colonia do Sacramento am Ostufer des Río de la Plata (im heutigen Uruguay) zurück, das die Spanier besetzt hatten und das ein strategisch wichtiger Stützpunkt im Grenzgebiet zwischen dem spanischen und portugiesischen Amerika im Süden war.

Unter der Regierung König **Johanns V. (1706–1750)** kehrte Portugal außenpolitisch zu seiner Neutralitätspolitik zurück. Die Beziehungen zu Spanien blieben allerdings seit dem Erbfolgekrieg bis zur Jahrhundertmitte gespannt. Erst mit dem 1750 geschlossenen Vertrag von Madrid wurden die Grenzstreitigkeiten in Amerika vorerst beigelegt. Innenpolitisch wurde auch in Portugal in dieser Zeit die absolute Königsmacht ausgebaut.

Als in der Jahrhundertmitte Johanns Sohn als **Joseph I. (1750–1777)** König wurde, begann in Portugal das Zeitalter des aufgeklärten Absolutismus, das auf das Engste mit Josephs erstem Minister **Sebastião José de Carvalho, Marquês de Pombal,** verbunden ist. Die absolutistische Macht des Königtums war für die Durchsetzung vor allem von wirtschaftlichen Reformen unbedingt erforderlich. Ende der 50er Jahre ergriff Pombal deshalb Maßnahmen gegen Adel und Klerus, die sich seinen Reformen teilweise entgegenstellten. Als 1758 ein Angehöriger des Hochadels ein Attentat auf den König verüben ließ, kam es zu einem großen Hochverratsprozess, der die Macht des Adels brechen sollte. Da auch Jesuiten bei der Planung des Attentats eine Rolle gespielt haben sollten, ging der Minister nun auch gegen den Orden vor, der ihm als Bedrohung der absoluten Königsmacht erschien. **1759 wurden die Jesuiten aus Portugal und seinen Territorien vertrieben.**

Im Siebenjährigen Krieg versuchte Portugal, zunächst wieder neutral zu bleiben, entschied sich aber unter zunehmendem Druck gegen die französisch-spanische Allianz der Bourbonen für seinen traditionellen Verbündeten England. Danach widmete sich Portugal vor allem einer umfassenden Heeresreform. Heer und Flotte kosteten den Staatshaushalt jedoch so viel, dass Steuererhöhungen nötig wurden, die aber gleichzeitig die Wirtschaft lähmten. Insgesamt wurde Pombal am Ende der Herrschaftszeit Josephs zunehmend unpopulärer und ließ sich nach dem Tode des Königs von dessen Nachfolgerin, der Königin **Maria I. (1777–1816)**, aus dem Staatsdienst entlassen. Die Königin wurde immer stärker von einer Geisteskrankheit befallen, so dass 1792 ihr Sohn Johann die Regentschaft übernehmen musste.

Die Zeit der Französischen Revolution brachte Portugal außenpolitisch in eine Zwangslage. Auch Portugal schloss sich wie sein spanischer Nachbar Anfang der neunziger Jahre zunächst den Koalitionskriegen gegen Frankreich an, sah sich nach dem Frieden von Basel (1795) aber dann den gemeinsam agierenden Truppen Spaniens und Frankreichs gegenüber, ohne von England Hilfe zu bekommen. Portugal versuchte in den folgenden Jahren im Krieg zwischen England und Frankreich neutral zu bleiben, wurde von Napoleon aber immer mehr unter Druck gesetzt, sich der Kontinentalsperre gegen England anzuschließen. Portugal lehnte ab und wurde Ende des Jahres 1807 von französischen Truppen besetzt. Der portugiesische Hof entschloss sich daraufhin, nach Brasilien zu fliehen. Zum ersten Mal in der bereits dreihundert Jahre dauernden europäischen Kolonialherrschaft in Amerika betrat 1808 ein Monarch der Alten Welt amerikanischen Boden. Es war ein einmaliges Ereignis, dass sich ein europäischer Monarch entschloss, seine Gesamtmonarchie von einer Kolonie aus zu regieren.

Der primäre Sektor der portugiesischen Wirtschaft wurde in der frühen Neuzeit insgesamt vom Ackerbau gegenüber einer zurückgehenden Viehwirtschaft dominiert. Die überseeische Expansion veränderte die traditionelle portugiesische Wirtschaft jedoch beträchtlich, so dass auch der zentrale portugiesische Wirtschaftszweig der Agrarwirtschaft zunehmend vernachlässigt wurde. Zuvor ein Exportland für Agrarprodukte, musste Portugal verstärkt Getreide und andere landwirtschaftliche Erzeugnisse einführen. Seit dem 16. Jahrhundert wurden traditionelle Getreidearten, wie der Weizen, immer stärker durch Mais ersetzt. Für das 17. und 18. Jahrhundert spricht man sogar von einer Maisrevolution. Der Weinanbau dagegen wurde seit dem 16. Jahrhundert verstärkt und war vor allem auf den Export ausgerichtet, von dem vor allem England profitierte. Ein weiterer Zweig des Primärsektors, der Fischfang, entwickelte sich in der frühen Neuzeit ebenfalls – analog zu Spanien – rückläufig. Im 17. Jahrhundert musste Fisch aus Nordeuropa importiert werden.

Im sekundären Wirtschaftssektor spielten vor allem Gewerbe eine Rolle, die mit der bedeutenden portugiesischen Salzgewinnung zu tun hatten. Das Salz bildete noch im 16. Jahrhundert eines der wichtigsten portugiesischen Außenhandelsgüter. Der bedeutendste Industriezweig war der Schiffsbau, der aber im 17. Jahrhundert in immer stärkere Konkurrenz zum Schiffsbau der anderen westeuropäischen Atlantikmächte geriet. Im 18. Jahrhundert waren Leder- und Textilverarbeitung die wichtigsten Gewerbezweige der portugiesischen Wirtschaft.

Der tertiäre Sektor, der portugiesische Handel, wurde zunehmend von überseeischen Produkten, wie Gold, Zucker, Gewürzen und auch Sklaven dominiert, die wichtige Exporte der Metropole selbst, wie Wein und Salz, zwar nicht verdrängten, aber zu zweitrangigen Exportgütern werden ließen. Die bedeutendsten Importgüter waren Weizen und Textilien. England war nicht nur auf politischer Ebene über lange Zeiträume der frühen Neuzeit ein enger Verbündeter Portugals, sondern es profitierte auch von besonders günstigen portugiesisch-englischen Handelsbeziehungen. 1654 wurde ein Handelsvertrag zwischen beiden Ländern geschlossen, der die englischen Kaufleute stärker begünstigte als die portugiesischen. Nach dem Beitritt zur Haager Allianz musste Portugal England noch weitere Vergünstigungen gewähren. So wurden alle Einfuhrbeschränkungen des Handels mit England im **Methuen-Vertrag von 1703** aufgehoben.

Als Pombal in der zweiten Hälfte des 18. Jahrhunderts leitender Staatsmann Portugals war, versuchte er den Wohlstand des Landes dadurch zu steigern, dass er die Prinzipien des Merkantilismus verstärkt zur Anwendung zu bringen versuchte. Der Weinanbau dominierte die Landwirtschaft in einem Maße, dass Pombal vor allem den Ackerbau begünstigte, um weniger Getreide einführen zu müssen. Er zielte auf eine Zurückdrängung der Engländer und eine Nationalisierung des Handels durch die Gründung von Handelskompanien. Um die Einfuhr von Fertigprodukten zu senken und ihre Ausfuhr gleichzeitig zu steigern, förderte er das Manufakturwesen, vor allem die Textilverarbeitung. Insgesamt hatten die Reformversuche jedoch nur geringen Erfolg.

Portugals Ressourcen waren auch im Hinblick auf seine Bevölkerung während der frühen Neuzeit sehr beschränkt. Die Ausdehnung des Kolonialreiches und die Abwanderung Tausender Portugiesen pro Jahr nach Übersee wirkten sich neben anderen Faktoren auf die Bevölkerungsentwicklung aus. Anfang des 16. Jahrhunderts lag die Bevölkerung bei etwa 1,5 Millionen. Die Zahlen, die für das 17. Jahrhundert in der Literatur genannt werden, schwanken stark. Für das Jahr 1640 liegen sie zwischen 1,3 und 2 Millionen. Insgesamt dürfte aber auch für Portugal eine stagnierende Bevölkerungsentwicklung im krisenhaften 17. Jahrhundert anzunehmen sein, denn am Schluss des Jahrhunderts lag die Gesamtbevölkerung bei etwa 2 Millionen. Die Forschung stimmt darin überein, dass es im 18. Jahrhundert zu einer bedeutenden Zunahme der portugiesischen Bevölkerung kam. Sie steigerte sich von etwa 2,2 Millionen zu Beginn über 2,5 bis 2,8 in der Jahrhundertmitte auf rund 3 Millionen am Ende des 18. Jahrhunderts.

Einstieg in das Studium:
Einen aktuellen Überblick über die portugiesische Geschichte, der den neuesten Forschungsstand in deutscher Sprache präsentieren würde, gibt es nicht. Am besten geeignet für einen Einstieg in das Studium ist nach wie vor die auch nicht mehr aktuelle Darstellung von A. H. DE OLIVEIRA MARQUES, *History of Portugal* Vol. I: *From Lusitania to Empire*, New York-London 1972. Einen guten Überblick über die

Geschichte der portugiesischen Kolonien in Afrika, Asien und Amerika bietet FERNAND SALENTINY, *Aufstieg und Fall des portugiesischen Imperiums*, Wien u. a. 1977. Zur Wirtschaftsgeschichte vgl. die Angaben zum Einstieg in das Studium der frühen Neuzeit Spaniens.

3. Lateinamerika in der Kolonialzeit

Am Ende der Kolonialzeit, im ausgehenden 18. Jahrhundert, hatten zahlreiche europäische Mächte Kolonialbesitz in Amerika, den sie sich in den vorangegangenen dreihundert Jahren angeeignet hatten. Am Anfang des 16. Jahrhunderts, in den Jahrzehnten nach der Entdeckung, waren es nur die iberischen Mächte, die eine effektive Landnahme und Kolonisierung auf dem amerikanischen Kontinent vorantrieben, Spanien früher und intensiver als Portugal, weil letzteres ja noch stark auf Asien konzentriert war. Keines der europäischen Kolonialreiche in Amerika erreichte eine so große Ausdehnung und eine so effiziente Organisation wie Hispanoamerika.

Ein wichtiges Element spanischer Kolonisation bildete die Katholische Kirche. So, wie die Kirche in Spanien seit der Regierungszeit der Katholischen Könige sehr stark der staatlichen Kontrolle unterlag und damit zu einem Stabilisierungsfaktor der monarchischen Herrschaft wurde, so wurde die Kirche auch in Spanischamerika in den Dienst der Krone gestellt. Durch die Papstbullen von 1493 erhielten die Katholischen Könige das ausschließliche Recht der Heidenmission und 1508 das volle **Patronatsrecht**, das heißt die Krone schlug dem Papst die Bischöfe für Amerika vor und übte damit wie in Spanien eine weit gehende und von Rom unabhängige Kontrolle über die Amtskirche aus. Das erste Bistum wurde 1511 in Santo Domingo gegründet. Insgesamt wurden in Hispanoamerika in der Kolonialzeit 44 Diözesen gegründet, die aber nicht alle von Dauer waren. Die letzte Gründung war die von Salta (im heutigen Argentinien), wo erst 1806 ein Bischof ernannt wurde. In den ersten Jahren der Kolonialzeit unterstanden die amerikanischen Bistümer der Erzdiözese von Sevilla. 1546 wurden dann die drei ersten Erzbistümer in Amerika gegründet: Santo

Domingo, México und Lima. Am Ende der Kolonialzeit gab es insgesamt acht Erzdiözesen in Hispanoamerika.

So wie in Spanien die Zentralisierung der monarchischen Herrschaft auf das Engste mit der Einheit der Religion verbunden war, wobei aus der Sicht der Krone vor allem der jüdische und islamische Glaube zu bekämpfen war und nach der Reformation in Zentraleuropa ein Ausgreifen protestantischer Konfessionen nach Spanien verhindert werden sollte und auch verhindert werden konnte, so wurde in Amerika die Missionierung der Indianer und damit ihre religiöse Integration zu einer wichtigen Voraussetzung für eine erfolgreiche Kolonisation. Die Missionierung setzte aber einen gewissen Schutz der indianischen Bevölkerung gegen die wirtschaftlichen Interessen der Eroberer und Kolonisatoren voraus. Hinzu kam, dass die Krone versuchte, die den Eroberern anfänglich zugestandenen Rechte über Land und Menschen nach Abschluss der eigentlichen Conquista wieder zu entziehen, um in Amerika eine Feudalisierung zu verhindern, die man in Spanien ja gerade erfolgreich zurückdrängte. Während im Feudalsystem mittelalterlicher Tradition die adligen Grundherren eine vom König weitgehend unabhängige und sehr selbstständige Kontrolle über Land und Menschen ausübten, strebte der frühabsolutistische spanische Staat eine Stärkung monarchischer Kontrolle an. Dadurch entstand von Beginn an ein Interessenkonflikt für die Krone, die einerseits den Bedürfnissen der indianischen Bevölkerung gerecht zu werden versuchte, andererseits aber gegenüber den Kolonisten, die letztlich das Fundament der spanischen Kolonialherrschaft bildeten, ebenfalls Zugeständnisse machen musste, obwohl man ihre Macht nicht zu groß werden lassen wollte. In Amerika war die Folge ein mehr oder weniger stark ausgeprägtes Missverhältnis zwischen gesetzten Rechtsnormen, die eine umfangreiche Indianerschutzgesetzgebung einschlossen, einerseits, und kolonialer Praxis, die häufig eine rücksichtslose Ausbeutung der indianischen Arbeitskraft bedeutete, andererseits. In diesem Spannungsfeld kam vor allem verschiedenen Ordensklerikern eine besondere Bedeutung zu. Sie setzten sich immer wieder für die Interessen der Indianer ein und versuchten, in Spanien zu Gunsten der indianischen Bevölkerung Einfluss bei der Krone auszuüben.

Am besten lässt sich diese Problematik anhand der Institution der Encomienda nachvollziehen. Seit 1503 wurden den spanischen Eroberern und Siedlern mit den so genannten *repartimientos* indianische Zwangsarbeiter zugeordnet. Die sich damit verbindende rücksichtslose Ausbeutung wurde 1511 in Santo Domingo von dem Dominikanerpater **Antonio de Montesinos** in seiner Adventspredigt angeprangert. Die zunehmende Kritik führte dann 1512 zu den ersten Indianerschutzgesetzen der spanischen Krone, den **Leyes de Burgos**, die aber die Missbräuche kaum verhindern konnten. 1536 schuf die Krone die klassische Form der **Encomienda**. Darunter versteht man, dass die Krone verdienten Siedlern den Anspruch auf die Tribute gewährte, die die Indianer eigentlich an die Krone entrichten mussten. Der Encomendero verpflichtete sich dafür, die Indianer zu beschützen und zu christianisieren. In der Praxis konnte der Tribut auch in Naturalien entrichtet werden und ebenfalls durch Arbeitsleistungen. Obwohl letzteres 1549 verboten wurde, hielt sich indianischer Arbeitszwang in den Encomiendas vor allem in den kolonialen Randgebieten. 1542 waren detaillierte neue Schutzbestimmungen für die indianische Bevölkerung erlassen worden, die **Leyes Nuevas**.

Eine weitere Maßnahme zum Schutz der indianischen Bevölkerung war die Segregationspolitik, das heißt die Trennung von Indianern und Spaniern. Zum einen erfolgte sie durch die Bestimmung, dass Indianer auf dem Land nur in eigenen Siedlungen, also nicht gemeinsam mit Spaniern, leben durften. Die indianische Dorfgemeinde mit kollektivem Landbesitz war ein Charakteristikum Hispanoamerikas, das über die Unabhängigkeit hinaus Bestand hatte. In den Städten lebten die Indianer in besonderen Vierteln. Eine strenge Kontrolle und Handhabung dieser Regelung gab es jedoch nicht. Zum anderen verfolgten die verschiedenen katholischen Orden, die die Missionierung der Indianer vor allem trugen, sehr schnell das Ziel, die indianische von der spanischen Bevölkerung zu isolieren. Zuerst waren es die Dominikaner, die getrennte Missionssiedlungen der Indianer forderten. Bartolomé de las Casas schuf das Missionsgebiet der Verapaz in Guatemala in den 1540er Jahren. Die ersten Missionssiedlungen oder Reduktionen des Jesuitenordens wurden

1576 am Titicacasee gegründet. Hier konnten die ersten Erfahrungen gesammelt werden, die später für die berühmten zu Beginn des 17. Jahrhunderts gegründeten **Jesuitenreduktionen von Paraguay** bedeutsam waren. Die ersten Reduktionen in diesem Gebiet entstanden 1610.

Die spanische Herrschaft in Amerika gründete sich kaum auf militärische Präsenz. Nur in den Randgebieten, vor allem in den Regionen, die von nomadisierenden Indianerstämmen bedroht wurden, waren Truppen stationiert wie in Südchile und in Nordmexiko. Ansonsten gab es Milizeinheiten, die im Bedarfsfall aus der Bevölkerung gebildet wurden. Den Grundpfeiler der spanischen Herrschaft bildete die **Verwaltung**, die nirgendwo sonst auf dem amerikanischen Kontinent so ausgedehnt war und, bei allen Mängeln, für frühneuzeitliche Verhältnisse erstaunlich effizient arbeitete.

Es gab zwei für Amerika zuständige Zentralbehörden im spanischen Mutterland. Die **1503** gegründete **Casa de la Contratación** hatte im 16. und 17. Jahrhundert ihren Sitz in Sevilla und war im Wesentlichen für die Verwaltung des gesamten Transportverkehrs zwischen dem Monopolhafen Sevilla und den amerikanischen Monopolhäfen im karibischen Raum zuständig. Der gesamte legale Personen-, Waren- und Geldverkehr wurde von hier aus kontrolliert. Die zweite Zentralbehörde war der **1524** gegründete **Indienrat**, der innerhalb des zentralen Rätesystems für Amerika zuständig war. Der Indienrat leitete und koordinierte die gesamte Zivil-, Militär-, Finanz- und Justizverwaltung und diente außerdem als oberstes Apellations- und Revisionsgericht aller Rechtsstreitigkeiten.

Unter der Dynastie der Habsburger wurden in Amerika zwei **Vizekönigreiche** gegründet, 1535 das Vizekönigreich Neuspanien mit México als Residenzstadt des Vizekönigs und 1542 das Vizekönigreich Peru mit der Residenzstadt Lima. Die Vizekönige repräsentierten als direkte Vertreter des Königs vor allem die monarchische Herrschaft in Amerika. Tatsächliche Regierungskompetenzen übten sie nur in ihren Residenzstädten und in den Provinzen aus, in denen diese Städte lagen. Tatsächlich regiert und verwaltet wurden die spanischen Territorien von einer mittleren Ebene, auf der eine Einteilung in **Gouver-**

nements, **Generalkapitanien** und **Audiencias** bestand. Der Gouverneur stand an der Spitze der Zivilverwaltung, während Generalkapitäne den militärischen Oberbefehl innehatten und an der Spitze der Militärgerichtsbarkeit standen. Es war eines der Privilegien der Militärs, über eine eigene unabhängige Gerichtsbarkeit zu verfügen *(fuero militar)*. Generalkapitanien gab es aber nur in den Grenzgebieten und in strategisch besonders wichtigen Regionen des Kolonialreiches. Wo keine Generalkapitanien vorhanden waren, übte der Gouverneur auch militärische Befehlsgewalt aus. Die Audiencias waren Appelationsgerichtshöfe und bildeten die oberste rechtliche Instanz in Hispanoamerika. Präsident der Audiencia war der Gouverneur und in den Residenzstädten und Provinzen der Vizekönige hatten sie sowohl die Funktion des Gouverneurs als auch des Präsidenten der Audiencia inne. Auf der Munizipalebene waren die staatlichen Beamten **Corregidores**, in Neuspanien **Alcaldes Mayores**. Sie erhoben beispielsweise die Indianertribute und waren die Beamten, die den direktesten Kontakt mit der Bevölkerung hatten, weshalb sie bei Unzufriedenheit auch häufig die ersten Zielscheiben bildeten (z.B. Indianeraufstände). Schließlich gab es die **Stadträte** *(cabildos)*, die die städtische Administration innehatten und die einmal im Jahr zwei **Stadtrichter** *(alcaldes ordinarios)* wählten, die auf einer unteren Ebene (unterhalb der höheren Instanz der Audiencia) die Rechtsprechung ausübten.

Die Wirtschaft Hispanoamerikas wurde im Sinne der frühneuzeitlichen staatlichen Wirtschaftspolitik des Merkantilismus von der Krone bestimmt. Das Kolonialreich hatte aus dieser Sicht die Funktion, der Monarchie Gewinne zu bringen. Die zunehmende Bürokratisierung im frühneuzeitlichen Staat, aber auch die zahlreichen Kriege steigerten den Bedarf an Geld, so dass die spanische Krone versuchte, den wirtschaftlichen Erlös der Kolonien zu monopolisieren. Ohne private Initiative aber war der umfangreiche Überseehandel nicht durchführbar, so dass die Krone ihre **Monopole und Privilegien** gegen bestimmte Abgaben abtrat oder verpachtete. Ein in ganz Europa begehrtes Monopol war beispielsweise der Sklavenhandel mit Hispanoamerika, der während der frühen Neuzeit von der spanischen

Krone auch an Ausländer vergeben wurde. Dies geschah über einen Vertrag, den so genannten *asiento*, den während der Personalunion mit Spanien die Portugiesen, nach dem Erbfolgekrieg zu Beginn des 18. Jahrhunderts z. B. die Engländer hatten. Darüber hinaus bezog die Krone Einnahmen aus Handels- und Verkaufssteuern, vor allem aber aus dem *Real Quinto*, dem fünften Teil aller in Amerika abgebauten Edelmetalle. Das in Neuspanien und Peru geförderte **Silber** bildete den größten und wichtigsten Teil der geförderten Edelmetalle.

Im Primärsektor der hispanoamerikanischen Wirtschaft wurde im Wesentlichen für den Nahrungsbedarf der einzelnen Regionen produziert. Vor allem die Bergbauzentren in Neuspanien und Peru förderten in der näheren und weiteren Umgebung eine ausgedehnte Landwirtschaft, die die Arbeitskräfte der Silberminen mit Grundnahrungsmitteln versorgte. Aber auch der Sekündärsektor des Gewerbes konnte von den Bergwerkszentren profitieren: Textilien, Lederprodukte, Gefäße etc. konnten hier in größeren Mengen abgesetzt werden. Für den Export nach Spanien waren Tabak und Salz bestimmt, während der Zucker als Exportprodukt im Spanischamerika der Kolonialzeit noch keine Bedeutung hatte. Grundsätzlich galt, dass weder die Landwirtschaft, etwa durch den Anbau von Wein oder Oliven, noch das Gewerbe, der spanischen Wirtschaft des Mutterlandes Konkurrenz machen sollten. Was in Spanien angebaut und produziert werden konnte, sollte in Amerika nach Möglichkeit eingeführt, jedenfalls aber nicht von dort exportiert werden.

Von besonderer Bedeutung war der tertiäre Sektor, der Amerikahandel. Die Kolonien durften nur mit dem spanischen Mutterland über den Monopolhafen Sevilla Handel treiben. Seit den zwanziger Jahren des 16. Jahrhunderts wurde ein **Flottensystem** eingeführt, das über feste Routen, die Carrera de las Indias, den Handel abwickelte. Die endgültige Form wurde 1564 festgelegt. Zwei getrennte Flotten fuhren seitdem von Spanien nach Amerika, während nur eine Gesamtflotte zurückkehrte. Die Neuspanienflotte lief im April aus und steuerte als Hauptanlaufhafen Veracruz an. Die Tierra Firme-Flotte lief im August aus und ihre Hauptanlaufhäfen waren Cartagena im heutigen Kolumbien sowie Nombre de Dios und später Portobelo an der Landenge von Panamá. Das aus Peru kommende Silber wurde mit Schiffen entlang der pazifischen Küste und dann über den Landweg nach Portobelo gebracht. Für die Rückfahrt nach Spanien vereinigten sich beide Flottenverbände im Hafen von La Habana auf Kuba und begannen im März die Rückfahrt nach Spanien. Die Hinreise dauerte im Durchschnitt zweieinhalb, die Rückreise drei Monate. Über diesen offiziellen Handel zwischen Spanien und Amerika hinaus bestand noch eine legale Handelsroute zwischen den Philippinen in Asien und dem neuspanischen Pazifikhafen Acapulco. Hier verkehrte jährlich ein Schiff in jede Richtung.

Die bisher skizzierten Strukturen der spanischen Kolonialherrschaft in Amerika wurden bis zur Mitte des 16. Jahrhunderts etabliert und blieben in der Zeit der Habsburgerdynastie im Wesentlichen bestehen, also bis zum Ende des 17. Jahrhunderts. Einige wichtige Veränderungen in der Gesamtentwicklung des Kolonialreiches zur Zeit der spanischen Habsburger spiegeln sich in den Konjunkturen der Edelmetallimporte wider. Während des 16. Jahrhunderts stiegen sie an und erreichten in der letzten Dekade von 1591 bis 1600 ihren Höhepunkt. Während des 17. Jahrhunderts gingen die Importe stetig zurück. Zum einen hing dies mit einem Rückgang des Silberabbaus zusammen, zum anderen aber vor allem damit, dass durch die Krise des spanischen Mutterlandes eine effektive Kontrolle über die Kolonien nicht mehr gewährleistet war. Am Beispiel der Silberminen von Potosí (Peru) konnte festgestellt werden, dass während des 17. Jahrhunderts die Edelmetalleinfuhren nach Spanien wesentlich schneller sanken als der Abbau des Silbers in den Minen. Das Missverhältnis wird durch den Vergleich deutlich: Nimmt man das Jahrzehnt der höchsten Produktion und der höchsten Importe (1591–1600) zum Maßstab, so sank die spanische Einfuhr bis zum letzten Jahrzehnt des 17. Jahrhunderts (1691–1700) auf 2,4 %, die Produktion von Potosí aber nur auf 34,5 %. Die Differenz wurde offensichtlich am offiziellen Handel mit Spanien illegal vorbeigelenkt. Das Vordringen anderer europäischer Mächte nach Amerika begünstigte den Schmuggelhandel, der einen beträchtlichen Teil des Silbers direkt in das übrige Europa fließen ließ. Während Spanien dadurch enorme Einbußen erlitt, konnten die spanischamerikanischen Kolonien von dieser Entwicklung profitieren. Die Ausländer lieferten billigere Fertigwaren. Auf Grund zurückgehender Kontrolle durch Spanien entwickelte sich auch in Hispanoamerika ein blühendes Gewerbe und es kam zu einem stärkeren Handelsaustausch innerhalb der Kolonien. Entgegen der älteren Forschungsmeinung, dass auch Amerika unter der **Krise des 17. Jahrhunderts** wirtschaftlich und sozial litt, ist sich die neuere Forschung weitgehend einig, dass die Kolonien von der Dekadenz der Metropole eher profitieren konnten.

Als im 18. Jahrhundert die Bourbonen auf den spanischen Thron kamen, versuchte die Krone die Entwicklungen des 17. Jahrhunderts zurückzudrängen. Nicht nur im Bereich des Handels konnten die Kolonien kaum noch effizient für den Staat genutzt werden, auch in der Verwaltung war durch die verkrusteten Strukturen eine Korruption entstanden, die einer effektiven Kontrolle aller Bereiche entgegenstand. Die so genannten **bourbonischen Reformen** wurden deshalb vor allem im Bereich der Verwaltung und der Wirtschaft durchgeführt.

In der ersten Hälfte des 18. Jahrhunderts war die wesentliche Reformmaßnahme innerhalb der hispanoamerikanischen Verwaltung **1739** die Einrichtung des **Vizekönigreiches Neugranada**, wodurch eine effektivere Sicherung der für den Handel so wichtigen Landenge von Panamá erfolgen sollte. Der neue Vizekönig nahm seinen Sitz in Bogotá. Doch das eigentliche Reformprogramm für Amerika wurde erst in der zweiten Hälfte des 18. Jahrhunderts in der Regierungszeit Karls III. (1759–1788) umgesetzt. Während des Siebenjährigen Krieges (1756–1763) war es den Engländern möglich gewesen, Kuba, Florida und die Philippinen zu besetzen. Damit war die große Verwundbarkeit des spanischen Kolonialreiches offensichtlich geworden. Nun begann die Krone, auch in Amerika das **Intendantensystem** zu etablieren. Das heißt, es wurden fachlich kompetente Beamte eingesetzt, die direkt dem König unterstanden. Bereits 1764, ein Jahr nach Ende des Siebenjährigen Krieges, wurde für Kuba ein Heeres- und Finanzintendant ernannt. In Neuspanien setzte man zuerst einen so genannten Visitador ein, der die genauen Verhältnisse analysieren und Reformmaßnahmen vorschlagen sollte, José de Gálvez. **1776** wurde Gálvez Indienminister (also zuständig für das Kolonialreich) und im selben Jahr wurde mit dem **Vizekönigreich Río de la Plata** das vierte und letzte hispanoamerikanische Vizekönigreich gegründet. Der Vizekönig hatte seinen Sitz in Buenos Aires. Bis zu Gálvez' Tod 1787 wurde, außer in Neugranada, in ganz Hispanoamerika das Intendantensystem eingeführt. Die Verwaltungsreform rief erheblichen Widerstand hervor, so dass die Krone sich gezwungen sah, die alten Kolonialbeamten teilweise neben den neuen bestehen zu lassen und die Kompetenzen der Intendanten wieder einzuschränken. Die verwaltungstechnischen Maßnahmen waren deshalb kaum erfolgreich.

Für eine Verbesserung der Einnahmen aus dem Handel für die Krone war die Gründung der beiden neuen Vizekönigreiche bedeutsam, weil dadurch der Schmuggel zurückgedrängt werden sollte. Die wichtigste Maßnahme war aber die schrittweise Freigabe des Handels innerhalb der spanischen Welt. Seit 1765 durften die spanischen Karibikinseln direkt mit den neun wichtigsten spanischen Häfen handeln. **1778** wurde der so genannte *comercio libre* eingeführt, der den Handel zwischen 13 spanischen und mehr als zwanzig hispanoamerikanischen Häfen freigab. Neuspanien und Venezuela blieben von dieser Regelung bis 1789 ausgenommen. Grundsätzlich wirkten sich diese Reformen für das Mutterland positiv aus, denn die Einnahmen aus dem Handel stiegen im 18. Jahrhundert wieder an. Innerhalb Amerikas lässt sich generalisierend feststellen, dass die Maßnahmen vor allem die kolonialen Randgebiete wie Chile und den La Plata-Raum begünstigten, die zum ersten Mal in das Handelssystem direkt eingebunden wurden. Für traditionelle Regionen wie Peru, die vom Monopolhandel profitiert hatten, waren die Auswirkungen eher negativ. Durch die im Zuge der Französischen Revolution von 1789 entstehenden Kriege verlor Spanien erneut seine Kontrolle über den amerikanischen Handel, so dass auf Grund der gesamten Entwicklung des 18. Jahrhunderts das Handelsmonopol am Vorabend der Unabhängigkeitskriege bereits stark gelockert war.

Die demographische Entwicklung Hispanoamerikas war zunächst durch das Aufeinandertreffen der autochthon indianischen mit der einwandernden spanischen Bevölkerung gekennzeichnet. Schon bald kam als drittes Element die schwarze Sklavenbevölkerung hinzu. Die indianische Bevölkerungszahl des amerikanischen Kontinentes vor Eintreffen der Europäer wurde von der Forschung so unterschiedlich geschätzt, dass es unmöglich ist, eine verbindliche Zahl anzugeben. Die Angaben schwanken zwischen rund 7 und 100 Millionen Menschen. In neueren Schätzungen wird die indianische Bevölkerung des späteren Hispanoamerika beim Eintreffen der Spanier mit ca. 35 bis 45 Millionen angegeben. In jedem Fall kam es im Verlauf des 16. und 17. Jahrhunderts zu einem Rückgang der autochthonen Bevölkerung in katastrophalen Dimensionen auf rund 4 Millionen um 1650. Den Indianern fehlte jegliche Resistenz gegen in Europa verbreitete Krankheiten wie Grippe und Masern. Hinzu kamen schwere Seuchen wie die Pocken und die Pest. Außer den Krankheiten trugen die Eroberungskriege, die Zwangsarbeit und der allgemeine Kulturschock zur Dezimierung bei. Die Zuwanderung von Spaniern war vor allem im 16. Jahrhundert kontinuierlich steigend, während der (auch demographischen) Krise des Mutterlandes im 17. Jahrhundert rückläufig und schließlich im bourbonischen 18. Jahrhundert wieder steigend.

Die afrikanische Zwangseinwanderung brachte Hispanoamerika im 16. und 17. Jahrhundert etwa 700.000 schwarze Zuwanderer. Während sich die Sklavenbevölkerung im 16. Jahrhundert noch in Peru und Hochperu konzentrierte, dominierten seit dem 17. Jahrhundert die spanischen Antillen und die Küstengebiete des nördlichen Südamerika. Der im 18. Jahrhundert expandierende Sklavenhandel auf Grund der zunehmenden Plantagenwirtschaft berührte die spanischen Kolonien weniger als die portugiesischen, französischen und englischen, so dass der Anteil der Schwarzen in Hispanoamerika konstant bei rund 700.000 blieb.

Quantitativ war in Hispanoamerika vor allem die Mischlingsbevölkerung von Bedeutung, insbesondere die Mestizen, Nachkommen von Indianerinnen und Weißen. Die Mulatten (weißer und schwarzer Elternteil) fielen in den durch Sklavenarbeit geprägten Regionen ins Gewicht, während Zambos (schwarzer und indianischer Elternteil) eine geringere Bedeutung hatten. Insgesamt wurde die soziale Gliederung des kolonialen Hispanoamerika stark von der ethnischen Zuordnung bestimmt.

Die Kolonisation des portugiesischen Amerika setzte erst in der Mitte des 16. Jahrhunderts ein. Die Verwaltungsorganisation war weniger straff als die Hispanoamerikas. Im Gegensatz zu Spanien gab es während des größten Teiles der frühen Neuzeit keine ausschließlich für Übersee zuständige Zentralbehörde im portugiesischen Mutterland. Die Zuständigkeiten für Brasilien wurden von mehreren auch für Portugal zuständigen Behörden des Staates wahrgenommen. Zwar wurde während der Personalunion mit der spanischen Krone ein portugiesischer Indienrat gegründet *(Conselho da India)*, aber er wurde bereits 1614 wieder aufgelöst. Nach der 1640 erfolgten Trennung von Spanien wurde in Portugal 1642 der *Conselho Ultramarino* gegründet, der aber auch nie eine alleinige Zuständigkeit für die überseeischen Besitzungen erreichte.

Seit 1534 wurde Brasilien zunächst durch das System der *donatárias* kolonisiert. Es handelte sich um große Landschenkungen des Königs an einzelne Kolonisten, die dadurch zu mächtigen und weitgehend unabhängigen Vasallen wurden. Um eine stärkere Kontrolle für die Krone zu gewährleisten, wurde **1549** das **Amt des Generalgouverneurs** eingeführt, der seinen Sitz in Bahia nahm. Rund hundert Jahre später, 1640, wurde erstmals ein Vizekönig (identisch mit dem Generalgouverneur) eingesetzt. Bis 1720 trugen die obersten Verwaltungsbeamten entweder den Titel eines Vizekönigs oder eines Generalgouverneurs, seit diesem Jahr gab es dann nur noch **Vizekönige** an der Spitze des kolonialen Brasilien. Seit 1549 wurden ebenfalls höchste Beamte für die Rechtsprechung *(ouvidor geral)* und für die Finanzverwaltung *(provedor mor)* ernannt. 1609 erfolgte in Bahia die Gründung eines obersten Appelationsgerichtes, dem der *ouvidor geral* vorstand. Gleichzeitig mit der Ernennung des ersten Generalgouverneurs wurde Brasilien in **Kapitanien** eingeteilt, die ähnlich strukturiert waren wie die Zentralverwaltung. Jeder Kapitanie stand ein *capitão mor* vor, während die Rechtsprechung von einem *ouvidor* und die Finanzverwaltung von einem *provedor* ausgeübt wurde. Die *donatárias* wurden erst allmählich aufgelöst und bestanden noch längere Zeit innerhalb der Kapitanien oder mit diesen identisch fort. Die Ansprüche der *donatário*-Familien wurden von der Krone zunehmend zurückgenommen, ein langsamer Prozess, der erst unter Pombal in der zweiten Hälfte des 18. Jahrhunderts seine stärkste Wirkung entfaltete. Seit 1608 wurden mehrere Kapitanien zu **Generalkapitanien** zusammengefasst. Auf der untersten Verwaltungsebene bestand der dem hispanoamerikanischen *cabildo* oder Stadtrat vergleichbare *senado da câmara*. Diese *câmara* war für sämtliche Belange der Städte zuständig und wurde im Wesentlichen von den lokalen Eliten beherrscht.

Noch später als die Kolonisierung der zentralbrasilianischen Küste erfolgte die Erschließung Nordbrasiliens und des Amazonasgebietes. Da der Norden bedingt durch Meeresströmungen vom Mutterland aus besser zu erreichen war als von Bahia, wurde Brasilien 1621 in zwei unabhängige Verwaltungseinheiten getrennt. Es entstand neben dem traditionellen **Estado do Brasil** der aus drei Kapitanien bestehende neue **Estado do Maranhão**. Diese Trennung wurde erst 1774 wieder aufgelöst, als der Norden dem seit 1763 in Rio de Janeiro residierenden Vizekönig unterstellt wurde.

Auch in Brasilien nahm die Kirche für die Kolonisierung eine besondere Rolle ein. Der ***padroado real*** verschaffte der portugiesischen Krone wie in Hispanoamerika der *patronato real* eine starke Kontrolle des Staates über die Kirche, die sich in der Besetzung der Bischofssitze und der Verwaltung des Kirchenzehnten durch die staatlichen Behörden ausdrückte. Zwei Jahre nach der ersten Ernennung eines Generalgouverneurs wurde 1551 das erste brasilianische Bistum in Salvador gegründet. Die im Estado do Brasil später gegründeten neuen Bistümer wurden dem dann zum Erzbistum erhobenen Sitz von Salvador de Bahia unterstellt, während die neu gegründeten Bistümer des Estado do Maranhão dem Erzbistum von Lissabon unterstanden. Die Christianisierung der Indianer oblag den verschiedenen katholischen Orden, wobei die Jesuiten die wichtigste Rolle spielten. Auch in Brasilien kam es aus Kirchenkreisen zu einer Kritik der grausamen Kolonialpraktiken gegenüber der autochthonen Bevölkerung, die ihren bekanntesten Ausdruck in einer 1662 am portugiesischen Hof gehaltenen Predigt des Jesuitenpaters **António Vieira** fand, der manchmal mit dem spanischen Bartolomé de Las Casas verglichen wird.

Die wirtschaftliche Entwicklung Brasiliens wurde von der älteren Forschung in einem Dreiphasenschema gesehen, das von der neueren Forschung teilweise überholt wurde, weil es zu undifferenziert ist. Trotzdem bietet dieses Schema auch heute noch einen grundsätzlich zutreffenden Kern, der darauf zielt, dass das 16. Jahrhundert stark vom Brasilholz, das 17. Jahrhundert von der Zuckerwirtschaft und das 18. Jahrhundert schließlich vom Abbau des Goldes bestimmt wurde. Dabei kam es aber zu Überlagerungen, regionalen Differenzierungen, und andere Wirtschaftszweige hatten ebenfalls Bedeutung. Ein wichtiger Zweig war die Viehwirtschaft, die sich zunächst im Sertão des Nordostens und später im südbrasilanischen Rio Grande do Sul besonders stark entwickelte. Wesentliche Impulse erhielt sie dabei im Norden durch die Zuckerwirtschaft und im Süden durch die Goldminen, das heißt die Viehwirtschaft versorgte andere Wirtschaftszweige mit Fleisch und anderen Viehprodukten.

Die Bevölkerungsstruktur, vor allem ihre ethnische Zusammensetzung war teilweise von den regionalen Wirtschaftsformen abhängig. In den Plantagenzonen des Nordens und an der Küste war das afrikanische Bevölkerungselement seit dem 17. Jahrhundert dominierend und das Gleiche galt auch für die Goldminenbezirke des 18. Jahrhunderts, in denen ebenfalls die Arbeit schwarzer Sklaven vorherrschte, während das brasilianische Hinterland ansonsten durch die Ausbeutung indianischer Arbeitskraft geprägt war. An der Spitze der kolonialen Gesellschaft standen die portugiesischen Kronbeamten und aus der Sicht einer stärker ökonomischen Hierarchie die Plantagenbesitzer (*senhores de engenho*). Die Sklaven bildeten die unterste Schicht der Gesellschaft, während eine ökonomisch weniger erfolgreiche weiße Schicht gemeinsam mit einer sehr großen Mischlingsbevölkerung ein abgestuftes mittleres Feld in der sozialen Hierarchie bildete. Die Bevölkerungszahlen der frühen Neuzeit sind insgesamt nur als grobe Schätzungen einzustufen und damit kaum mehr als Richtwerte. Dies gilt vor allem für das

16. und 17. Jahrhundert, während im aufgeklärten 18. Jahrhundert zunehmend systematische Bevölkerungserhebungen durchgeführt wurden, die die Quellenlage für die Historiker deutlich verbessern. Gegen Ende des 16. Jahrhunderts betrug die Gesamtbevölkerung Brasiliens etwa 60.000 Menschen, wobei die außerhalb der Kolonialgesellschaft lebenden indianischen Stämme nicht eingerechnet sind. Zu dieser Zeit dominierte noch die weiße Bevölkerung der Kolonie mit ca. 40%. Die »zivilisierten« Indianer bildeten etwas weniger als ein Drittel, die Sklaven etwas weniger als ein Viertel der Bevölkerung. Im 17. Jahrhundert nahm die Anzahl der schwarzen Sklaven stark zu. Während in der Mitte des 18. Jahrhunderts rund 1 Million Menschen in Brasilien lebte, waren es am Ende der Kolonialzeit ca. 3 Millionen, von denen mehr als die Hälfte Sklaven waren.

Wie verschiedene Ausführungen bereits andeuteten, wurde Lateinamerika in der frühen Neuzeit nicht nur von den iberischen Mächten bestimmt, wenn sie den Subkontinent auch stärker prägten als irgendeine andere europäische Macht. Dadurch, dass die anderen europäischen Mächte, insbesondere die Atlantikanrainer England, Frankreich und die Niederlande, den 1494 im Vertrag von Tordesillas festgelegten Monopolanspruch der iberischen Staaten nicht akzeptierten, kam es zu Piraterie, Kriegen und schließlich erfolgreicher Landnahme auch anderer europäischer Mächte in Amerika. Dabei waren es vor allem politische Machtinteressen und damit verbundene wirtschaftliche Triebkräfte, die den frühmodernen Staaten Kolonialbesitz in der Neuen Welt als attraktiv, ja notwendig erscheinen ließen.

Das Eindringen der nichtiberischen Mächte in den amerikanischen Kontinent erfolgte in verschiedenen Phasen, die die 1494 getroffene Vereinbarung zwischen Spanien und Portugal immer mehr aushöhlte und schließlich vollständig überholte. Das heißt, die Politik der europäischen Mächte gegenüber Lateinamerika in der frühen Neuzeit kann schematisch am besten erläutert werden, wenn man den politischen Entwicklungen und den sich daraus ergebenden rechtlichen Veränderungen eines entstehenden internationalen oder Völkerrechtes folgt. In der Kolonialzeit standen sich im Hinblick auf Amerika zwei Rechtsstandpunkte gegenüber. Zunächst wurde in einem **System der Monopole** die überseeische Welt in exklusive Aktionsräume aufgeteilt. In Tordesillas nahm dieses System seinen Anfang und wurde entsprechend zum Rechtsstandpunkt der iberischen Mächte. Der andere, dem widersprechende Rechtsstandpunkt war die **freie Konkurrenz**. Gemäß dieser Auffassung stand der Kontinent allen Mächten offen, während exklusive Rechte nur für tatsächlich besiedelte und beherrschte Gebiete gelten konnten. Diesen Rechtsstandpunkt vertraten vor allem England, Frankreich und die Niederlande. In einer ersten Phase europäischer Politik in Lateinamerika, die das 16. und beginnende 17. Jahrhundert umfasst, standen diese Rechtsstandpunkte nebeneinander, wobei die iberischen Mächte ihre Auffassung in diesem Zeitraum im Wesentlichen behaupten konnten. Das Vordringen der anderen europäischen Mächte beschränkte sich in dieser Zeit auf Piraterie und Piratenstützpunkte in Amerika. Vor allem auf den karibischen Inseln konnten sich englische und französische Piraten festsetzen. Erste kleinere Kolonisationsversuche der Franzosen in Florida und an der brasilianischen Küste scheiterten am iberischen Widerstand. Eine zweite Phase begann im zweiten Viertel des 17. Jahrhunderts und reicht bis 1670. In diesem Zeitraum setzten sich andere europäische Mächte endgültig in Amerika fest. Parallel zum Niedergang Spaniens, mit dem Portugal anfänglich noch in Personalunion verbunden war, wurden von England, Frankreich und den Niederlanden Handelsgesellschaften gegründet, und man begann, Verwaltungsbeamte in Amerika einzusetzen. Die anderen europäischen Mächte begannen eine organisierte Kolonialpolitik zu betreiben. Die Engländer begannen mit der Kolonisierung Nordamerikas und eroberten 1655 mit Jamaica eine große Kolonie in der Karibik, die Franzosen fingen an, systematisch den Westen der Insel Hispaniola zu kolonisieren, und die Niederländer gewannen ein größeres Kolonialgebiet in Brasilien, das sie von ca. 1635 bis 1654 erfolgreich behaupten konnten. Engländer, Niederländer und Franzosen teilten darüber hinaus fast die gesamten Inseln der Kleinen Antillen unter sich auf. Von 1670 bis 1713 reichte die dritte Phase, in der das vor allem betroffene Spanien die Besitzungen anderer europäischer Mächte in Amerika vertraglich anerkannte und damit seine Monopolansprüche de facto aufgab.

Der entscheidende Wendepunkt war 1670 der Friede von Madrid zwischen Spanien und England, der ausdrücklich primär für Amerika galt und in dem Spanien die englischen de facto-Besitzungen in Amerika anerkannte. Als Vorläufer dieser Entwicklung kann bereits der Westfälische Frieden von 1648 gelten, als Spanien mit der Anerkennung der unabhängigen Vereinigten Niederlande auch deren karibische Kolonien akzeptierte. Nach dem Spanischen Erbfolgekrieg musste Spanien schließlich 1713 im Frieden von Utrecht sämtliche territorialen Besitzungen der anderen europäischen Mächte in Amerika anerkennen. Das 18. Jahrhundert schließlich bildete die vierte Phase, in der es zu vertraglich abgesicherten Grenzen zwischen den europäischen Einflusssphären in Amerika kam. Zwar hatte sich in der dritten Phase das Prinzip der freien Konkurrenz bereits durchgesetzt, und sämtliche europäischen Besitzungen in Amerika waren durch zwischenstaatliche Verträge legalisiert, aber in Kriegen standen diese Territorien stets wieder zur Disposition, zumal in den seltensten Fällen genaue Grenzen bestimmt waren. In der zweiten Hälfte des 18. Jahrhunderts wurden deshalb zunehmend vertragliche Vereinbarungen geschlossen, die exakte Grenzen zwischen den Einflusssphären der europäischen Mächte festlegten. Die frühe Neuzeit endete schließlich damit, dass ein beträchtlicher Teil des amerikanischen Kontinentes sich zuerst 1776 und dann zu Beginn des 19. Jahrhunderts seine politische Unabhängigkeit von den europäischen Mächten erkämpfte.

Die Sozialstruktur der lateinamerikanischen Kolonialzeit war je nach geographischer Region und je nach europäischer Kolonialmacht unterschiedlich. Bestimmte Grundstrukturen können jedoch verallgemeinernd für ganz Lateinamerika gelten. An der Spitze der sozialen Hierarchie standen meist die Europäer, die häufig als Kolonialbeamte die direkten Interessen der Mutterländer vertraten. Ökonomisch waren es Europäer (häufig Kaufleute) und Kreolen, das sind in Amerika geborene Personen europäischer Abstammung, aus denen sich die Eliten der Gesellschaft zusammensetzten. Dann gab es vor allem in Iberoamerika eine breite Schicht von Mestizen und Mulatten, die aus Verbindungen zwischen Europäern oder Kreolen und Indianern bzw.

zwischen Europäern oder Kreolen und Schwarzen hervorgegangen waren und deren Rechte fast überall deutlich eingeschränkt waren. Die indianische Bevölkerung lebte in Iberoamerika, vor allem in großen Teilen des spanischen Amerika als Untertanen der Krone, die jedoch rechtlich den Status von Unmündigen hatten und die als billige Arbeitskräfte von den Eliten häufig ausgebeutet wurden. Die unterste Stufenleiter der sozialen Hierarchie bildeten die aus Afrika zwangseingewanderten schwarzen Sklaven, über deren Rechte und Behandlung in den verschiedenen europäischen Kolonien es seit langem eine kontroverse Diskussion innerhalb der historischen Forschung gibt (siehe Forschungsdiskussion). Die schwarze Sklavenbevölkerung konzentrierte sich vor allem in den südlichen Kolonien Englands in Nordamerika, auf den karibischen Inseln, im nördlichen Südamerika (vor allem in Venezuela) und in den Plantagenzonen der brasilianischen Küste.

Einstieg in das Studium:

Die nach wie vor beste deutschsprachige Einführung in die lateinamerikanische Kolonialgeschichte, die ihren Schwerpunkt auf der hispanoamerikanischen Geschichte hat, ist RICHARD KONETZKE, *Süd- und Mittelamerika I. Die Indianerkulturen Altamerikas und die spanisch-portugiesische Kolonialherrschaft* (Fischer Weltgeschichte Bd. 22), Frankfurt a.M. 1965. Zur portugiesischen Kolonialgeschichte ist als ausführlichere Ergänzung empfehlenswert GEORG THOMAS, »Das portugiesische Amerika (1549–1695)« und von demselben Autor über das 18. Jahrhundert »Brasilien«, in: *Handbuch der Geschichte Lateinamerikas*, hrsg. v. Walther L. Bernecker u. a., Bd. 1: *Mittel-, Südamerika und die Karibik bis 1760*, hrsg. v. Horst Pietschmann. Hier werden auch die Grundzüge der Wirtschaft und Verwaltungsstruktur Brasiliens relativ ausführlich beschrieben. Empfehlenswert für die gesamte Kolonialgeschichte Lateinamerikas sind darüber hinaus die Bände 1 und 2 der *Cambridge History of Latin America*, hrsg. von Leslie Bethell, Cambridge u. a. 1984. Eine ausführliche Einführung in die Wirtschaftsgeschichte Hispanoamerikas auf dem neuesten Forschungsstand ist HANS POHL, *Die Wirtschaft Hispanoamerikas in der Kolonialzeit (1500–1800)*, Stuttgart 1996. Zur Verwaltung Iberoamerikas mit dem Schwerpunkt Hispanoamerikas empfiehlt sich HORST PIETSCHMANN, *Die staatliche Organisation des kolonialen Iberoamerika*, Stuttgart 1980. Wichtige Aspekte der nichtiberischen Geschichte Lateinamerikas in der frühen Neuzeit werden behandelt in GÜNTER KAHLE, *Lateinamerika in der Politik der europäischen Mächte 1492–1810*, Köln u. a. 1993. Die verschiedenen Rechtsstandpunkte der europäischen Mächte gegenüber Amerika und damit in Zusammenhang stehende Prozesse der Völkerrechtsentwicklung behandelt ausführlich JÖRG FISCH, *Die europäische Expansion und das Völkerrecht. Die Auseinandersetzungen um den Status der überseeischen Gebiete vom 15. Jahrhundert bis zur Gegenwart*, Wiesbaden 1984. Zur Kirchengeschichte vgl. HANS-JÜRGEN PRIEN, *Die Geschichte des Christentums in Lateinamerika*, Göttingen 1978.

Die Forschungsdiskussion um die Behandlung der Sklaven im gesamtamerikanischen Vergleich:

In der älteren Forschung wurde die Auffassung vertreten, dass die Sklaverei im iberischen Amerika humaner gewesen sei als in anderen Kolonien des amerikanischen Kontinentes, insbesondere in Angloamerika. Der erste bedeutende Wissenschaftler, der diese These am Beispiel Brasiliens zu zeigen versuchte, war der brasilianische Anthropologe und Soziologe Gilberto Freyre in seiner wegweisenden Studie *Casa Grande e Senzela*, Rio de Janeiro 1933 (deutsch: *Herrenhaus und Sklavenhütte*, München ²1990; erste deutsche Auflage 1965). Er vertrat die These, dass das Verhältnis zwischen Herren und Sklaven in Brasilien im Wesentlichen durch ein patriarchalisches Verhältnis und weitaus weniger durch Brutalität oder Grausamkeit geprägt wurde. Er konstatierte außerdem, dass die iberischen Siedler weniger rassistische Vorurteile gehabt hätten als die nordeuropäischen. Als Freyres Buch 1946 in Englisch erschien, inspirierte es den nordamerikanischen Historiker Frank Tannenbaum, zwei grundsätzlich verschiedene Systeme der Sklaverei in Lateinamerika und Angloamerika zu definieren (*Slave and Citizen: The Negro in the Americas*, New York 1946). Tannenbaum hob dabei auf Mentalitätsunterschiede ab, die seiner Ansicht nach daraus resultierten, dass die Portugiesen und Spanier bereits in Europa über eine lange Erfahrung im Umgang mit Sklaven verfügten, die den Engländern völlig fehlte. Er stützte sich in seiner Argumentation vor allem auf die verschiedenen Sklavengesetzgebungen der einzelnen Kolonialmächte und stellte dabei wesentliche Unterschiede zwischen portugiesischer und spanischer Gesetzgebung einerseits und englischer und französischer andererseits fest. Wie bereits Magnus Mörner, der vielleicht bedeutendste Experte von Rassenbeziehungen in Lateinamerika, treffend feststellte, können Gesetzeswerke aber nichts über die tatsächliche Behandlung der Sklaven aussagen, sondern letztlich nur eine auf anderen Quellen basierende Untersuchung der kolonialen Praxis. Andererseits spiegeln Gesetzte ideelle Grundlagen wider und bildeten zumindest einen Rahmen für den Handlungsspielraum der Kolonisten.

Seitdem setzte sich mehr und mehr die Auffassung durch, dass die Behandlung der Sklaven weniger von der Nationalität der Sklavenhalter als vielmehr von den ökonomischen Grundlagen der jeweiligen Sklaverei bestimmt wurde. Erstmalig überzeugend vertreten wurde diese Auffassung 1944 von dem aus Trinidad stammenden Eric Williams (*Capitalism and Slavery*, Chapel Hill, N.C. 1944). Vor allem profitable Sklavenarbeit wie sie in den Plantagenzonen geleistet wurde, habe eine harte Behandlung und besonders starke Ausbeutung gefördert, während Haussklaven und in anderen Landwirtschaftsformen eingesetzte Sklaven eine wesentlich humanere Behandlung erfahren hätten. Der Historiker John Lombardi schließlich folgte dieser Richtung in gewisser Weise, wenn er der Tendenz überhaupt entgegentrat, Sklaverei im kontinentalen amerikanischen Maßstab zu vergleichen, sondern für eine Betrachtung des Sklaven innerhalb seiner konkreten Funktion oder Arbeitssituation plädierte. Das heißt, in welcher Situation lebte der Sklave als Plantagenarbeiter, Handwerker oder als Prostituierte? (»Comparative Slave Systems in the Americas: A Critical Review«, in: R. Graham u. P. H. Smith, Hrsg., *New Approaches to Latin American History*, Austin 1974). Der britische Historiker C. R. Boxer schließlich hat durch seine Forschungen die Auffassung weitgehend entkräftet, dass die Portugiesen weniger rassistische Vorurteile gahabt hätten, als andere europäische Nationen.

Erst eine noch stärker zunehmende Anzahl von Einzel- und Regionalstudien wird in Zukunft vielleicht eine bessere Beurteilung der Situation der Sklaven auf dem amerikanischen Kontinent im Vergleich möglich machen. So konnten in einem jüngst erschienenen Artikel über die Situation der Sklaven im kolonialen Uruguay einige ältere Forschungsmeinungen überzeugend widerlegt werden (Bernd Schröter, »Die Stellung der Schwarzen im kolonialen Uruguay: Eingliederung und Konfrontation«, in: Heinz-Joachim Domnick u.a., Hrsg., *Interethnische Beziehungen in der Geschichte Lateinamerikas*, Frankfurt a.M. 1999). Einen interessanten Vergleich zwischen Kuba und Brasilien stellt ebenfalls ein jüngst erschienener Aufsatz dar, der für Brasilien über die Kolonialzeit hinausreicht (Matthias Röhrig Assuncão und Michael Zeuske, »›Race‹, Ethnicity and Social Structure in 19th Century Brasil and Cuba«, in: *Iberoamerikanisches Archiv* 24: 1998). Eine gute Zusammenfassung über den Forschungsstand Anfang der 1990er Jahre findet sich in Magnus Mörner, »African Slavery in Spanish and Portuguese America: Some Remarks on Historiography and the Present State of Research«, in: Wolfgang Binder, Hrsg., *Slavery in the Americas*, Würzburg 1993.

4. Die Frauen in der iberischen Welt der frühen Neuzeit

Der Frauengeschichte wird hier nicht deshalb ein besonderer für Spanien, Portugal und Lateinamerika gemeinsamer Abschnitt gewidmet, weil sie außerhalb der allgemeinen Geschichte stände und weil es keine Unterschiede der Frauengeschichte zwischen den iberischen Staaten oder zwischen den iberischen Staaten und ihren Kolonien gegeben hätte, sondern weil die Integration der Frauengeschichte in die anderen Bereiche der Geschichte wie die politische Geschichte oder die Wirtschaftsgeschichte in übergreifenden Werken noch nicht selbstverständlich ist. Es gibt noch so große Forschungslücken, dass es fast sinnvoller erscheint, Desiderata aufzuzeigen als Forschungsergebnisse. Für die Iberische Halbinsel ist die Forschungslage im gesamteuropäischen Vergleich besonders lückenhaft. Lediglich für die Rechtsstellung, insbesondere die Erbschaftspraxis liegen flächendeckende Studien vor, die für Spanien ein regional sehr vielfältiges Bild zeigen. Für Hispanoamerika sind es einzelne Regionen, z. B. Neuspanien oder der La Plata-Raum, die relativ gut erforscht sind, während andere Gebiete noch stark vernachlässigt werden.

Das frühneuzeitliche Bild von Frauen und das Ideal einer Frau war zum größten Teil von Männern geschaffen und geprägt. Im 15. und 16. Jahrhundert erschienen beispielsweise in Spanien verschiedene Werke – alle von Männern geschrieben – die die ihrer Ansicht nach angemessene Erziehung von Frauen und die Normen für weibliches Verhalten zum Thema hatten. Die Schriften bezogen sich im Wesentlichen auf die Frauen der Oberschicht, spiegeln aber ein allgemeines gesellschaftliches Ideal von Weiblichkeit wider, das zwar am besten unter ökonomisch günstigen Voraussetzungen erfüllt werden konnte, aber sicherlich auch für untere Schichten als erstrebenswert gelten mochte. Grundsätzlich sollte eine Frau heiraten und die **Familie** sollte den Mittelpunkt ihres Lebens bilden. Als Alternative, die in der christlich-katholischen Gesellschaft der Iberischen Halbinsel sogar das höhere Ideal darstellte, galt nur der Eintritt ins **Kloster**. Bereits die Titel einiger Werke, die sich mit der »idealen Frau« befassen, geben einen gewissen Aufschluss über diese Ideale: *Instrucción de la mujer cristiana* (1524 von Luis Vives) oder *La perfecta casada* (1583 von Fray Luis de León). Die Frauen waren im Allgemeinen für die **Ehre der Familie**, die eigene und die des Mannes, verantwortlich. Während dem Ehemann eine gewisse sexuelle Freizügigkeit zugestanden wurde, ohne dass dadurch die Ehre der Familie litt, war der Ehebruch der Frau zugleich eine Entehrung der Familie. Für Lateinamerika hat die Forschung in diesem Zusammenhang die Begriffe des **Machismus** *(machismo)* für die männliche Verhaltensnorm und des **Marianismus** *(marianismo)* komplementär für die weibliche geprägt. Der Begriff des Marianismus bezieht sich auf die Jungfrau und Gottesmutter Maria, das katholische Ideal weiblicher Unschuld und Mutterschaft. Im Prinzip umschreiben diese Begriffe eine doppelte Moral, die bis heute in vielen Gesellschaften weiter besteht. Die Forschung deutet an, dass man grundsätzlich davon ausgehen kann, dass die Frauen Hispanoamerikas eine größere Freizügigkeit genossen als die Frauen Brasiliens, die stärker von der Außenwelt isoliert wurden.

Im 16. und 17. Jahrhundert gab es kaum Schulen für Frauen, sondern ihre **Erziehung** war informeller Art und erfolgte im häuslichen Alltag. Nur wenige Frauen der Oberschichten erhielten eine darüber hinausgehende schulische Bildung. Das Recht für eine intellektuelle Erziehung und Betätigung der Frau wurde vor dem 18. Jahrhundert nur vereinzelt gefordert. Die mexikanische Dichterin und Nonne Sor Juana Inés de la Cruz (1649–1695), die ein bedeutendes literarisches Werk hinterlassen hat, gehört zu den wenigen in der iberischen Welt, die schon im 17. Jahrhundert ein solches Recht für Frauen forderten. Das 18. Jahrhundert, das Jahrhundert der Aufklärung, gestand den Frauen auch zunehmend intellektuelle Fähigkeiten zu und damit auch das Recht intellektueller Betätigung. Vor allem im Zeitalter Karls III. wurde einer umfassenden Erziehung von Frauen größere Bedeutung zugemessen, nicht zuletzt auch deshalb, um sie – ganz im Sinne des aufgeklärten Absolutismus – auch für das Gemeinwohl im Dienste des Staates nutzbar zu machen. Es entstanden nun mehr Schulen für Frauen, die allen sozialen Schichten zugänglich wurden.

Den vor allem für die Oberschicht konzipierten Idealen stand eine sehr viel komplexere Realität gegenüber. Die Schichtzugehörigkeit der Frau, ihre Lebensumstände als altchristliche Spanierin und Portugiesin, oder als Moriskin, Jüdin oder Neuchristin (*conversa*) spielten für die konkrete Lebenswelt der Frau eine ebenso große Rolle wie der Unterschied zwischen einer in der Stadt oder einer auf dem Lande lebenden Frau. Im Erbrecht etwa machte es einen großen Unterschied, ob Frauen aus Seemannsfamilien Galiciens stammten oder aus kastilischen Bauernfamilien. Auf Grund der Gefahren, denen die nordwestspanischen Seeleute auf dem Meer ausgesetzt waren, war in einzelnen Regionen Galiciens beispielsweise die älteste Tochter und nicht der älteste Sohn erbberechtigt. Dies sollte für Kontinuität innerhalb des Familienbesitzes sorgen. Auch der Stand einer Frau wirkte sich auf ihr Leben entscheidend aus. So wurde von der Forschung besonders dem Witwenstand große Aufmerksamkeit geschenkt, weil er der Frau im Allgemeinen größeren Freiraum bot, auch im Hinblick auf eine ökonomische Betätigung.

In Lateinamerika spielte neben dem sozialen Stand die ethnische Zugehörigkeit eine entscheidende Rolle für das Leben der Frauen. Zum einen trafen hier iberisch-europäische und afrikanische Normen auf indianische, was in der Realität zu neuen Qualitäten führte, zum anderen spielte die ethnische Zugehörigkeit eine wesentliche Rolle für den Gesamtstatus innerhalb der kolonialen Gesellschaft. Die Ehe galt als die ideale Lebensform und wurde sowohl von der Krone als auch von der Kirche forciert. Eheschließungen zwischen Weißen und Indianern wurden in Hispanoamerika, wo die Indianer besonders in die koloniale Gesellschaft integriert waren, jedoch nur zu Beginn der Kolonialzeit befürwortet, während sie später, ebenso wie zwischen Weißen und Schwarzen eher eine Ausnahme darstellten. Außereheliche Beziehungen zwischen Weißen und anderen ethnischen Gruppen dagegen waren häufig und führten zur Entstehung der prozentual so bedeutenden Mischlingsbevölkerung. Wichtige **Formen außerehelicher Beziehungen** oder eheähnlicher Gemeinschaften waren das Konkubinat (*concubinato*) und die *barraganía*. Als *barraganía* wurden in Spanien seit dem Mittelalter Beziehungen zwischen christlichen und islamischen oder jüdischen Partnern bezeichnet, während dann in Amerika der Begriff auf Verhältnisse zwischen Weißen und Indianern Anwendung fand. Innerhalb der weißen Eliten dienten Eheschließungen oft der Bildung von sozialen und ökonomischen Netzwerken. Für die Frauen der Eliten war fast die einzige Alternative zur Ehe der Eintritt in ein Kloster. Indianischen Frauen war der Klostereintritt bis ins 18. Jahrhundert verwehrt.

Die in allen Bereichen ausgeprägten Unterschiede zwischen den einzelnen Regionen Lateinamerikas zeigten sich auch in der Rolle der Frauen. In den stark von dem indianischen Element geprägten Kulturen, vor allem der Andengebiete, Paraguays und Teilen Neuspaniens, übernahmen die Frauen eine wichtige Funktion beim Unterhalt der Familie. Das quantitative Verhältnis von Männern und Frauen war ebenfalls regional verschieden und beeinflusste die Heiratsmöglichkeiten und die Notwendigkeit von Frauenarbeit. So herrschte vor allem in den Städten ein großer Frauenüberschuss, der die Heiratsmöglichkeiten der Frauen einschränkte und sie stärker der Notwendigkeit zur bezahlten Arbeit unterwarf. In den Grenzregionen dagegen, im La-Plata-Raum und Südchile, herrschte Frauenmangel, der die umgekehrten Begleiterscheinungen mit sich brachte.

Insgesamt entfalteten Frauen in der iberischen Welt vielfältige Aktivitäten, die nicht nur auf Familie und Kloster beschränkt waren bzw. innerhalb dieses Rahmens in viele andere Bereiche, seien es politische oder wirtschaftliche, hineinreichten. Vor allem Unterschichtfrauen waren zu verschiedenen ökonomischen Betätigungen häufig aus materieller Not gezwungen. Frauen arbeiteten hauptsächlich als Hausmädchen, Wäscherinnen, Hebammen und in der Landwirtschaft vor allem auf kleineren Familiengütern. Aber auch Witwen der Oberschicht begegnen als Geschäftsfrauen, die nach dem Tode ihres Mannes dessen Geschäfte weiterführten. Der aufgeklärte Absolutismus versuchte nicht nur die Erziehung der Frauen zu verstärken, sondern es wurden unter Karl III. auch Versuche unternommen, Frauen zur Tätigkeit in Manufakturen anzuregen, das heißt in wirtschaftliche Produktionszweige in Spanien und Hispanoamerika einzugliedern. In Neuspanien beispielsweise stieg der prozentuale Anteil der erwerbstätigen Frauen in den Tabak- und Textilmanufakturen seit den bourbonischen Reformen teilweise auf weit über 50%.

Einstieg in das Studium:
Für die allgemeinen Aspekte der Frauengeschichte innerhalb der frühen Neuzeit ist die erstklassige Zusammenfassung von OLWEN HUFTON, *Frauenleben. Eine europäische Geschichte 1500–1800*, Frankfurt a.M. 1998 (engl. Original 1995), zu empfehlen. Die allgemeinen Merkmale europäischen Frauenlebens gelten dabei auch für die iberischen Frauen. Zur Frauengeschichte Lateinamerikas vgl. den zusammenfassenden Artikel von ASUNCIÓN LAVRIN, »Women in Spanish American Colonial Society«: *The Cambridge History of Latin America*, Bd. 2: *Colonial Latin America*, Cambridge u. a. 1984. Die Autorin hat insbesondere für die Erforschung hispanoamerikanischer Frauen der Kolonialzeit Pionierarbeit geleistet und ist Autorin und Herausgeberin zahlreicher Publikationen zu diesem Thema: u. a. *Sexuality and Marriage in Colonial Latin America*, Lincoln u. London 1989. Als interessante Ergänzung kann auch herangezogen werden BARBARA POTTHAST, »Women are more Indian – Zum Verhältnis von Rasse/Ethnie, Klasse/Stand und

Geschlecht in der hispanoamerikanischen Kolonialzeit«, in: Heinz-Joachim Domnick u.a., *Interethnische Beziehungen in der Geschichte Lateinamerikas*, Frankfurt a.M. 1999. In deutscher Sprache liegen noch kaum Untersuchungen zur Frauengeschichte für die Kolonialzeit Lateinamerikas vor. Jüngst erschien eine Untersuchung über das koloniale Uruguay, die Grenzregion Banda Oriental del Río de la Plata, wobei insbesondere dem Heiratsverhalten große Aufmerksamkeit geschenkt wird: BERND SCHRÖTER, Der Heiratsmarkt im kolonialen Uruguay. Geschlechterbeziehungen in einer Grenzregion Spanisch Amerikas, Stuttgart 2000.

VI. Das 19. und 20. Jahrhundert

1. Spanien im 19. und 20. Jahrhundert

Das Zeitalter der Französischen Revolution und der napoleonischen Kriege markiert das Ende der frühen Neuzeit, die politisch durch den monarchischen Absolutismus gekennzeichnet war. Das 19. und auch noch das 20. Jahrhundert werden charakterisiert durch den schwierigen Übergang von der absoluten Monarchie zu einer auf der Volkssouveränität beruhenden verfassungsgebundenen Regierung, sei es eine demokratische Republik oder die aus der Sicht des 19. Jahrhunderts häufig breiteren Konsens findende konstitutionelle Monarchie. Das Revolutionszeitalter markiert den Anfang sich herausbildender politischer Strömungen in Europa, zunächst im Wesentlichen der absoluten Königsmacht verhaftete Konservative und dem Konstitutionalismus anhängende Liberale. Wirtschaftlich brachte das 19. Jahrhundert die Industrielle Revolution und die Entstehung des Industrieproletariats. Damit verbunden war die Entstehung einer dritten politischen Strömung, die man unter dem weit gefassten Begriff des Sozialismus subsummieren kann. Innerhalb dieser Grundströmungen gab es verschiedene Richtungen, die in allen europäischen Staaten ihre eigene Ausprägung hatten, so auch auf der Iberischen Halbinsel, wo einerseits die Industrielle Revolution sehr verspätet einsetzte und andererseits auch erst spät eine Arbeiterbewegung entstand. Die spanische Gesellschaft wurde bis ins 20. Jahrhundert durch eine ländliche Unterschicht ohne eigenen Landbesitz geprägt, der der alte landbesitzende Adel und ein von den liberalen Enteignungen des Kirchenbesitzes profitierendes großgrundbesitzendes Bürgertum gegenüberstand. Ein mittleres und kleineres Bürgertum bildete sich erst ganz allmählich heraus.

Die **napoleonische Besetzung** Spaniens führte **1808** zu einem **Volkskrieg**, der am 2. Mai 1808 (*Dos de Mayo*) in Madrid spontan begann. Die Erhebung in Madrid wurde von der französischen Armee brutal niedergeworfen, war aber trotzdem der Beginn einer sich dann von Asturien über das ganze Land ausbreitenden Widerstandsbewegung der spanischen Bevölkerung.

In Aranjuez wurde eine Junta Suprema Central gebildet, die wegen der vordringenden französischen Truppen ihren Sitz nach Sevilla verlegte. Diese provisorische Regierung berief sich auf den in Frankreich internierten **Ferdinand VII.**, der zum Symbol des nationalen Befreiungskampfes wurde. Das ebenfalls von napoleonischen Truppen besetzte Portugal wurde militärisch von England unterstützt, und Spanien vereinbarte 1809 eine militärische Zusammenarbeit mit Arthur Wellesley, dem späteren Herzog von Wellington, der schließlich zum Oberbefehlshaber der auf der Iberischen Halbinsel gegen Napoleon kämpfenden Armee wurde. Der in zahlreiche Einzelbewegungen zersplitterten Guerilla der Spanier war durch das französische Heer nur schwer beizukommen. Trotzdem konnten die Franzosen 1810 Andalusien besetzen, und die Junta Central floh auf die Cádiz vorgelagerte Insel León, wo an ihre Stelle eine Regentschaftsregierung trat. Es wurde beschlossen, die spanische Ständeversammlung, die Cortes, einzuberufen und dem Land eine Verfassung zu geben. Da durch den Kriegszustand eine repräsentative Vertretung aller spanischen Regionen und Strömungen nicht möglich war, dominierten in den Cortes gemäßigte Liberale, die auch der auszuarbeitenden Verfassung ihren Stempel aufdrückten. **1812** wurde die liberale **Verfassung von Cádiz** proklamiert, die die absolute Herrschaft des Königs in Spanien aufhob und eine konstitutionelle Monarchie und zahlreiche Reformen vorsah. 1813 gelang es Wellington, entscheidende Siege gegen die napoleonischen Truppen zu erringen, während Napoleon durch die verlorene Völkerschlacht bei Leipzig gezwungen war, den iberischen Kriegsschauplatz aufzugeben und seine Kräfte in Zentraleuropa zu konzentrieren.

Im Dezember 1813 wurde Frieden zwischen Frankreich und Spanien geschlossen. Im März 1814 kehrte Ferdinand nach Spanien zurück und enttäuschte bald alle Hoffnungen, die liberale Kreise auf das Ende des Krieges gesetzt haben mochten. Die Verfassung von Cádiz wurde vom König außer Kraft gesetzt, und es begann eine kompromisslose **Wiederherstellung des Absolutismus**. Die durch den Krieg entstandene desolate Wirtschaftslage wurde verstärkt durch die Unabhängigkeitsbewegung Hispanoamerikas, die Spanien praktisch vom Handel und damit von seinen Kolonien als wichtiger Einnahmequelle abschnitt. Die Unzufriedenheit weiter Kreise äußerte sich am wirkungsvollsten durch das Militär, in dessen Offizierkorps liberale Ideen weit verbreitet waren. Durch das Ende des Krieges und die Reduzierung des Heeres wurde das Militär zu einem der zentralen Unruheherde Spaniens. In den sechs Jahren von 1814 bis 1820 kam es zu zahlreichen Putschversuchen, so genannten *pronunciamientos*, gegen die Regierung. 1820 war der Putsch des Obersten Riego in Andalusien schließlich erfolgreich. Er gehörte einem Truppenverband an, der nach Hispanoamerika geschickt werden sollte, um die Unabhängigkeit der Kolonien zu verhindern. Oberst Riego strebte eine Rückkehr zum Liberalismus an und proklamierte erneut die Verfassung von Cádiz. Es folgte eine Welle von ähnlichen *pronunciamientos* vor allem in Nordspanien, und dem König blieb schließlich keine andere Wahl, als die Verfassung wieder in Kraft zu setzen. Damit begann eine dreijährige erneute Etappe des spanischen Liberalismus, der von **1820 bis 1823** währende *trienio liberal*. Die Spaltung der Liberalen in eine gemäßigte und eine radikalere Richtung führten zu Uneinigkeit, aber es war schließlich die Einmischung des Auslandes, die das Ende des *trienio liberal* herbeiführte.

Nach dem Sieg über Napoleon begann in Europa die Epoche der **Restauration**, das heißt die europäischen Monarchien erstrebten eine Rückkehr zu den vorrevolutionären absolutistischen Verhältnissen. Eine neue Friedensordnung sollte geschaffen werden, für die der **Wiener Kongress von 1815** bestimmend wurde. Die reaktionären Tendenzen wurden am stärksten von den drei Kernmächten der **Heiligen Allianz**, Russland, Preußen und Österreich vertreten. In den sich dem Wiener Kongress anschließenden Jahren kam es zu verschiedenen Nachfolgekongressen, darunter **1822** der **Kongress von Verona**, auf dem beschlossen wurde, den wiederaufgelebten Konstitutionalismus in Spanien zu beenden. Frankreich wurde mit dieser Aufgabe betraut, und 1823 drangen französische Truppen in Spanien ein, die das absolute Königtum Ferdinands wiederherstellten. Die folgenden zehn Jahre der Herrschaft Ferdinands VII., die 1833 mit seinem Tod endeten, waren eine kompromisslose Restauration des Absolutismus.

Die letzten Lebensjahre des Königs waren durch die Nachfolgefrage geprägt. Ferdinand war bis 1830 kinderlos geblieben und sein Bruder Karl galt bis dahin als Nachfolger auf dem spanischen Thron. Als 1830 die Tochter Ferdinands, Isabella, geboren wurde, begann eine Auseinandersetzung um die Thronfolge. In seinem Testament setzte Ferdinand Isabella als Nachfolgerin ein, und löste damit den **Ersten Karlistenkrieg** aus, der von **1833 bis 1839** dauerte. Der Bruder Ferdinands, Karl, konnte sich dabei vor allem auf nordspanische Regionen und Katalonien sowie politisch auf die stark konservativen Kreise stützen, vermochte sich aber letztlich nicht durchzusetzen. Die Mutter Isabellas, Maria Christina, die zunächst die Regentschaft für ihre Tochter führte, stützte sich von Beginn an auf die gemäßigten Liberalen, da ihr dies als einzige Möglichkeit erschien, ihrer Tochter den Thron und sich selber politische Macht zu erhalten. Die Haltung der wichtigsten europäischen Mächte zur spanischen Thronfolge spiegelte die Konstellation der politischen Richtungsverteilung in Europa deutlich wider. Während Russland, Preußen und Österreich Isabella nicht anerkannten, stellten sich die beiden Westmächte Frankreich und Großbritannien im Ersten Karlistenkrieg auf ihre Seite. Eine der spanischen ähnliche Konstellation in Portugal führte zur Bildung der Quadrupelallianz Spaniens, Portugals, Frankreichs und Großbritanniens, die gemeinsam den gemäßigten Liberalismus auf der Iberischen Halbinsel gegen die Kräfte des Absolutismus stützten.

Doch innerhalb des liberalen Lagers versuchten die radikaleren *Progresistas* gegen die gemäßigten *Moderados* an Einfluss zu gewinnen. Die daraus entstehenden Konflikte führten schließlich zur Abdankung Maria Christinas, die 1840 ins französische Exil ging. Bei den sich anschließenden bürgerkriegsähnlichen Unruhen standen sich verschiedene Gruppierungen der Liberalen gegenüber, und in Andalusien und Katalonien spielten bereits sozialistische Bewegungen eine politische Rolle. Schließlich wurde die Thronfolgerin ein Jahr vor der Zeit 1843 mit dreizehn Jahren für volljährig erklärt, um damit das Vakuum an der Spitze des Staates zu beseitigen. Von **1847 bis 1849** dauerte der **Zweite Karlistenkrieg**. Bis auf ein zweijähriges Zwischenspiel der *Progresistas* zwischen 1854 und 1856 bestimmten bis 1868 weiterhin die gemäßigten Liberalen die Politik, allerdings nicht ohne gewaltsame durch das Militär herbeigeführte Regierungswechsel, die auf Streitigkeiten innerhalb der *Moderados* zurückgingen. Nach einer gewissen politischen und wirtschaftlichen Konsolidierung Spaniens Ende der 50er und Anfang der 60er Jahre geriet das Land Mitte der sechziger Jahre erneut in eine Krise, die schließlich zur Revolution von 1868 führte. Isabella ging im September 1868 ins französische Exil. Insgesamt ist die **Epoche Isabellas (1833–1868)** als die **Zeit der Generäle oder** *pronunciamientos* bezeichnet worden, da der sich bereits unter Ferdinand VII. zeigende Einfluss des Militärs auf die Politik in der Herrschaftszeit seiner Tochter zum bestimmenden Faktor wurde.

Die wesentlichste Forderung der **Revolution von 1868** war die Volkssouveränität, die wirkliche Mitbestimmung des Volkes in der Politik und damit eine stärkere Einschränkung der monarchischen Gewalt. Von der Monarchie wollte sich die Mehrheit jedoch nicht lösen. Die von den Cortes 1869 beschlossene neue liberale Verfassung sah entsprechend auch weiterhin die konstitutionelle Monarchie vor, aber gleichzeitig wirkliche demokratische Mitbestimmung. Weder Isabella noch ihr Sohn Alfons, kamen zu diesem Zeitpunkt für eine Thronfolge in Frage. Die Karlisten wollten nun ihren Kandidaten Karl, den Enkel des Bruders Ferdinands VII., durchsetzen, was für die Mehrheit des politischen Spektrums in Spanien nicht in Frage kam. Als König konnte schließlich der zweite Sohn des italienischen Königs gewonnen werden, der 1870 als **Amadeus I.** den spanischen Thron bestieg, nachdem in den Cortes eine Mehrheit für ihn votiert hatte. Obwohl Amadeus ein liberaler Geist war, der streng nach den Grundsätzen der neuen Verfassung regierte, wurde er von weiten Kreisen niemals akzeptiert und dankte 1873 ab.

Nach der Abdankung des Königs proklamierten die Cortes die **erste spanische Republik (1873–1875)**. Die politischen Zustände in Spanien wurden immer chaotischer, da in verschiedenen Regionen Gegenregierungen gebildet wurden und von **1872 bis 1876** der **Dritte Karlistenkrieg** ausgetragen wurde. Die republikanische Regierung vermochte die Lage nicht zu stabilisieren. Nun gewann ein Mann Bedeutung, der für die folgenden Jahrzehnte eine entscheidende Rolle spielte, **Antonio Cánovas del Castillo**, ein aus der liberalen Bewegung hervorgegangener Politiker, der über eine breite Bildung verfügte und sich vor allem als Historiker ausgezeichnet hatte. Cánovas wollte die Restauration der Monarchie unter Isabellas Sohn Alfons durch einen von ihm vorbereiteten allgemeinen Konsens innerhalb der Politik und der Bevölkerung erreichen. Er erkannte ganz klar die fatale Wirkung, die in dem ungebrochenen militärischen Einfluss auf die Politik lag und wollte, dass der künftige König eine militärische Ausbildung erhalte, um selbst Oberkommandierender eines dann politisch über den Parteien stehenden Heeres zu werden. Die Pläne Cánovas konnten zum großen Teil in die Realität umgesetzt werden. Der im Ausland erzogene Alfons war ein weltgewandter und liberaler Mann, der eine militärische Ausbildung erhielt und nachdem er im Januar 1875 als König Alfons XII. nach Spanien zurückgekehrt war, seine militärischen Fähigkeiten im Dritten Karlistenkrieg unter Beweis stellte. Sein persönlicher Einsatz am Ende dieses Krieges steigerte seine Popularität im Volk.

Cánovas, der unter **Alfons XII. (1875–1885)** ein bestimmender Politiker blieb, schuf ein politisches System, das auf einem breiten politischen Konsens beruhte, von dem nur die rechten Karlisten und die Republikaner ausgeschlossen waren und das dem Land erstmalig eine gewisse Stabilität brachte. Die neue **Verfassung von 1876**, im Wesentlichen Cánovas Werk, erwies sich als die dauerhafteste Spaniens und war mit Modifizierungen bis 1923 gültig. Sie stärkte erneut die Stellung des Monarchen im politischen System. In den folgenden Jahren wechselten sich die Konservative Partei, der Cánovas selbst angehörte, und die Liberale Partei einvernehmlich in der Regierung ab. Dieses **Restaurationssystem oder Canovistische System** *(turnismo)* beruhte letztlich auf Wahlbetrug, aber die Mehrheit einer politisch noch unmündigen spanischen Bevölkerung stand dem gleichgültig gegenüber. Bestandteil dieses Systems wurde auch der so genannte **Kazikismus** *(caciquismo)*. Einflussreiche und angesehene Angehörige lokaler Eliten, die man als Kaziken bezeichnete, machten ihren persönlichen Einfluss auf die Wähler geltend und manipulierten die Bevölkerung in ihrem Wirkungskreis, was bei einer Analphabetenquote von über 75%, die für das Jahr 1877 ermittelt wurde, relativ einfach war. Der Kazikismus gewann vor allem durch die Einführung des allgemeinen Männerwahlrechtes 1890 zunehmende Bedeutung. Vorher waren auf Grund des gültigen Zensuswahlrechtes nur zwischen zwei und fünf Prozent der Bevölkerung wahlberechtigt. Eine tiefere Reformierung der spanischen Gesellschaft, die sich etwa der Agrarfrage oder der sozialen Frage angenommen hätte, blieb in der Restaurationszeit aus. Nachdem Alfons XII. 1885 gestorben war, wurde das bestehende System im Wesentlichen beibehalten, und die Gemahlin des verstorbenen Königs, Maria Christina, führte für ihren unmündigen Sohn, der den Namen seines Vaters trug, bis 1902 die Regentschaft.

Die spanische Außenpolitik im 19. Jahrhundert wurde sehr stark durch die innenpolitischen Probleme und die Instabilität bestimmt. Spanien war während der meisten Jahrzehnte kaum in der Lage, eine aktive Außenpolitik zu gestalten. Die ersten Jahrzehnte waren von den napoleonischen Kriegen und der sich anschließenden neuen Friedensordnung in Europa geprägt, wobei die Westmächte Großbritannien und Frankreich von Beginn an die Regierung Isabellas stützten, während die konservativen Kernmächte der Heiligen Allianz erst allmählich zu dieser Haltung gelangten. Für Spanien folgenreicher war der durch die anderen europäischen Mächte tolerierte Verlust seines amerikanischen Kolonialreiches. Bereits in den dreißiger Jahren war Spanien gezwungen, mit der Anerkennung der unabhängigen Staaten zu beginnen, wenn es den Handel mit seinen ehemaligen Kolonien nicht vollständig den anderen europäischen Mächten, insbesondere Großbritannien, überlassen wollte. Nur während der kurzen, auch ökonomisch stabilen Phase Ende der 50er und Anfang der 60er Jahre, als die Vereinigten Staaten außerdem in ihrem Sezessionskrieg gebunden waren, intervenierte Spanien nochmals militärisch in Hispanoamerika. Die Dominikanische Republik unterstellte sich sogar zwischen 1861 und 1865 nochmals für einige Jahre der Herrschaft des ehemaligen Mutterlandes. Die Revolution von 1868 trug mit zum Ausbruch des Zehnjährigen Krieges auf Kuba bei, Ausdruck für den nun auch in den verbleibenden spanischen Kolonien zunehmenden Machtverlust der Metropole. **1898** schließlich verlor Spanien im **Spanisch-Nordamerikanischen Krieg** mit Kuba, Puerto Rico, Guam und den Philippinen seinen letzten Kolonialbesitz (Tabelle 1). Ein Jahr später verkaufte es die nur formal in seinem Besitz befindlichen Inselgruppen der Karolinen und Marianen an das deutsche Kaiserreich, mit dem auf Grund der gemeinsamen französischen Gegnerschaft ein einvernehmliches Verhältnis bestand. Die strategischen Interessen, die Spanien traditionell an der der Iberischen Halbinsel gegenüberliegenden nordafrikanischen Küste hatte, konnte es im 19. Jahrhundert gegen französische und englische Interessen nur unzureichend wahrnehmen, wobei vor allem um den Einfluss in Marokko gerungen wurde.

Tabelle 1: Der Verlust der spanischen Territorien[*]

Nördliche Niederlande	1648
Freigrafschaft Burgund (Franche Comté)	1678
Südliche Niederlande	1713
Hispanoamerika (mit Ausnahme von Teilen der Großen Antillen)	1810–1825
Italien	1861
Kuba, Puerto Rico, Guam (Hauptinsel der Marianen), Philippinen	1898
Mikronesien (Karolinen mit Palau-Inseln, Marianen)	1899
Spanisch Marokko	1956
Spanisch Guinea (heute Äquatorialguinea) mit den Inseln Fernando Póo und Annobón	1968
Ifni	1969
Spanisch Sahara	1976

[*] Die Besitzwechsel der karibischen Inseln und nordamerikanischer Territorien in der frühen Neuzeit werden hier nicht berücksichtigt

Die Krise von 1898, die mit dem Spanisch-nordamerikanischen Krieg zum Verlust des letzten Kolonialbesitzes in Amerika und Asien führte, wurde von einer ganzen Generation von Spaniern als Symbol einer Gesamtkrise des Restaurationssystems gedeutet. Die **Generation von 1898**, die vor allem von einer literarischen Strömung geprägt wurde, forderte grundsätzliche Veränderungen im politischen Leben Spaniens, wirkliche Reformen, wobei jedoch eine pessimistische Grundhaltung gegenüber einem seit Jahrhunderten vermeintlich labilen spanischen Nationalcharakter kaum abgelegt werden konnte.

Die Regierungszeit **Alfons XIII.** (1902–1931) setzte das so genannte Restaurationssystem fort, das sich aber zunehmend überlebte, so dass an seine Stelle schließlich eine Militärdiktatur trat. Die während des ganzen 19. Jahrhunderts verschleppten notwendigen Reformen auf allen Gebieten wurden auch in den drei Jahrzehnten Alfons XIII. nicht in Angriff genommen. Die Zunahme sozialistischer und anarchistischer Bewegungen waren Ausdruck der Missstände und wachsenden Unzufriedenheit der unteren Schichten. Die Regierung versuchte zwar 1903 durch die Gründung des *Instituto de Reformas Sociales* eine Sozialgesetzgebung auf den Weg zu bringen, aber die geplanten Reformen gingen nicht weit genug und wurden durch den Widerstand der herrschenden Eliten nicht umgesetzt. Die Macht der Kirche war nach wie vor ungebrochen und die Autonomiebestrebungen der Regionen, die vor allem Katalonien und das Baskenland betrafen, waren ein weiteres ungelöstes Problem. Während die beiden herrschenden Liberalen und Konservativen innerlich immer uneiniger und zerstrittener wurden, gewannen die von der Macht ausgeschlossenen Republikaner und sozialistischen Strömungen immer mehr Anhänger, die einen revolutionären Umsturz anstrebten. Die aus dieser Situation entstehende Instabilität führte **1923** zu einem **Militärputsch**, der den **General Miguel Primo de Rivera** an die Macht brachte. Alfons XIII. war zwar, wie neuere Forschungen belegen, an diesem Putsch nicht beteiligt, tolerierte und stützte aber in den folgenden Jahren die Militärdiktatur. Durch diese Nähe zur Diktatur entfremdete sich der König große Teile der politischen Kräfte, auf die er sich vorher gestützt hatte, vor allem aus den Kreisen der Monarchisten. 1930 musste Primo de Rivera zurücktreten, und als bei den Kommunalwahlen im April 1931 die Republikaner und Sozialisten große Erfolge verzeichnen konnten, wurde Alfons XIII. ins französische Exil gezwungen und die zweite spanische Republik ausgerufen.

Außenpolitisch wurden die Jahre zwischen 1900 und 1912 vor allem durch die Marokkofrage bestimmt. Spanien versuchte, im Einvernehmen mit England und Frankreich seine territorialen Ansprüche in Nordafrika durchzusetzen. Nach einem ersten Vertragsentwurf über Marokko von 1902 und einem Vertragsschluss von 1904 wurde eine längerfristige Festlegung 1912 getroffen, wobei das spanische Territorium in Marokko allerdings zu Gunsten englischer und französischer Interessen sehr begrenzt war und weit hinter ursprünglichen Zielen und Erwartungen zurückblieb. Im Ersten Weltkrieg gelang es Spanien, seine Neutralität zu wahren.

Die **Zweite Republik (1931–1936/39)** war nicht im Stande, Spanien größere politische Stabilität zu geben. Einerseits war der Widerstand der konservativen Eliten aus Politik, Wirtschaft, Militär und Kirche gegen tief greifende Reformen, wie die republikanischen Regierungen sie anstrebten, zu stark, andererseits waren die republikanischen Kräfte in ihren Zielsetzungen so zersplittert, dass sie durch innere Zerstrittenheit den konservativen Kräften keinen geschlossenen Machtblock entgegenzusetzen im Stande waren. Die Folge war der **Spanische Bürgerkrieg (1936–1939).** Während am Beginn der Zweiten Republik von den regierenden Republikanern und Sozialisten Reformen in Angriff genommen wurden, deren wohl radikalste, ein Gesetz vom September 1932, erstmalig Grundbesitzenteignungen vorsah, um die drängende Agrarfrage zu lösen, wurden diese Reformen in einer zweiten Phase von den dann an die Macht gekommenen Rechten wieder zurückgenommen. Als im Februar 1936 eine die linken Kräfte einigende Volksfrontregierung gewählt und damit ein erneuter radikaler Reformkurs angesteuert wurde, kam es zum Militärputsch, der den Bürgerkrieg herbeiführte.

Die zwei großen politischen Lager Spaniens standen sich im Bürgerkrieg gegenüber: auf der einen Seite die aus den verschiedensten sozialistischen, anarchistischen und kommunistischen

Kräften bestehende Linke, auf der anderen Seite ein großer Teil der Wirtschaftselite, Monarchisten, rechte Republikaner und die 1933 nach faschistischem Vorbild gegründete Partei der Falange. Die Kommunisten spielten dabei anfänglich im linken Spektrum und die Falange im rechten Spektrum nur sehr untergeordnete Rollen. Im Herbst 1936 wurde **General Francisco Franco** zum Oberbefehlshaber der Streitkräfte und Staatschef des **nationalen Spanien** ernannt, während das **republikanische Spanien** während des Bürgerkrieges keine einheitliche zentrale Führung besaß. Für die internationale Politik war der Spanische Bürgerkrieg ein herausragendes Ereignis, dessen Ausgang die politische Kräfteverteilung Europas entscheidend beeinflussen konnte. Während das faschistische Italien und das nationalsozialistische Deutschland das Francoregime anerkannten und zeitweilig auch militärisch unterstützten, wurden die Republikaner teilweise von der Sowjetunion unterstützt. England, Frankreich und die USA verhielten sich weitgehend neutral. Ein besonders spektakuläres Ereignis war die im April 1937 erfolgte Bombardierung der baskischen Stadt Guérnica, die von der deutschen Legion Condor in Absprache mit Franco durchgeführt wurde. Dem Kampf der Republikaner schlossen sich zahlreiche Ausländer an, deren Internationale Brigaden 40.000 bis 60.000 Freiwillige umfassten. Durch die Unterstützung, die das nationale Spanien aus dem Ausland erhielt, und die Gegensätze auf der republikanischen Seite konnte der Bürgerkrieg zu Gunsten der Franquisten entschieden werden. Nachdem Franco Ende März 1939 Madrid besetzt hatte, war der Bürgerkrieg zuende.

Die **Diktatur Francos von 1939 bis 1975** begann mit einer Phase der rücksichtslosen Verfolgung des vorherigen Kriegsgegners, der Tausende das Leben kostete. Der Bürgerkrieg und diese Repression spalteten die spanische Bevölkerung und hinterließen in einer ganzen Generation ein schweres Trauma. Der friedliche Übergang von der Diktatur zur Demokratie, die so genannte *transición*, die Mitte der siebziger Jahre dennoch möglich wurde, ist deshalb eine der bedeutendsten historischen Leistungen in der spanischen Geschichte des 20. Jahrhunderts, und das Verdienst des gegenwärtigen spanischen Königs, Juan Carlos I., in dieser Übergangszeit kaum zu überschätzen.

Das Franco-Regime stützte sich im Wesentlichen auf das Militär, die Kirche und auf die Wirtschaftselite, das heißt Großgrundbesitzer und Finanzbürgertum. Wirtschaftlich wurde das Land modernisiert, wobei auch die katholisch-klerikale Organisation des 1928 gegründeten Opus Dei seit Ende der fünfziger Jahre eine wichtige Rolle spielte. Mitglieder des Opus wurden mit wirtschaftspolitisch entscheidenden Posten versehen und Mitglieder der Organisation drangen in alle wichtigen Bereiche der spanischen Wirtschaft vor und beherrschten insbesondere das Bankwesen. Spanien verwandelte sich seit den sechziger Jahren aus einem Agrarland in eine moderne Industriegesellschaft. Politisch und sozial allerdings blieb das Land rückständig. Breite Bevölkerungskreise, insbesondere die Arbeiterschaft, fristeten ein kärgliches Dasein und ihre Vertretungskörperschaften, die Ende der fünfziger und Anfang der sechziger Jahre als Arbeiterkommissionen (*Comisiones Obreras*) entstanden, wurden schließlich verboten. Das politisch restriktive Regime erzeugte aber zunehmend in allen Bereichen der Gesellschaft oppositionelle Kräfte. Spielten dabei die Intellektuellen, insbesondere die Universitäten und die Studentenschaft, eine herausragende Rolle, so formierte sich auch in den traditionellen Stützen der Diktatur, in Militär und Kirche, zunehmend Widerstandspotenzial. Während der beiden letzten Jahrzehnte der Diktatur artikulierte die Kirche in wachsendem Maße die sozialen Nöte breiter spanischer Bevölkerungskreise, was zu einer Entfremdung vom Staat führte. Schließlich waren es die autonomen Bewegungen Kataloniens, aber vor allem des Baskenlandes, die eine wirkungsvolle Opposition und mit der 1959 gegründeten ETA auch einen destabilisierenden Faktor in das franquistische Spanien trugen.

Das Fortleben seines Regimes auch über den eigenen Tod hinaus sollte nach Francos Vorstellungen Admiral Luis Carrero Blanco, der 1967 Vizepräsident und 1973 Regierungschef geworden war, garantieren. Er sollte in einer von Franco vorgesehenen Monarchie die Regierung leiten. König sollte der Enkel Alfons XIII., Juan Carlos werden, der bereits 1969 zum königlichen Nachfolger Francos bestimmt worden war. Im Dezember 1973 wurde Carrero Blanco durch ein Attentat der ETA ermordet. Hinzu kam eine Wirtschaftskrise. Die Kontinuität des

Franco-Regimes war deutlich in Frage gestellt. Als am 20. November 1975 der Tod des Diktators bekannt gegeben wurde, kam dem designierten Nachfolger Juan Carlos, der über die Legitimität der bourbonischen Dynastie verfügte, eine Schlüsselrolle für die zukünftige politische Gestaltung des spanischen Staates zu. Es gelang ihm, durch eine vorsichtige, die alten franquistischen Führungskräfte stets einbeziehende und schrittweise Umwandlung des bestehenden Systems, die parlamentarische, konstitutionelle Monarchie herbeizuführen (**transición**). 1977 konnten die ersten demokratischen Wahlen stattfinden, die ein Wahlbündnis der politischen Mitte zur Mehrheit führten. Das spanische Parlament, die Cortes, nahmen 1978 die demokratische Verfassung an, die von einem Volksentscheid desselben Jahres mit großer Mehrheit bestätigt wurde. Die Demokratie hat sich in den letzten zwei Jahrzehnten als stabil erwiesen und Spanien wirtschaftlich und politisch auf das Engste mit West- und Mitteleuropa verbunden. 1986 wurde das Land Mitglied der Europäischen Union.

Außenpolitisch bedeutsam war für Spanien nach dem Bürgerkrieg, dass es im Zweiten Weltkrieg seine Neutralität wahrte. Von 1941 bis 1943 kämpften allerdings spanische Freiwillige in der »Blauen Division« auf deutscher Seite im Russlandfeldzug. Nach Ende des Krieges wurde die spanische Diktatur 1946 zunächst von den Vereinten Nationen durch eine Resolution geächtet. Mit Beginn des Kalten Krieges wandelte sich die Haltung der westlichen Welt, mit den USA an der Spitze, jedoch grundsätzlich. Im Kampf gegen den Ostblock sah man auch in diktatorischen Rechtsregimen Bollwerke gegen den Kommunismus. 1950 wurde die UN-Resolution von 1946 zurückgenommen. Spanien erhielt in der Folge Wirtschaftshilfe von den Vereinigten Staaten und musste im Gegenzug die Errichtung von Militärstützpunkten gewähren. Am Ende des Franco-Regimes wurde Spanien durch internationalen Druck gezwungen, seine letzte afrikanische Besitzung Spanisch-Sahara aufzugeben. 1982 wurde Spanien Mitglied der NATO (North Atlantic Treaty Organization).

Spanien wies im 19. Jahrhundert im europäischen Vergleich ein geringes Bevölkerungswachstum auf. Eine hohe Sterblichkeit auf Grund von Infektionskrankheiten wie der Tuberkulose und eine hohe Auswanderungsrate vor allem seit dem letzten Viertel des 19. Jahrhunderts nach Kuba, Argentinien und Brasilien führten dazu, dass die Bevölkerung von 10, 5 um 1800 über 15 Millionen ca. 1850 auf nur 18,5 Millionen im Jahre 1900 stieg. Im 20. Jahrhundert dagegen kam es zu einem rapiden Wachstum auf 28 Millionen 1950 und gut 36 Millionen 1976. Hinsichtlich der Emigration verringerten sich im 20. Jahrhundert die Auswanderungsströme nach Lateinamerika, während eine zunehmende Abwanderung in andere europäische Staaten einsetzte. Seit den 60er Jahren wurden lateinamerikanische Staaten als wichtigste Einwanderungsländer für Spanien in der Reihenfolge der quantitativen Aufnahme von der Bundesrepublik Deutschland, Frankreich und der Schweiz abgelöst. Allein in den 60er Jahren, dem Höhepunkt der Emigration, wanderten 1,5 Millionen Spanier aus. In der zweiten Hälfte des 19. Jahrhunderts setzte mit den Anfängen der Industrialisierung auch eine Binnenmigration vom Land in die Stadt ein. Diese Urbanisierung setzte sich im 20. Jahrhundert fort, wobei Madrid und Barcelona die mit Abstand größte Zuwanderung erlebten, gefolgt von Bilbao und San Sebastián.

Der primäre Sektor der Landwirtschaft blieb während des 19. Jahrhunderts und darüber hinaus dominierend in der spanischen Gesamtwirtschaft. Nur 16 % der erwerbstätigen spanischen Bevölkerung arbeiteten um 1900 in der Industrie, während noch über 66 % in der Landwirtschaft tätig waren. Die Hauptprodukte der Landwirtschaft waren Weizen, Wein und Öl. Das Getreide reichte jedoch nie für eine Eigenversorgung aus, sondern es musste immer auch importiert werden. Gegen Ende des 19. Jahrhunderts wurde der Getreideanbau durch zunehmenden Obst- und Gemüseanbau, z.B. Orangen und Zuckerrüben, zurückgedrängt. Im 20. Jahrhundert ging der Weizenanbau zu Gunsten von Gerste zurück. Das Getreide war insgesamt dominierend, dann folgten Wein, Öl und Zitrusfrüchte.

Eine nennenswerte Industrie entwickelte sich im 19. Jahrhundert nur in Katalonien und im Baskenland also in der spanischen Peripherie. Beide Industriestandorte gehen bereits auf eine frühneuzeitliche Tradition zurück. In Katalonien entwickelte sich eine beachtliche Textil- im Baskenland eine Roheisen- und Rohstahlproduktion. Im letzten Viertel des 19. Jahrhunderts wurde Spanien durch seine bedeutenden Kupferminen im Süden bei Huelva zum größten Kupferproduzenten Europas und machte damit seiner ehemaligen Kolonie Chile einige Konkurrenz. Im 20. Jahrhundert konnte Katalonien seine Stellung als bedeutendste Industrieregion Spaniens weiter ausbauen und auf fast alle Bereiche ausdehnen: Maschinenbau, Nahrungsmittelindustrie, chemische Industrie etc. Der Eisenbahnbau begann in Spanien, im Wesentlichen von ausländischem Kapital finanziert, 1843. Bis zum Jahrhundertende gab es über 13.000 Bahnkilometer. Wichtiger war für die spanische Wirtschaft der Schiffsverkehr. Die spanische Handelsflotte war sowohl für den Güterverkehr mit den Kolonien bis 1898 als auch für den im letzten Viertel des 19. Jahrhunderts einsetzenden Auswandererstrom nach Lateinamerika bedeutsam und im Weltmaßstab durchaus konkurrenzfähig.

Der Handel Spaniens mit dem Ausland wurde im 19. Jahrhundert vom Export agrarischer Erzeugnisse wie Wein, und von Rohstoffen wie baskischem Eisenerz bestimmt, während der Import von Nahrungsmitteln, an erster Stelle Weizen, und Industrieprodukten bestimmt wurde. Auch in der ersten Hälfte des 20. Jahrhunderts konnte sich Spanien aus den traditionellen Handelsstrukturen noch nicht lösen. Erst in den letzten Jahrzehnten führte das Land auf Grund einer wachsenden Industrialisierung auch Halbfertig- und Fertigwaren aus. Im Verlauf des 20. Jahrhunderts wurde auch in Spanien der Wirtschaftszweig der Dienstleistungen immer bedeutender. Die Modernisierungstendenz der spanischen Wirtschaft wird durch folgende Zahlen deutlich: 1930 arbeiteten in der Landwirtschaft noch über 45 % aller Erwerbstätigen, im Dienstleistungsbereich rund 28 %, in der Industrie nur 26 %. 1976 dominierten die Dienstleistungen mit annähernd 40 %, in der Industrie arbeiteten 37 % der Erwerbstätigen und in der Landwirtschaft nurmehr 23 %.

Einstieg in das Studium:
Eine alle Bereiche integrierende Geschichte Spaniens im 19. und 20. Jahrhunderts ist der von Walther Bernecker verfasste zweite Teil der

Gesamtgeschichte Spaniens: WALTHER L. BERNECKER u. HORST PIETSCHMANN, *Geschichte Spaniens. Von der frühen Neuzeit bis zur Gegenwart*, Stuttgart u.a. 1993. Von demselben Autor, der als ausgesprochener Experte der spanischen Geschichte des 20. Jahrhunderts gelten kann, sind verschiedene deutsche Darstellungen zu Einzelaspekten der neuesten spanischen Geschichte erschienen, darunter *Spaniens Geschichte seit dem Bürgerkrieg*, München 1984. Als allgemeine Einführung kann auch das Buch über die spanischen Könige dienen, das alle Monarchen bis zum amtierenden Juan Carlos I. vorstellt: WALTHER L. BERNECKER u.a. (Hrsg.), *Die spanischen Könige. 18 historische Porträts vom Mittelalter bis zur Gegenwart*, München 1997. Zur demographischen, sozialen und ökonomischen Entwicklung Spaniens im 19. und 20. Jahrhundert vgl. die Beiträge von WALTHER L. BERNECKER im *Handbuch der europäischen Wirtschafts- und Sozialgeschichte*, hrsg. v. Wolfram Fischer u.a., Bd. 5: *Europäische Wirtschafts- und Sozialgeschichte von der Mitte des 19. Jahrhunderts bis zum Ersten Weltkrieg*, Stuttgart 1985 u. Bd. 6: *Europäische Wirtschafts- und Sozialgeschichte vom Ersten Weltkrieg bis zur Gegenwart*, Stuttgart 1987. Ebenfalls einführend ist die etwas ältere *Europäische Wirtschaftsgeschichte*, hrsg. v. K. Borchardt (englisches Original von C. M. Cipolla), Bd. 4: *Die Entwicklung der Industriellen Gesellschaften*, Stuttgart-New York 1977 und darin der Artikel von JORDI NADAL, »Der Fehlschlag der Industriellen Revolution in Spanien 1830–1914« sowie Bd. 5: *Die europäischen Volkswirtschaften im 20. Jahrhundert*, Stuttgart-New York 1980 mit dem Artikel von JOSEP FONTANA und JORDI NADAL, »Spanien 1914–1970«. Eine ausführliche Darstellung in deutscher Sprache ist WALTHER L. BERNECKER, *Sozialgeschichte Spaniens im 19. und 20. Jahrhundert. Vom Ancien Régime zur Parlamentarischen Monarchie*, Frankfurt a.M. 1990.

2. Portugal im 19. und 20. Jahrhundert

Es gibt zahlreiche Parallelen zwischen der portugiesischen und spanischen Geschichte im 19. und 20. Jahrhundert, die zum Teil durch strukturelle Ähnlichkeiten beider Staaten und zum Teil durch direkte spanische Einflüsse bedingt waren. Auch Portugal wurde während des 19. Jahrhunderts im Wesentlichen durch Auseinandersetzungen zwischen liberalen und konservativen Kräften im Rahmen einer konstitutionellen Monarchie geprägt. Auch hier wurde die Monarchie zu Beginn des 20. Jahrhunderts gestürzt und durch die Republik ersetzt, was bald danach zu einer dikatorischen Herrschaft führte. Schließlich wurde Mitte der 70er Jahre, noch vor Francos Tod in Spanien, die Diktatur durch eine revolutionäre Bewegung beseitigt, die Portugal eine Demokratisierung und zunehmende Integration in Europa brachte. Die Gesellschaftsstruktur Portugals war der spanischen im 19. und 20. Jahrhundert ebenfalls noch sehr ähnlich. Auch hier kam einer besitzlosen Landbevölkerung große Bedeutung zu, denn Portugal blieb lange Zeit ein Agrarland, das von einer schmalen adligen Großgrundbesitzerschicht dominiert wurde, zu der sich durch die Kirchenenteignungen der Liberalen im Verlauf des 19. Jahrhunderts ein bodenbesitzendes Großbürgertum hinzugesellte. Die Industriearbeiterschaft war lange Zeit nur ein sehr marginaler Faktor. Noch 1910 waren zwei Drittel der portugiesischen Erwerbstätigen im Primärsektor der Wirtschaft tätig. Im Jahr 1900 gab es in Portugal noch annähernd 70% Analphabeten und selbst 1970 noch immerhin 30%.

Auch in Portugal begann die Geschichte des 19. Jahrhunderts mit dem Befreiungskrieg gegen Napoleon, der allerdings hier sehr stark durch die militärische Führung der Engländer geprägt wurde, die sich durch die Abwesenheit des portugiesischen Königs, der ja nach Brasilien geflohen war, auch die politische Kontrolle über Portugal sicherten. Bereits 1808 konnten die französische Invasion beendet und zwei weitere 1809 und 1810 erfolgende Einfälle der Franzosen erfolgreich zurückgeschlagen werden. Die portugiesisch-englischen Truppen beteiligten sich dann am spanischen Befreiungskrieg.

In den folgenden Jahren wuchs die Unzufriedenheit in Portugal auf Grund der schlechten Wirtschaftslage und der unklaren politischen Situation. Die Portugiesen fühlten sich von ihrem Monarchen, der sich nicht zu einer Rückkehr nach Europa entschließen konnte, verlassen. Durch die Verlagerung des Zentrums der Monarchie nach Brasilien erlitt Portugal auch wirtschaftliche Einbußen. Schließlich wuchs die Unzufriedenheit mit dem englischen Einfluss in der Regentschaft Portugals und im portugiesischen Heer. Dies alles trug mit zur Stärkung einer oppositionellen liberalen Bewegung bei, die 1820 durch den liberalen Aufstand in Spanien einen zündenden Impuls erhielt. Auch in Portugal kam es daraufhin in Teilen des Heeres, zunächst in Porto und dann auch in Lissabon, zu liberalen Aufständen. Die Liberalen bildeten eine provisorische Regierung und übten so viel Druck auf ihren Monarchen aus, dass **Johann VI. (1816–1826)** im Juli 1821 aus Brasilien zurückkehrte. Die **Verfassung von 1822** etablierte eine konstitutionelle Monarchie, in der die Cortes gegenüber der königlichen Gewalt eine sehr starke Stellung einnahmen. Der König fügte sich diesen Vorgaben weitgehend, und die Anführer der sich formierenden absolutistischen Gegenbewegung wurden die Gattin des Königs und Schwester des spanischen Monarchen Ferdinands VII., Carlota Joaquina, sowie ihr Sohn, Prinz Miguel. In Teilen des Adels und des Militärs wurde die Unzufriedenheit mit dem liberalen Regime schnell größer. Als 1822 Brasilien seine Unabhängigkeit erklärte, gaben viele die Schuld den liberalen portugiesischen Cortes. Der letzte Anstoß für die absolutistische Gegenrevolution kam schließlich durch die auf das französische Eingreifen erfolgte Restauration des Absolutismus in Spanien 1823, die dort den *trienio liberal* beendete. Im Mai 1823 wurde auch in Portugal der Absolutismus restauriert, allerdings musste Prinz Miguel sich der Herrschaft seines Vaters unterwerfen, der aber nun selbst bis zu seinem Tod 1826 das Land unter einem moderaten Absolutismus regierte. Der Tod Johanns VI. löste neue Unruhen aus. Während der älteste Sohn des Königs, Kaiser Pedro I. von Brasilien (als Pedro / Peter IV. von 1826 bis 1834 König von Portugal), eine Annäherung an die portugiesischen Liberalen suchte und seine Thronfolgerechte an seine noch minderjährige Tochter Maria da Gloria abtrat, verfolgte sein Bruder Prinz Miguel nach wie vor einen absolutistischen Kurs. Pedro erließ **1826** eine zweite portugiesische Verfassung, die als **verfassunggebende Charta (***Carta Constitucional***)** bezeichnet wurde. Die Macht des Königs wurde in dieser Verfassung wieder zu Ungunsten der Cortes gestärkt und den Interessen von Adel, Klerus und wirtschaftlicher Elite Rechnung getragen. Diese Charta war während des größten Teiles des 19. Jahrhunderts konstitutionelle Grundlage der portugiesischen Monarchie, von 1826 bis 1828, von 1834 bis 1836 und schließlich von 1842 bis 1910. In der letzten Phase wurde die Verfassung dreimal geändert und neuen politischen Gegebenheiten angepasst.

1828 löste Miguel die Cortes auf und ließ sich in einem absolutistischen Staatsstreich zum König proklamieren. Die Liberalen zogen sich auf die Insel Terceira zurück und konnten die gesamten Azoreninseln gewinnen. Nachdem **Pedro** 1831 in Brasilien zu Gunsten seines Sohnes abgedankt hatte, kehrte er nach Europa zurück und stellte sich an die Spitze der Opposition gegen Miguel. Die folgenden Kämpfe konnte Pedro 1833 für sich entscheiden. Er starb jedoch bereits ein Jahr später und 1834 wurde seine dann fünfzehnjährige Tochter als **Maria II. (1834–1853)** Königin. Bis 1836 wurde die Regierung von Konservativen gebildet, dann kam es zur so genannten Septemberrevolution, die von radikalen liberalen Kräften getragen wurde und die Königin zwang, die Verfassung von 1822 wiederherzustellen. Die *setembristas* dominierten mit einem immer gemäßigteren Kurs bis 1842, als es zur Wiedereinsetzung der Charta von 1826 und zu einem diktatorischen Zwischenspiel und in Reaktion darauf 1844 zu einem Volksaufstand kam. An diesem Aufstand nahmen auch Frauen in wichtiger Position teil, und eine von ihnen, die Maria da Fonte genannt wurde, gab der ganzen Bewegung ihren Namen: Maria da Fonte-Aufstand. Die Bewegung vereinigte die unterschiedlichsten Kräfte der Opposition, radikale Liberale ebenso wie Anhänger der Charta, *cartistas*.

Maria regierte nun bis zu ihrem Tod 1853 abwechselnd und in gegenseitigem Einverständnis mit den beiden wichtigsten politischen Kräften, den *regeneradores*, gemäßigten Reformern, und den progressiven *históricos*. Seit 1876 schlossen sich die *históricos* mit radikaleren Kräften zusammen und nannten sich seitdem *progressistas* oder Fortschrittspartei. Dieses Zweiparteiensystem nach englischem Vorbild, das in modifizierter Form auch in Spanien existierte, bestimmte bis 1910 in Portugal die Politik. Im Wesentlichen konnte die einheitliche Haltung der portugiesischen Oberschichten in diesem System bis in die 1880er und 1890er Jahre sowohl eine wirkungsvolle Opposition als auch einen Aufstand der unteren Schichten verhindern. Nach Marias Tod 1853 kam es bis zur Mündigkeit ihres Sohnes zunächst zu einer Regentschaftsregierung, bis **Peter V.** 1855 König wurde.

Nach seinem frühen Tod folgte ihm 1861 sein Bruder als **Ludwig I.** auf den Thron, der, bis er 1889 starb, weit gehend stabile Verhältnisse aufrecht erhalten konnte.

Die Stabilität der vorangegangenen Jahrzehnte wurde in den 1890er Jahren von einer tiefen politischen und wirtschaftlichen Krise unter König **Karl I. (1889–1908)** abgelöst. Eine jüngere Generation stellte die konstitutionelle Monarchie zunehmend in Frage, und der Republikanismus fand immer mehr Anhänger. Mit einer wachsenden Arbeiterbewegung entstanden außerdem auch sozialistische Kräfte in Portugal. Bereits in den 1870er Jahren bildeten sich republikanische und sozialistische Gruppen, aber erst die krisenhaften 1890er Jahre boten der Opposition den nötigen Nährboden. Ein wichtiger Auslöser war der zunächst britische und dann britisch-deutsche Versuch, Portugals Ansprüche in Afrika einzuschränken und es schließlich sogar um seine jahrhundertealten Kolonien zu bringen. 1907 wurden die oppositionellen Kräfte so stark, dass der Monarchistenführer João Franco den einzigen Ausweg in der Diktatur sah, die vom König akzeptiert wurde. Der Monarch fiel 1908 einem Attentat zum Opfer. Sein Nachfolger **Manuel II. (1908–1910)** beendete zwar Francos Diktatur und ließ der republikanischen Opposition größeren Spielraum, konnte dadurch aber die Monarchie nicht retten. Nachdem bei den Wahlen von 1910 die Republikaner in zahlreichen Bezirken und vor allem in Lissabon die Mehrheit gewonnen hatten, wurde die Monarchie gestürzt und im Oktober **1910** die **Republik** ausgerufen.

Außenpolitisch wurde Portugal im 19. Jahrhundert, ähnlich wie Spanien, zunächst durch die europäische Friedensordnung nach dem Wiener Kongress betroffen und in der zweiten Jahrhunderthälfte vor allem durch seine Interessen in Afrika. Die traditionellen Besitzungen Angola und Mozambique versuchte Portugal durch Gebietserweiterungen miteinander zu verbinden, die aber den Widerstand Großbritanniens und auch des Deutschen Reiches hervorriefen. 1898 wurde zwischen Großbritannien und Deutschland ein Vertrag geschlossen, der die Aufteilung der portugiesischen Kolonien Angola, Mozambique und Timor vorsah. Dass dieser Plan nicht verwirklicht wurde, lag vor allem an den Interessenkonflikten zwischen Deutschland und England. Bereits ein Jahr später schloss Großbritannien dann auch im Interesse einer Erhaltung des europäischen Gleichgewichtes mit Portugal den **Geheimvertrag von Windsor (1899)**, in dem Portugal Großbritannien strategische Unterstützung im Burenkrieg gewährte und dafür die Garantie seines Kolonialbesitzes erhielt.

Noch aus der frühen Neuzeit, als es zwischen 1580 und 1640 zu einer Personalunion zwischen der portugiesischen und spanischen Krone gekommen war, stammte die Idee einer politischen Einigung der Iberischen Halbinsel, die im 19. Jahrhundert in Spanien und in kleinen Kreisen Portugals immer noch vertreten wurde. Vor allem die in der zweiten Hälfte des 19. Jahrhunderts erfolgende Nationalstaatsbildung in Italien (1859–1861) und im Deutschen Reich (1871) gab solchen Vorstellungen in beiden Staaten südlich der Pyrenäen neue Nahrung. Die spanische Revolution von 1868, die zu der Suche eines neuen Thronkandidaten führte und bei der das portugiesische Königshaus als eine Option gesehen wurde, machte die Einigung zu einer realen Möglichkeit. Auch während der sich dem monarchischen Zwischenspiel von Amadeus I. anschließenden ersten spanischen Republik (1873–1875) bestand die Möglichkeit, dem portugiesischen Königshaus die Krone nochmals anzubieten. Letztlich verhinderte aber die Furcht Portugals, im Falle einer Vereinigung zu stark den spanischen Interessen untergeordnet zu werden, die Umsetzung dieser Idee.

Die Revolution von 1910 beendete in Portugal die Monarchie endgültig, und die **Verfassung von 1911** war die Grundlage einer demokratischen Republik, die auf der Volkssouveränität basierte. Doch das politische Spektrum Portugals war stark aufgesplittert und bis zum Militärputsch von 1926, mit dem der so genannte Estado Novo begann, gab es etwa 50 Regierungen und 8 Präsidenten. Bis zum Jahresbeginn 1915 bestimmte die radikaldemokratische und an tief greifenden Reformen interessierte Demokratische Partei das Land weitgehend allein. Es wurden Reformen in Angriff genommen, und vor allem der Hauptgegner der neuen Republik, die Kirche, wurde in ihren Rechten stark beschnitten. Der Ausbruch des Ersten Weltkrieges und zunehmende wirtschaftliche Probleme führten schließlich im Januar 1915 zu einem

Militärputsch, der oppositionelle Kräfte an die Regierung brachte, die alle radikalen Reformen sofort abbrachen. Der 1916 erfolgende Eintritt Portugals in den Ersten Weltkrieg, der auf die außenpolitische Abhängigkeit von England zurückging, aber auch deutschen Kolonialplänen in Afrika vorbeugen sollte, verschärfte die innenpolitischen Probleme und stärkte zugleich die Rolle des Militärs. In den folgenden Jahren lösten sich Militärregierungen, instabile Koalitionsregierungen verschiedener Parteien und schließlich wieder Politiker der Demokratischen Partei in der Regierung ab, ohne dass die um sich greifende Anarchie beendet werden konnte. Schließlich sah eine Mehrheit der Portugiesen den einzigen Ausweg in einer starken Militärregierung, zumal die Weltkriegsteilnehmer hohe Popularität genossen.

Im Mai 1926 rebellierte General Gomes da Costa, der Weltkriegsteilnehmer gewesen war und in den Nachkriegsjahren hohes Ansehen genoss. Der größte Teil der Armee stellte sich hinter da Costa und es begann in Portugal die Epoche des so genannten **Estado Novo (1926–1974),** der eine autoritäre, am faschistischen Modell orientierte und für die Zwischenkriegszeit Europas durchaus typische Erscheinung darstellte. Seit August 1926 wurde die Politik im Wesentlichen von **General Óscar de Fragoso Carmona** bestimmt, der dann **von 1928 bis zu seinem Tod 1951 Präsident** war. Die in den folgenden Jahren versuchten Aufstände gegen das neue Regime führten zu gewaltsamer Unterdrückung und zur Ausbildung repressiver Mechanismen, mit denen die Opposition zunehmend stumm gemacht werden konnte. Die bestimmende Persönlichkeit des Estado Novo aber wurde **António de Oliveira Salazar,** der im Kabinett von 1928 Finanzminister wurde. Der Wirtschaftsprofessor der Universität Coimbra hatte sich einen sehr guten Ruf durch Publikationen zur Wirtschafts- und Finanzpolitik erworben. Er war streng katholisch und ursprünglich monarchistisch eingestellt und hatte die Katholische Partei Portugals organisiert. Sein Finanzministerium erreichte in den folgenden Jahren tatsächlich große Erfolge, und 1928/1929 verzeichnete der Staatshaushalt seit anderthalb Jahrzehnten erstmals einen Überschuss. Das Regime wurde von den konservativen Eliten gestützt, vor allem der Kirche, dem Militär und dem Wirtschaftsbürgertum. 1932 wurde

Salazar von Präsident Carmona zum Regierungschef ernannt, und in den dreißiger Jahren erweiterte Salazar seine direkten Kompetenzen durch die Übernahme des Außenministeriums und des Kriegsministeriums. Durch den Tod des letzten portugiesischen Königs Manuel gab Salazar auch die monarchistischen Pläne vollständig auf und der neue Staat wurde zunehmend nach faschistischem Beispiel organisiert. Die Regierungspartei war die Nationale Union. 1936 wurde die Portugiesische Legion gegründet, die aus Freiwilligen zur Verteidigung des Regimes bestand, sowie die Portugiesische Jugend, eine paramilitärische Jugendorganisation. 1940 wurde die dreihundertjährige Unabhängigkeit des Landes zu einer pompösen Feier genutzt, bei der die Geschichte ganz im Dienste der Gegenwart und des bestehenden Regimes instrumentalisiert wurde. Als Salazar 1968 durch einen Unfall regierungsunfähig wurde, trat **Marcelo Caetano** an seine Stelle.

Seit den 50er Jahren kam es zu einer wachsenden Opposition gegen das Regime, auch innerhalb der eigenen Reihen. Es waren aber vor allem die in Afrika einsetzenden nationalen Befreiungsbewegungen, die das Regime in zunehmendem Maße in- und ausländischer Kritik aussetzten. Seit den 60er Jahren mussten immer stärker militärische Mittel in Afrika eingesetzt werden, um die Kolonien erhalten zu können. Die Kolonialkriege kosteten Ende der 60er Jahre schließlich fast die Hälfte des Staatshaushaltes und viele Portugiesen ließen ihr Leben in Afrika, so dass es kaum verwunderlich ist, dass die stärkste Opposition, die das Regime dann schließlich auch stürzte, aus den Reihen der Militärs kam. Aus den mittleren Rängen der Armee entstand der **Movimento das Forças Armadas (MFA)**, der eine Beendigung des Kolonialkrieges forderte. Durch einen Militärputsch wurde die Diktatur schließlich im April 1974 gestürzt. Das Zeichen des MFA war die rote Nelke, weshalb das Ereignis auch als **Nelkenrevolution** bezeichnet wird. In Portugal begann mit der Nelkenrevolution der Übergang zur Demokratie und die politische und wirtschaftliche Annäherung an Europa, die schließlich, gemeinsam mit Spanien, 1986 zum Beitritt in die Europäische Union führte.

Außenpolitisch war das 20. Jahrhundert für Portugal ein bewegteres als für Spanien. Im Gegensatz zu seinem Nachbarn beteiligte es sich am Ersten Weltkrieg, was der Stabilität des Landes nicht eben zuträglich war. Die Errichtung der Diktatur führte seit den dreißiger Jahren zu einer gewissen Änderung der traditionellen Ausrichtung der portugiesischen Außenpolitik. Zwar wurde die Bindung an England niemals aufgegeben, aber die ideologische Nähe zu den autoritären europäischen Regimen ließ Salazar mit Italien, Deutschland und dem Franco-Spanien freundschaftliche Beziehungen anknüpfen, die mit zur portugiesischen Neutralität im Zweiten Weltkrieg beitrugen. Ein Zugeständnis, das Portugal den Alliierten machen musste, war die Einräumung von militärischen Stützpunkten auf den Azoren. Nach dem Zweiten Weltkrieg gelang es Portugal, relativ schnell die Unterstützung des Westens zu bekommen, und seit der Gründung der NATO 1949 war Portugal Mitglied. Der zunehmende internationale Druck, die Kolonien in die Freiheit zu entlassen, belastete die gesamte portugiesische Politik seit den sechziger Jahren in zunehmendem Maße und trug entscheidend zur Nelkenrevolution von 1974 bei. Anschließend wurden fast alle Kolonialgebiete von Portugal getrennt (Tabelle 2).

Die demographische Entwicklung Portugals im 19. Jahrhundert entsprach dem allgemeinen europäischen Trend einer Bevölkerungsexplosion. In diesem Punkt unterschied sich Portugal von Spanien. Seine Bevölkerung stieg von rund 3 Millionen zu Beginn des 19. Jahrhunderts über 3,7 Millionen 1861 auf knapp 6 Millionen 1911. Bis zur Mitte des 20. Jahrhunderts setzte sich der Trend fort: 1940 hatte das Land 7,7 Millionen Einwohner, 1960 rund 8,9. Erst in der folgenden Dekade bis 1970 ging die Einwohnerzahl auf Grund von Emigration auf ca. 8,6 Millionen zurück. Portugal blieb im 19. und 20. Jahrhundert ein Auswanderungsland. Während im 19. Jahrhundert bis zu 90 % der Emigranten in die ehemalige Kolonie Brasilien gingen, was sich bis 1920 fortsetzte, richtete sich die große portugiesische Emigrantenwelle der 1960er und 1970er Jahre auf die europäischen Industriestaaten, vor allem auf Frankreich. In Portugal kam es, ebenfalls im Gegensatz zu Spanien, nicht zu einem bemerkenswerten Urbanisierungstrend. Noch 1970 lebten 76 % aller Portugiesen auf dem Lande.

Tabelle 2: Verlust der portugiesischen Territorien

Brasilien	1822
Portugiesisch Indien (Estado da India = Goa, Damão, Diu)	1961
Portugiesisch Guinea (heute Guinea-Bissau)	1974
(Ost-) Timor, Angola, Moçambique, Kapverdische Inseln, São Tomé und Principe	1975
Macão	1999

Im so bedeutenden Primärsektor der portugiesischen Wirtschaft gewann im Verlaufe der zweiten Hälfte des 19. Jahrhunderts der Weizenanbau große Bedeutung, da die Bevölkerungsexplosion auch eine Steigerung der Agrarproduktion bewirkte. Daneben wurden die traditionellen Produkte Wein, Öl und Zitrusfrüchte angebaut. Große Bedeutung hatte auch Kork. Trotz der Bedeutung, die die Landwirtschaft auch noch im 20. Jahrhundert mit den gleichen Hauptprodukten für Portugal hatte und trotz der Autarkiebestrebungen, die der Estado Novo verfolgte, wurde das Land immer stärker von Nahrungsmittelimporten, vor allem Getreide, abhängig. Zum einen lag dies an der Auslaugung der Böden, denn der Weizenanbau wurde stark gefördert und exzessiv betrieben, zum anderen wurde die notwendige Landreform weder im 19. noch im 20. Jahrhundert durchgeführt.

Die Industrialisierung Portugals, die sich im Wesentlichen auf die Städte Lissabon und Porto beschränkte, setzte langsam zwischen 1840 und 1860 vor allem durch die Textilverarbeitung ein, die die bis dahin dominierende Lederverarbeitung auf Platz eins ablöste. Diese Tendenz setzte sich im 20. Jahrhundert fort. Die Textilindustrie blieb neben entstehenden anderen Zweigen dominierend, und die Industrialisierung erfolgte im Wesentlichen im Bereich der portugiesischen Küste mit den Ballungszentren Lissabon und Porto. Der wirkliche Durchbruch zur Industriegesellschaft erfolgte in den 1950er und 1960er Jahren. 1911 betrug der Anteil von Industrieprodukten an der portugiesischen Warenausfuhr 0,4 %, 1950 erst 3,1 %, aber 1960 dann bereits 11,3 % und 1970 machten die Industrieprodukte 15,7 %

des Exportes aus. Die erste Eisenbahnstrecke wurde in Portugal 1856 eröffnet, auch ein Indiz für die damals langsam einsetzende Industrialisierung.

Der Außenhandel Portugals im 19. und 20. Jahrhundert spiegelt die Wirtschaftsentwicklung des Primär- und Sekundärsektors wider. Trotz einer steigenden eigenen Produktion von Weizen, die mit dem Bevölkerungswachstum jedoch nicht Schritt halten konnte, musste Getreide immer auch eingeführt werden, während Hauptexportprodukt Wein war, der zeitweilig im 19. Jahrhundert 50 % der Gesamtexporte ausmachte. Seit der Mitte des 20. Jahrhunderts stieg vor allem die Ausfuhr von Textilien und fertigen Industrieprodukten so stark an, dass sie seit etwa 1960 den Export von Agrarprodukten quantitativ überstiegen.

Einstieg in das Studium:
Zur portugiesischen Geschichte ist die Situation der deutschen Einführungsliteratur desolat. Einen guten, für Anfänger geeigneten und trotzdem differenzierten Überblick auf einem noch nicht völlig veralteten Forschungsstand in englischer Sprache gibt nur A. H. DE OLIVEIRA MARQUES, *History of Portugal*, Bd. 2: *From Empire to Corporate State*, New York-London 1972. Zur Nelkenrevolution und dem Übergang zur Demokratie ist immer noch eine gute Einführung HUGO GIL FERREIRA und MICHAEL W. MARSHALL, *Portugal's Revolution: ten years on*, Cambridge 1986. Zur demographischen, sozialen und ökonomischen Entwicklung Portugals im 19. und 20. Jahrhundert vgl. die ausgezeichneten Beiträge von GEORG THOMAS im *Handbuch der europäischen Wirtschafts- und Sozialgeschichte*, hrsg. v. Wolfram Fischer u. a., Bd. 5: *Europäische Wirtschafts- und Sozialgeschichte von der Mitte des 19. Jahrhunderts bis zum Ersten Weltkrieg*, Stuttgart 1985 u. Bd. 6: *Europäische Wirtschafts- und Sozialgeschichte vom Ersten Weltkrieg bis zur Gegenwart*, Stuttgart 1987.

Exkurs in die historische Geographie:

Die historische Geographie stellt eine der wichtigsten Hilfswissenschaften der Geschichtswissenschaft dar, denn die Geschichte findet nicht nur in der Zeit (Chronologie) sondern auch immer im Raum statt. Die geographischen Gegebenheiten haben durchaus Einfluss auf historische Entwicklungen. Das Relief oder die Oberflächengestalt können sich ebenso auf historische Prozesse auswirken wie das Klima und die Vegetation. Umgekehrt kann der Eingriff des Menschen in die geographischen Grundlagen einer Region sowohl geostrategische Veränderungen größten Ausmaßes mit sich bringen (Panamakanal) als auch weit reichende Veränderungen innerhalb des ökologischen Gleichgewichtes (Abholzung des Regenwaldes). Zahlreiche Phänomene, die in den Bereich der historischen Geographie gehören, lassen sich am Beispiel der Iberischen Halbinsel und insbesondere Lateinamerikas verdeutlichen.

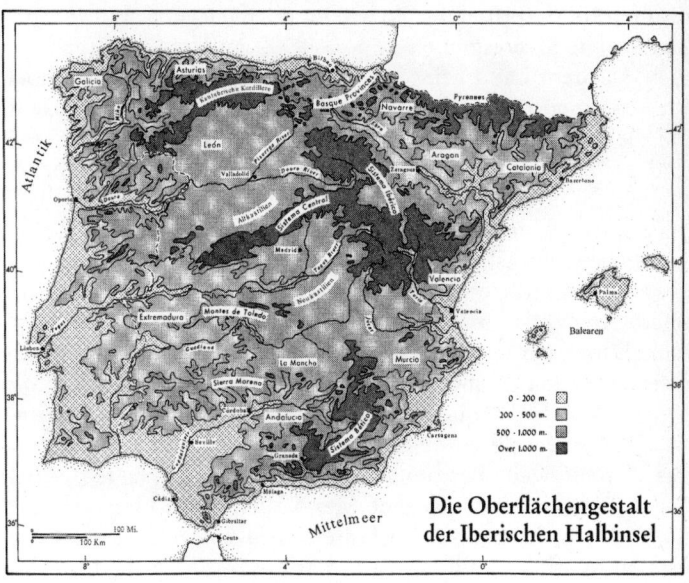

Karte 2 aus: Latin American History, A Teaching Atlas

Die **Oberflächengestalt (Relief)** der Iberischen Halbinsel wird durch ausgedehnte Hochgebirgszüge und davon begrenzte Hochebenen charakterisiert. Das Höhen von über 3000 m erreichende Kastilische Scheidegebirge teilt die Hochebene in eine Nordmeseta (nördliche Hochebene) und eine Südmeseta. Im

111

Nordosten und Süden werden die Hochebenen von den Pyrenäen und der Betischen Kordillere (Andalusien) begrenzt, im Nordwesten und Osten von Randgebirgen. Außer durch diese Höhenzüge wurde die infrastrukturelle Erschließung der Iberischen Halbinsel durch nichtschiffbare Flüsse erschwert. Noch wesentlich stärkere Extreme weist die Oberflächengestalt Südamerikas auf, die im Westen von der Andenkette bestimmt wird. Die Anden umfassen eine Reihe noch aktiver Vulkane und den höchsten Berg der Erde außerhalb des Himalaya (Aconcagua 6960 m). Gleichzeitig ist der Westen eines der erdbebengefährdetsten Gebiete der Erde. Bei Antofagasta (Chile) liegt der größte Höhensprung der Erde: Der dort gelegene Atacamagraben ist ein Meeresgraben von ca. 8000 m Tiefe, während der nahe auf dem Land gelegene Vulkan Llullaillaco 6723 m hoch ist, was einen Höhenunterschied von rund 14.000 m ausmacht. All diese Phänomene zeigen, dass die Erde hier sehr aktiv war und ist. Sowohl die Aktivität der Vulkane als auch Erdbeben können im höchsten Grade destabilisierend auf die gesellschaftliche Entwicklungen der hier gelegenen Staaten wirken. An die westliche Gebirgskette schließt sich ausgedehntes Flachland an, das von den großen südamerikanischen Flusssystemen des Orinoco, Amazonas und Paraná bestimmt wird. Diese Flusssysteme bilden ein wichtiges Transportnetz und stellten beispielsweise für den Binnenstaat Paraguay vor dem Zeitalter des Flugzeuges den bequemsten Verbindungsweg zur Küste und damit zu entfernteren Regionen dar. Im Osten schließen sich an das Tiefland weite Berg- und Plateauländer an (Brasilien). Auch das in Nordamerika gelegene Mexiko wird von Hochgebirgen durchzogen, hat jedoch im Unterschied zu Südamerika keine großen schiffbaren Flüsse. Zum Karibischen Meer fällt Mexiko in einen Flachlandgürtel ab, der am breitesten auf der Halbinsel Yucatán ist. Die geographische Unterteilung der karibischen Inseln in Große und Kleine Antillen bezieht sich nicht nur auf die Größe der Inseln, sondern steht auch in Zusammenhang mit der Oberflächengestalt. Während die Großen Antillen von Gebirgen und Tiefebenen gekennzeichnet werden, sind die Kleinen Antillen flacher, haben aber teilweise noch tätige Vulkane.

Karte 3 aus: Latin American History, A Teaching Atlas

Klimageographisch wird der größte Teil der Iberischen Halbinsel von subtropischen Winterregen und ausgeprägten Trockenzeiten im Sommer geprägt. In den meisten Teilen Spaniens und Portugals erfordert eine ausgedehnte Agrarwirtschaft Bewässerungsanlagen. Ganz Lateinamerika liegt im tropischen und subtropischen Bereich. Nur die südlichen Teile von Chile und Argentinien reichen bis in die kühl gemäßigte Zone. Die tropischen Randgebiete werden von Trocken- und Regenzeiten geprägt, während es in der Nähe des Äquators keine ausgeprägte Trockenzeit gibt. Wichtig für das Klima sind weiterhin Meeresströmungen. Charakteristisch für die südlich des Äquators gelegene Pazifikküste ist der kalte Humboldtstrom, der aus diesen Gebieten die reichsten Fischgründe der Welt macht und gleichzeitig zu großen Seevögelkolonien mit wirtschaftlicher Bedeutung führt (Guano). An der Ostküste Südamerikas überwiegen dagegen warme, vergleichsweise fischarme Meeresströmungen.

113

Das Klima und die von diesem determinierte Vegetation wirkt sich auf die wirtschaftlichen Nutzungsmöglichkeiten der jeweiligen Regionen aus. Während der karibische Raum und der Küstenraum Brasiliens im Osten lange Zeit durch die Plantagenwirtschaft tropischer Produkte geprägt waren, bieten die Feucht- und Grassavannen Venezuelas (Llanos), Argentiniens und Uruguays sowie Südbrasiliens ideale Möglichkeiten für Viehwirtschaft.

Von direkten wirtschaftlichen Auswirkungen abgesehen ist die Geographie auch unter anderen Gesichtspunkten wichtig, vor allem außenpolitisch-strategisch. Für Mexiko, die mittelamerikanischen Staaten und die Karibischen Inseln hat ihre geographische Lage in unmittelbarer **Nachbarschaft zu den USA** große politische Bedeutung. Für den Staat Panama kommt hinzu, dass er über die schmalste **Landenge** des ganzen Kontinentes verfügt und sich damit als Kanalregion für eine Verbindung zwischen Atlantik und Pazifik anbot. Im 19. Jahrhundert war Panama ein Teil Kolumbiens und wurde 1903 mit Hilfe der USA ein »unabhängiger« Staat. Der Bau des Kanals erfolgte zwischen 1906 und 1914, und Panama wurde dadurch weitgehend fremdbestimmt. Paraguay und Bolivien dagegen sind durch ihre **Binnenlage** im Inneren Südamerikas gekennzeichnet. Durch das Fehlen eines direkten Zugangs zum Meer ergeben sich für beide Staaten wirtschaftliche Nachteile und daraus resultierend Konfliktpotential zu den benachbarten Staaten. Uruguay schließlich verdankt seine Existenz zum Teil überhaupt nur der geographischen Lage zwischen den beiden Großstaaten Argentinien und Brasilien. Während der Kolonialzeit war die Banda Oriental (koloniales Uruguay) ständiger Zankapfel zwischen Spanien und Portugal, nach der Unabhängigkeit zwischen Argentinien und Brasilien. Schließlich wurde Uruguay unter britischer Vermittlung als **Pufferstaat** gegründet, um die Rivalitäten zu beenden und den britischen Einfluss dort auf Dauer zu gewährleisten.

In den letzten Jahrzehnten des 20. Jahrhunderts hat sich in den modernen Industrienationen ein Bewusstsein dafür entwickelt, dass die Eingriffe des Menschen in die Natur weit reichende Folgen haben. In den Entwicklungsländern führen wirtschaftliche Unterentwicklung und Armut dazu, dass die Ökologie meist hinter scheinbar drängendere Probleme zurückgestellt wird. Die **Umweltproblematik** Lateinamerikas berührt mit der schnell fortschreitenden Abholzung des tropischen Regenwaldes in Südamerika die ganze Erde, denn die Regenwälder werden als globale Sauerstoffspeicher gesehen, die für die menschliche Existenz auf der Erde unverzichtbar sind. Man kann wohl davon ausgehen, dass das Thema Umwelt oder Ökologie, das in Ansätzen bereits von der Geschichtsschreibung aufgegriffen wurde, zu einem wichtigen Gegenstand historischer Forschung werden wird, vor allem dann, wenn die Bemühungen um weltweite ökologische Verbesserungen nicht schneller zum Erfolg führen als im ausgehenden 20. Jahrhundert.

Karte 4 aus: Latin American History, A Teaching Atlas

3. Die Unabhängigkeit der lateinamerikanischen Staaten zu Beginn des 19. Jahrhunderts

Die Unabhängigkeitsbewegungen zu Beginn des 19. Jahrhunderts beendeten in Lateinamerika die frühe Neuzeit. An die Stelle der Kolonien trat eine Vielzahl unabhängiger Staaten. Bis auf die französische Kolonie Saint-Domingue (Haiti) waren alle Kolonialgebiete, die zu Beginn des 19. Jahrhunderts unabhängig wurden, portugiesisch oder spanisch. Während Portugal seinen gesamten amerikanischen Kolonialbesitz verlor, behielt Spanien Kuba und Puerto Rico. Bis auf die Insel Hispaniola (Haiti und Dominikanische Republik) blieben im 19. Jahrhundert die gesamten Antillen Kolonialbesitz, vor allem in englischer, französischer und niederländischer Hand. Das lateinamerikanische Festland dagegen wurde von einigen Regionen abgesehen (Guayana, Belize, Mosquitoküste) fast vollständig unabhängig. Während das ehemalige portugiesische Amerika auch als unabhängiger Staat Brasilien seine Einheit wahrte, zerfiel das hispanoamerikanische Kolonialreich in zahlreiche Einzelstaaten.

Die Ursachen für die Unabhängigkeit umfassen zwei Komplexe, zum einen die inneren Ursachen, die in den Kolonien selbst angelegt und auf das Engste mit dem Verhältnis zu den jeweiligen Mutterländern verbunden waren, zum anderen die äußeren, durch Ereignisse in Europa bedingten Ursachen. Die Gewichtung der Ursachenkomplexe ist in der Forschung nicht einheitlich, aber es deutet vieles daraufhin, dass die äußeren Faktoren letztlich entscheidend für eine Unabhängigkeit zu diesem Zeitpunkt waren. Als innere Ursache kann ganz allgemein eine Entfremdung der kreolischen Schichten Lateinamerikas von den Mutterländern gelten, wie sie im Zeitalter des aufgeklärten Absolutismus im 18. Jahrhundert entstand. Maßnahmen, die in der Zeit des aufgeklärten Absolutismus ergriffen wurde, um die Kolonien stärker an das Mutterland zu binden, und überhaupt verstärkte Eingriffe in die inneren Angelegenheiten der kolonialen Gesellschaften führten zu Unzufriedenheiten oder in anderen Regionen einfach zu einem größeren politischen und vor allem wirtschaftlichen Selbstbewusstsein, das eine Loslösung von den europäischen Kolonialmächten begünstigte. Die bourbonischen Reformen in Hispanoamerika sind dafür das beste Beispiel (vgl. das Kapitel: Lateinamerika in der Kolonialzeit). Der so genannte **Kreolismus** spielte in diesem Zusammenhang eine wichtige Rolle. Es handelte sich dabei um eine eigene amerikanische Identität der kreolischen Eliten im Gegensatz zu den Europäern. Die Kreolen verstanden sich in zunehmendem Maße als Amerikaner und kritisierten, dass die meisten der hohen Verwaltungsämter in den Kolonien mit Europäern besetzt waren. Einen sicherlich kaum zu überschätzenden Beitrag für den lateinamerikanischen Kreolismus als Selbstbewusstsein gegenüber Europa leistete die 1776 erklärte Unabhängigkeit der USA. Aus den ehemaligen englischen Kolonien war der erste unabhängige Staat auf dem amerikanischen Kontinent hervorgegangen, was den Kreolen Lateinamerikas auch für die eigene Region nun als reale Möglichkeit der politischen Existenz erscheinen konnte. Der Vorbildcharakter der USA musste weitere unabhängige Staaten in Amerika auf jeden Fall vorstellbar machen.

Möglicherweise die wichtigste Ursache, in jedem Fall aber der entscheidende Auslöser, für die Unabhängigkeit war jedoch die Destabilisierung der europäischen Mutterländer. Dies traf für das französische Saint-Domingue (Haiti) genauso zu wie für Hispanoamerika und Brasilien. Entscheidend waren die Französische Revolution und die sich anschließenden napoleonischen Kriege. Zuerst wurden davon 1789 Frankreich und damit in Amerika auch zunächst die französischen Kolonien erfasst und dann seit 1807/1808 auch Spanien und Portugal und entsprechend deren überseeische Besitzungen.

Auf der Insel Hispaniola, einer der Großen Antillen, gab es am Ende des 18. Jahrhunderts zwei Kolonien verschiedener europäischer Mächte. **Saint-Domingue**, das den Westen der Insel umfasste, war französisch, Santo Domingo der Ostteil spanisch. Saint-Domingue war für Frankreich die ertragreichste seiner Kolonien und zugleich handelte es sich um die reichste Kolonie der Welt. Die Wirtschaft basierte auf dem Anbau von Kaffee, Indigo und vor allem Zucker, die auf insgesamt etwa 7.000 Plantagen angebaut wurden, sowie auf der Arbeit von etwa einer halben Million schwarzer Sklaven. Um die Dimension der

Sklavenbevölkerung verständlich zu machen, sei zum Vergleich erwähnt, dass in den Vereinigten Staaten zum Zeitpunkt ihrer Unabhängigkeitserklärung etwa 300.000 Sklaven lebten, wesentlich weniger als in Saint-Domingue, aber auf einem wesentlich größeren Territorium. Den Sklaven standen die Plantagenbesitzer *(grands blancs)* und andere Weiße *(petits blancs)* gegenüber, zu denen Plantagenverwalter, französische Verwaltungsbeamte, aber auch besitzlose Stadtbevölkerung gehörten. Die Zahl der Weißen umfasste etwa 35.000. Zwischen diesen beiden Gruppen der schwarzen Sklaven und der Weißen stand die freie Mischlingsbevölkerung *(affranchis,* Freigelassene), bei denen es sich um freigelassene Sklaven oder deren Nachkommen handelte. Der größte Teil dieser Bevölkerungsgruppe hatte auch weiße Vorfahren, da sie aus Verbindungen zwischen Sklavinnen und ihren weißen Herren hervorgegangen waren, was einem Teil der *affranchis* Erbschaften und damit Land- und Sklavenbesitz eingebracht hatte. Die *affranchis* besaßen vor Ausbruch der Revolution rund ein Drittel des bebaubaren Landes und ein Viertel der Sklaven Saint-Domingues. Viele von ihnen standen damit wirtschaftlich mit den *grands blancs* auf einer Stufe, sozial jedoch wurden sie auf Grund ihrer ständig wachsenden Zahl seit der Mitte des 18. Jahrhunderts zunehmend diskriminiert. Sie durften keine Weißen heiraten, bestimmte Kleidung nicht tragen, das Tragen von Waffen, die als Zeichen des Ehrenmannes galten, war ihnen ebenfalls verboten, in öffentlichen Veranstaltungen mussten sie Plätze getrennt von den Weißen einnehmen etc. Während die *grands blancs* mit der französischen Kolonialherrschaft auf Grund des merkantilistischen Handelsmonopols unzufrieden waren, fühlten die *affranchis* sich rechtlich und sozial zurückgesetzt, während die Plantagensklaven vor allem erst einmal ihre Freiheit anstrebten. Die Gegensätze zwischen den Gruppen waren kaum überbrückbar. Saint-Domingue war in drei Provinzen geteilt, die Nordprovinz, wo die größten Plantagen lagen und entsprechend ein hoher Prozentsatz der Sklaven lebte, die Westprovinz, wo das Verwaltungszentrum Port-au-Prince lag, und die Südprovinz, wo sehr viele landbesitzende *affranchis* lebten.

Als 1789 die Französische Revolution ausbrach, übertrugen sich die instabilen politischen Verhältnisse des Mutterlandes sehr schnell auf die Kolonie. Zunächst waren es die *grands blancs* und die *affranchis*, die in der in Paris zusammentretenden Nationalversammlung die Möglichkeit erkannten, ihre politischen, wirtschaftlichen und sozialen Vorstellungen zu verwirklichen. Entsprechend der französischen Nationalversammlung wurde Saint-Domingue eine eigene Kolonialversammlung zugebilligt, ohne dass in Paris aber eine eindeutige Regelung über die Repräsentanz der *affranchis* in diesem Gremium erfolgte. Da die *grands blancs* den *affranchis* jedoch jede Mitsprache verweigerten, kam es sehr schnell zu Konflikten, die 1790 in einen bewaffneten Aufstand der *affranchis* mündeten, der jedoch niedergeschlagen wurde.

Die dadurch erfolgte Destabilisierung der französischen Herrschaft in Saint-Domingue und die für die Sklaven deutlich spürbare Zerstrittenheit der Sklavenhalter führte im August **1791** zu einem großen **Sklavenaufstand** in der Nordprovinz. Innerhalb von nur vier Tagen wurden mehr als 180 Zuckerplantagen zerstört, und bis Ende November waren rund 80.000 Sklaven an dem Aufstand beteiligt. Am Anfang fehlte den Anführern des Aufstandes jede politische Konzeption. Erst mit dem **Aufstieg Toussaint Louvertures**, einem ehemaligen Sklaven, zur Leitfigur entstand auch eine politische Konzeption für die Zukunft Saint-Domingues. Voraussetzung für seinen beispiellosen Aufstieg bis zum Gouverneur war die Abschaffung der Sklaverei für alle französischen Kolonien durch das Mutterland. Diese Maßnahme erfolgte 1794 während der radikalsten Phase der Französischen Revolution, der Jakobinerherrschaft. Seit 1793 griffen dann die europäischen Revolutionskriege auf die Karibikinsel über, und die Franzosen sahen sich mit dem gleichzeitigen Angriff der Spanier und Engländer in Saint-Domingue konfrontiert. In dieser Phase stützten sich die Franzosen auf Teile der aufständischen Sklaven unter dem Kommando von Toussaint Louverture, dem es auf Grund seiner militärischen Fähigkeiten und seines persönlichen Durchsetzungsvermögens gelang, zunächst zum stellvertretenden und dann zum Gouverneur der Kolonie aufzusteigen. 1795 war der Krieg mit Spanien beendet und 1798 räumten die Engländer endgültig die Insel. In der Verfassung von 1801 erfolgte die Festlegung der politischen Konzeptionen Toussaint Louvertures für Saint-Domingue, das offiziell noch als Teil des französischen Imperiums bezeichnet wurde, durch diese Verfassung aber einen autonomen Status erhalten sollte. Toussaint selbst bekam weit gehende Vollmachten, die de facto eine diktatorische Herrschaft errichteten.

Der inzwischen in Frankreich an die Macht gelangte Napoleon wollte nicht nur Saint-Domingue wieder vollständig unter französische Kontrolle stellen, sondern in allen französischen Kolonien die Sklaverei wiedereinführen. Er sandte eine militärische Expedition auf die Insel und löste damit den Unabhängigkeitskampf aus. Im Verlauf der Auseinandersetzungen wurde Toussaint Louverture verhaftet, nach Frankreich deportiert, wo er 1803 starb. Die Schwarzen konnten unter dem neuen Anführer **Jean-Jacques Dessalines**, ebenfalls ein ehemaliger Sklave, den Kampf gegen die Franzosen erfolgreich zuende führen. Am **1. Januar 1804** erfolgte die Proklamation des unabhängigen **Haiti**. Damit gab der von ehemaligen Sklaven gegründete **erste unabhängige Staat Lateinamerikas** sich den indianischen Namen, den die Insel vor der Entdeckung gehabt hatte. Dessalines wurde der erste Präsident Haitis und ließ sich in Nachahmung Napoleons zum Kaiser proklamieren.

Die beiden vorausgegangenen Unabhängigkeitsbewegungen wirkten auf die iberischen Kolonien auf die denkbar verschiedenste Weise. Während die Unabhängigkeit der englischen Kolonien in Nordamerika und die daraus hervorgegangene Republik der USA für die kreolischen Eliten einen Vorbildcharakter hatte, wirkte die Emanzipation der haitianischen Sklavenbevölkerung und die Entstehung einer »Negerrepublik«, wie sie in von grenzenloser Überraschung gekennzeichneten europäischen Presseberichten genannt wurde, auf die iberoamerikanischen Kreolen abschreckend. Vor allem in den Territorien, in denen Plantagensklaverei die Basis der Wirtschaft bildete, entstand eine große Furcht vor ähnlichen Sklavenaufständen.

Auch für Hispanoamerika wurde die Unabhängigkeitsbewegung durch eine politische Destabilisierung des Mutterlandes herbeigeführt. Im Zuge der napoleonischen Kriege in Europa besetzte Frankreich die Iberische Halbinsel, und das spanische Königshaus wurde entmachtet. Bereits 1808 wurden in verschiedenen Städten Hispanoamerikas in Reaktion auf die napoleonische Besetzung Spaniens Juntas gegründet, die sich solidarisch mit Ferdinand VII. erklärten. Doch diese erste Juntabewegung zeigte noch keine entschiedene Tendenz zur Unabhängigkeit, stellte aber in einigen Regionen (in Neuspanien und im La-Plata-Gebiet) die Weichen für eine zukünftige Kräftepolarisierung. Für die folgenden Ereignisse und Entwicklungen lassen sich zwei große Etappen unterscheiden, von denen die erste von 1810 bis etwa 1815 reichte, als in fast allen Regionen die dann ausgebrochenen Unabhängigkeitsbewegungen unterdrückt werden konnten und die spanische Herrschaft zumindest formal wiederhergestellt war. Dann begann eine zweite Etappe, die schließlich bis Mitte der 1820er Jahre zur Unabhängigkeit fast des gesamten spanischen Amerika führte.

Die Unabhängigkeitsbewegung Hispanoamerikas hatte drei zentrale Ausgangspunkte: das Vizekönigreich Neuspanien (Mexiko), im nördlichen Südamerika die Generalkapitanie Venezuela, im südlichen Südamerika die Hauptstadt des Vizekönigreiches Río de la Plata, Buenos Aires. Von Venezuela aus wurde die Bewegung über die Anden nach Neugranada (Kolumbien) bis zur Audiencia von Quito (Ecuador) getragen, und von dort nach Peru und schließlich nach Hochperu (Bolivien). Durch die Bewegung in der Stadt Buenos Aires wurden zunächst die anderen Teile des Vizekönigreiches, die Banda Oriental (Uruguay), Paraguay und Hochperu, zu Reaktionen veranlasst. Dann weitete sich der militärische Kampf nach Chile aus und erreichte schließlich ebenfalls Peru, wo die beiden Unabhängigkeitsbewegungen des nördlichen und des südlichen Südamerika sozusagen aufeinander trafen. Symbolisiert wurde diese Begegnung durch das Zusammentreffen der beiden bedeutendsten Unabhängigkeitskämpfer Südamerikas Simón Bolívar und José de San Martín.

Das 1535 gegründete Vizekönigreich Neuspanien war die älteste und am Ende der Kolonialzeit die für Spanien bedeutendste Kolonie in Amerika. Der größte Teil der spanischen Staatseinnahmen kam am Ende der Kolonialzeit aus Neuspanien, das der größte Silberproduzent der Welt war. Es handelte sich um eine in einer 300-jährigen Kolonialzeit gewachsene Gesellschaft, in der alte und viele Generationen zurückreichende Eliten bestimmend waren. Die neuspanischen Eliten bildeten die reichste Oberschicht Hispanoamerikas, und die Kirche war nirgends so mächtig wie in Neuspanien. Dem entsprachen die großen sozialen Unterschiede innerhalb der Gesellschaft. Rund 20 % von einer rund 6 Millionen Menschen umfassenden Gesamtbevölkerung waren Weiße, davon der größte Teil Kreolen und etwa 15.000 Spanier. Mehr als die Hälfte der Bevölkerung bestand aus Indianern, die der Krone tributpflichtig waren. Ein Viertel bildete die Mischlingsbevölkerung, Mestizen, Mulatten und Zambos. Vor Ausbruch der Unabhängigkeitsbewegung war ein großer Teil der unteren Bevölkerungsschichten unzufrieden: Bis 1810 hatte es verschiedene Hungersnöte auf Grund von Missernten gegeben, und die Preise für das Grundnahrungsmittel Mais stiegen bei gleich bleibenden Löhnen.

Die erste Phase der mexikanischen Unabhängigkeitsbewegung wurde von der Massenerhebung eines Teiles der unteren Bevölkerungsschichten unter der Führung der beiden Priester **Miguel Hidalgo y Costilla** und **José María Morelos y Pavón** getragen. Die Bewegung ging von einer Bergwerksregion in Zentralmexiko, dem Bajío, aus, wo ein starker Kontrast zwischen reichen Minen- und Landbesitzern und der indianischen Bevölkerung herrschte. Der Aufstand begann mit dem so genannten **Grito de Dolores** im September **1810**. Das undisziplinierte Massenheer, das von Hidalgo angeführt wurde, wuchs in den ersten Wochen schnell auf über 60.000 Mann und richtete Verwüstungen an, die das Entsetzen der gesamten Oberschicht hervorriefen. Über Hidalgos genaue Ziele ist sehr wenig überliefert, in jedem Fall wollte er aber die soziale Situation der Indianer verbessern und schaffte gleich am Anfang den indianischen Tribut, die Kopfsteuer, ab. Die Bedrohung der sozialen Hierarchie führte dazu, dass auch antispanische Kreolen sich gegen diesen Massenaufstand richteten und die Kolonialregierung unterstützten. Nachdem den diziplinierten vizeköniglichen Truppen die Zurückschlagung des Massenheeres gelungen und Hidalgo gefangen genommen und 1811 hingerichtet worden war, übernahm Morelos die Organisation der Insurgenten. Er versuchte die Defizite des Hidalgoaufstandes zu beheben, indem er einerseits mit disziplinierten kleineren Truppeneinheiten (Guerilla) operierte und andererseits eine politische Konzeption entwickelte, die auch die Kreolen gewinnen sollte. 1814 wurde die liberale **Verfassung von Apatzingán** proklamiert, die eine unabhängige Republik Mexiko und soziale Verbesserungen für die unteren Bevölkerungsschichten vorsah. Die in der Verfassung ebenfalls erfolgte Garantie des Eigentums, das durch die Verwüstungen und Plünderungen des Massenheeres unter Hidalgo aus der Sicht der Eliten bedroht schien, vermochte die kreolische Bevölkerung jedoch nicht für die Bewegung zu gewinnen. 1815 wurde auch Morelos gefangen genommen und hingerichtet und der gesamte Aufstand im Wesentlichen niedergeschlagen. Die erste Phase der mexikanischen Unabhängigkeitsbewegung war damit praktisch zuende, der Volksaufstand gescheitert. Einige kleinere Insurgentengruppen setzten ihren Widerstand gegen die Kolonialherrschaft jedoch im Untergrund fort.

Bis 1820 blieb die Kolonie Neuspanien weitgehend ruhig, und es waren wieder Ereignisse des Mutterlandes, die erneut Unabhängigkeitsbestrebungen, diesmal der Eliten, hervorriefen. Als 1820 der liberale Aufstand in Spanien begann, der den *trienio liberal* zur Folge hatte, ergriffen die spanischen Liberalen Maßnahmen, die die Interessen der mexikanischen Oberschicht empfindlich verletzten. Verschiedene Dekrete schränkten die Besitzrechte der Kirche ein und die Sondergerichtsbarkeiten der Kirche und des Militärs *(fueros)* wurden aufgehoben. Die sich bedroht fühlende Elite fand einen Anführer in dem kreolischen Offizier **Agustín de Iturbide,** der während der gesamten Dauer des Volksaufstandes gegen diesen gekämpft und sich damit aus der Sicht der Oberschicht verdient gemacht hatte. Außerdem gelang es ihm, sich mit den verstreuten Resten der Guerillabewegung zu verständigen und sie für seinen Plan einer mexikanischen Unabhängigkeit zu gewinnen. Im Februar **1821** ließ er mit dem **Plan von Iguala** die **Unabhängigkeit Mexikos** unter konservativen Vorzeichen proklamieren. Geplant war die Errichtung einer Monarchie unter einem Angehörigen des spanischen

Königshauses. Die Unabhängigkeit Mexikos war betont konservativ und richtete sich gegen den wiedererstarkenden Liberalismus in Spanien, um die Privilegien der Oberschicht zu bewahren. Da Spanien weder die mexikanische Unabhängigkeit anerkannte, noch gar bereit war, einen Monarchen aus dem bourbonischen Königshaus zu stellen, ließ Iturbide sich selbst zum Kaiser proklamieren. Die Generalkapitanie Guatemala, die ganz Mittelamerika außer Panama umfasste, wurde durch militärischen Druck veranlasst, sich mit dem ersten mexikanischen Kaiserreich zu vereinigen.

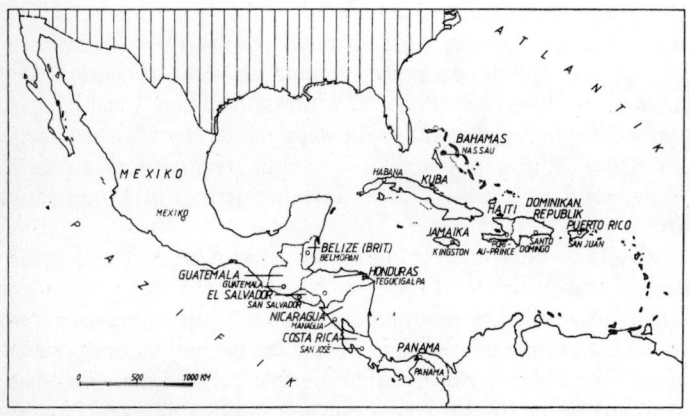

Karte 5 Mexiko, Mittelamerika und die Karibik
Aus: Peter Waldmann, Politisches Lexikon Lateinamerika

Das nördliche Südamerika gliederte sich am Ende der Kolonialzeit in das **Vizekönigreich Neugranada**, die **Generalkapitanie Venezuela** und die **Audiencia von Quito** und hatte insgesamt rund 2,5 Millionen Einwohner. In Venezuela, wo vor allem in der Küstenregion der Anteil der Sklaven sehr hoch war und insgesamt die aus Verbindungen zwischen Weißen und Schwarzen entstandene Mischlingsbevölkerung der *pardos* bei 50 % lag, fürchtete die Oberschicht einen Aufstand nach haitianischem Vorbild. Der wichtigste Wirtschaftssektor war der Anbau von

124

Kakao, der 60 % der Gesamtexporte ausmachte. In Neugranada dominierten unter der nichtweißen Bevölkerung die Mestizen mit etwa 45 %. Es gab 33 % Weiße und etwa 16 % Indianer und nur sehr wenige Sklaven. Die Landwirtschaft produzierte hier mehr für den Eigenbedarf, während Gold das einzige wichtige Exportprodukt war. Es gab jedoch in einigen Regionen eine Textilindustrie, die einfache Bekleidung für die unteren Bevölkerungsschichten herstellte und die unter der Einführung des *comercio libre* litt. Letzteres galt ebenso für die Audiencia von Quito, wo allerdings auch hochwertige Textilien für den Export produziert wurden. Die Absicht der Reformer in der ausgehenden Kolonialzeit war, Manufakturen in Hispanoamerika zu Gunsten von spanischen Produkten zurückzudrängen. Mehr als die Hälfte der Bevölkerung in der Audiencia von Quito waren Indianer und ein hoher Prozentsatz Mestizen.

Die Unabhängigkeitsbewegung nahm im Norden Südamerikas ihren Anfang in Venezuela, wo 1810 eine Junta in Caracas gebildet wurde. Die Junta repräsentierte die kreolische Landbesitzerschicht, es ging also um kreolische Interessen. Einige Radikale, die in der Sociedad Patriótica vereinigt waren, strebten bereits die Unabhängigkeit an. Zu dieser Gruppe gehörte der junge **Simón Bolívar**, dessen Familie große Ländereien und zahlreiche Sklaven besaß. Der Einfluss der Radikalen wurde immer stärker. Am 5. Juli 1811 wurde tatsächlich die Unabhängigkeit erklärt, und es entstand die **Erste Venezolanische Republik (1811/1812)**, die jedoch nur ein Jahr Bestand hatte, bevor sie von den Royalisten besiegt werden konnte. Bolívar floh daraufhin nach Cartagena in Neugranada, wo 1810 ebenfalls Unruhen ausgebrochen waren. In Neugranada kam es sofort zu einer Spaltung in Zentralisten und Föderalisten und in der Folge zu weiterer Zerstrittenheit und zahlreichen Gruppierungen der Kreolen. Die Provinz Cundinamarca machte sich mit der Hauptstadt Bogotá als zentralistischer Staat unabhängig, während die übrigen Provinzen den Führungsanspruch Bogotás nicht anerkannten und 1811 die »Vereinigten Provinzen von Neugranada« gründeten. Bolívar stellte in Neugranada eine Truppe zusammen, mit der er Venezuela zurückeroberte. Seit Juli 1813 führte er die so genannte *guerra a muerte*, die keinen

Spanier begnadigte, auch wenn er sich neutral verhielt, Kreolen dagegen immer das Leben schonte, selbst wenn sie auf royalistischer Seite kämpften. Im August 1813 gelang es Bolívar, Caracas einzunehmen und es begann die **Zweite Republik (1813/1814)**, die jedoch keinen längeren Bestand hatte als die Erste. Beide Male wurden die Siege der Royalisten durch die Truppen der **Lllaneros** ermöglicht, Mestizen und Pardos aus der Viehzuchtsteppe zwischen dem Küstengebirge der Kakaoregion und dem Orinoko. Bolívar floh wieder und hielt sich 1815 auf der englischen Insel Jamaica auf, wo ein zentrales Dokument über das politische Denken Bolívars entstand, die **Carta de Jamaica**, in der er für eine Republik als zukünftiger Staatsform eintrat, jedoch eine starke zentralistische Führung auf Grund seiner Erfahrungen in Neugranada für unerlässlich hielt. Er versuchte auf Jamaica vergeblich, die Unterstützung Englands für den Unabhängigkeitskampf zu gewinnen und begab sich deshalb Ende 1815 nach Haiti.

Spanien hatte inzwischen ein Heer von etwa 10.000 Mann unter General Morillo nach Venezuela gesandt, um die Unabhängigkeitsbewegung im Norden endgültig zu unterdrücken, was 1815/1816 auch gelang. Mit haitianischer Unterstützung kehrte Bolívar Ende 1816 nach Venezuela zurück und begann im venezolanischen Teil Guayanas Truppen zu sammeln und zum ersten Mal die Eroberung richtig zu konzipieren und zu organisieren. 1818 traten die Llaneros, jetzt unter dem Anführer **José Antonio Páez**, auf die Seite der Unabhängigkeitskämpfer über. **1819** berief Bolívar den **Kongress von Angostura** ein, der eine politische Konzeption für Großkolumbien (Venezuela, Neugranada und Quito) entwarf, das jedoch erst noch zu befreien war. Es gelang Bolívar dann, den Sieg in diesem gesamten Gebiet in den Jahren von 1819 bis 1822 zu erreichen. Zunächst zog er über die Anden und konnte Neugranada mit dem entscheidenden Sieg von Boyacá 1819 befreien. Im Juni 1821 brachte die siegreiche Schlacht von Carabobo die endgültige Befreiung Venezuelas. General **Antonio José Sucre**, der wie Bolívar aus Venezuela stammte, befreite schließlich die Audiencia von Quito, wo die entscheidende Schlacht 1822 bei dem Berg Pichincha stattfand. Damit war Großkolumbien, das im **Kongress von 1821 in**

Cúcuta bereits eine Verfassung erhalten hatte, vollständig befreit. Bolívar ging 1822 nach Guayaquil, wo er auf den von Süden kommenden General San Martín traf.

Die Bevölkerung des **Vizekönigreiches Río de la Plata** hatte einen hohen weißen Bevölkerungsanteil in Buenos Aires und in einigen Provinzen zahlreiche Indianer und Mestizen, dagegen einen eher geringen Anteil von Schwarzen und Mulatten, letzterer jedoch nach neueren Forschungsergebnissen höher als in der älteren Forschung angenommen. Im vom Silberbergbau geprägten **Hochperu** dominierten die Indianer und Mestizen, die Provinz **Paraguay**, die im Wesentlichen vom Anbau des Yerba Mate lebte, wurde von einer weitgehend homogenen Mestizenbevölkerung geprägt. Die **inneren Provinzen** (Córdoba, Mendoza, Tucumán etc.) betrieben Landwirtschaft und waren auf Buenos Aires als Hafen angewiesen, während die **Flussprovinzen** (Litoralprovinzen) unabhängig von Buenos Aires am internationalen Handel partizipieren wollten. Die **Banda Oriental** (Uruguay) lebte von der Viehzucht und wurde sehr stark durch ihren Grenzcharakter bestimmt, denn sowohl Spanien als auch Portugal erhoben Ansprüche auf dieses Gebiet. Der größte Teil des Vizekönigreiches war erst im Verlauf des 18. Jahrhunderts kolonisiert worden, so dass die Elite keine so gewachsene Oberschicht wie etwa in Neuspanien war.

Die Unabhängigkeitsbewegung im Vizekönigreich Río de la Plata nahm ihren Anfang in der Hauptstadt Buenos Aires, wo **1810** in der so genannten **Mairevolution** der Vizekönig abgesetzt und eine provisorische Regierungsjunta gebildet wurde. Die Provinzen des Vizekönigreiches erkannten die Junta nicht an, und Paraguay erklärte sich zunächst 1811 unabhängig von Buenos Aires und erst zwei Jahre später 1813 auch von Spanien. Die einzigen militärischen Kämpfe, die der Unabhängigkeit Paraguays vorausgingen, wurden mit Truppen aus Buenos Aires geführt, dessen Führungsanspruch von der Provinz nicht anerkannt wurde. In der Folge wurde die Unabhängigkeit nicht von militärischen Führern, sondern von dem Juristen **José Gaspar Rodríguez de Francia** bestimmt, der auch das erste Staatsoberhaupt Paraguays war. In der Banda Oriental entstand eine eigene Unabhängigkeitsbewegung mit sozialen Forderungen unter

José **Artigas**, der sich einige Provinzen gegen Buenos Aires gerichtet anschlossen. **1816** wurde ein **Nationalkongress in Tucumán** einberufen, an dem aber nicht alle Provinzen teilnahmen. Im Juli wurde hier jedoch die Unabhängigkeit der »Vereinigten Provinzen des Río de la Plata« erklärt. Im selben Jahr wurde die Banda Oriental von den Portugiesen okkupiert.

Um diese Zeit waren die übrigen Unabhängigkeitsbewegungen in Hispanoamerika (Mexiko, Großkolumbien, Chile) niedergeschlagen. General Morillo stellte 1816 die Verbindung zwischen seinem siegreichen Heer und den in Peru stationierten Truppen her. Es musste damit gerechnet werden, dass er über die Anden nach Süden ziehen würde, um auch den letzten Unruheherd in Spanischamerika, das Gebiet des Río de la Plata, wieder unter Kontrolle zu bringen. **José de San Martín**, ein Berufsoffizier mit europäischen Kriegserfahrungen, konzipierte deshalb einen kontinentalen Feldzugsplan. Zuerst sollte die spanische Flankenbedrohung aus Chile beseitigt werden. Anschließend musste das Zentrum des spanischen Widerstandes in Peru ausgeschaltet werden. Um diesen Plan durchzuführen, der die Überquerung der Anden und die Überwindung mehrerer Tausend Kilometer erforderte, errichtete San Martín am Fuße der Anden bei Mendoza ein Militärlager, um wirklich kampffähige Truppen auszubilden.

Die **Generalkapitanie Chile** war eines der peripheren Gebiete des spanischen Kolonialreiches in Amerika, das durch seine Lage am Pazifik lange Zeit kaum in die überseeischen Handelsstrukturen eingebunden war. Von der etwa 800.000 Einwohner umfassenden Bevölkerung waren etwa die Hälfte Mestizen. Außerhalb der kolonialen Gesellschaft lebten südlich des Flusses Bío Bío (Indianergrenze) mehrere 100.000 Indianer. Die Wirtschaft basierte auf Viehprodukten und Getreide, die vor allem nach Peru verkauft wurden. Die bourbonischen Reformen lösten Chile schrittweise aus dem Vizekönigreich Peru heraus, das 1778 zunächst zur Generalkapitanie erhoben und 1798 administrativ völlig unabhängig von Peru wurde. Um 1810 existierte deshalb bereits ein ausgeprägtes Selbstbewusstsein, das aus dem Emanzipationsprozess gegenüber Peru resultierte. Auch hier begann 1810 die Unabhängigkeitsbewegung, bei der

Bernardo O'Higgins eine entscheidende Rolle spielte. **Zwischen 1810 und 1814,** der sogennanten **Patria Vieja,** bildete Chile eigene Regierungen und Institutionen, ohne formal die Unabhängigkeit zu erklären. 1814 wurde Chile durch Truppenverbände, die der peruanische Vizekönig geschickt hatte, jedoch erneut unter spanische Herrschaft gestellt, was am Río de la Plata Beunruhigung hervorrief und zur Konzeption San Martíns beitrug. San Martín überquerte Anfang 1817 mit einem Heer von rund 5.000 Mann die Anden. Die entscheidende Schlacht zur Befreiung Chiles war die bei Maipú 1818.

Die Bevölkerung Perus bestand fast zu 60% aus Indianern und zu 20% aus Mestizen. Obwohl Peru durch die bourbonischen Reformen benachteiligt worden war und es deshalb antispanische Ressentiments unter den Kreolen gab, dominierte die Furcht vor sozialen Veränderungen. Auf Grund zahlreicher Indianeraufstände des 18. Jahrhunderts, von denen der bedeutendste 1780 der Tupac-Amaru-Aufstand war, wurde Peru am Anfang des 19. Jahrhunderts zum Bollwerk der spanischen Herrschaft in Amerika. Nach dem Ausbruch der Unabhängigkeitsbewegung am Río de la Plata stellte der peruanische Vizekönig die Kontrolle über Hochperu her, das mit der Gründung des Vizekönigreiches Río de la Plata diesem angegliedert worden war. Er unterstützte auch die Royalisten von Guayaquil und Quito gegen erste Unruhen. 1813/14 beendete er – wie erwähnt – die Patria Vieja in Chile. Die peruanischen Kreolen blieben konsequent auf royalistischer Seite, nicht zuletzt wegen eines neuen 1814 beginnenden Indianeraufstandes unter dem Kaziken Pumacahua, der Anfang 1815 niedergeschlagen werden konnte. Die Befreiung Perus kam nicht aus dem Inneren der Gesellschaft, sondern zuerst durch San Martín und dann durch Bolívar von außen. San Martín kam mit einer kleinen Flotte und argentinisch-chilenischen Truppen 1820 aus Chile nach Callao. Mitte 1821 marschierte er in Lima ein. Im Juli wurde die Unabhängigkeit erklärt und San Martín übernahm die vorläufige Regierung. Die politischen Vorstellungen San Martíns, der sich für die Errichtung einer Monarchie unter einem europäischen Fürsten einsetzte, stießen jedoch auf hartnäckigen Widerstand. Militärisch glaubte San Martín, zur vollständigen Befreiung Perus die

Hilfe Bolívars zu benötigen. Am 26. und 27. Juli 1822 trafen sich San Martín und Bolívar in der Hafenstadt Guayaquil, um über die Fortsetzung des Krieges und die zukünftige politische Gestaltung Südamerikas zu verhandeln. Bei diesem Gespräch vermochte sich Bolívar mit seinen Ideen vollständig durchzusetzen, San Martín zog sich anschließend nach Europa zurück und überließ das Feld dem Venezolaner. Bolívar vollendete die Befreiung Perus, was durch eine Auseinandersetzung zwischen den royalistischen Generälen begünstigt wurde. Am 8. Dezember **1824** gewann Bolívar die letzte große Schlacht des hispanoamerikanischen Unabhängigkeitskampfes bei **Ayacucho**. Bolívar schickte Sucre zur Befreiung Hochperus, das 1825 unabhängig wurde und sich den Namen Bolivien gab.

Während das spanische Amerika in zahlreichen Einzelstaaten unabhängig wurde, bildete das portugiesische Amerika mit Brasilien auch nach der Unabhängigkeit eine Einheit. Dies war keinesfalls auf eine größere Homogenität des portugiesischen Kolonialreiches zurückzuführen. Die geographischen und klimatischen Bedingungen allein waren sehr unterschiedlich. Schwierigkeiten gab es deshalb auch in der Kommunikation. Die südliche Äquatorströmung mit ihren Winden machte einen direkten Kontakt vom Nordosten zur zentralen Ostküste fast unmöglich. Für die nordöstlichen Provinzen Pará und Maranhão war es einfacher mit Portugal zu kommunizieren als mit den Küstenregionen Zentral- und Südbrasiliens. Die geographischen und klimatischen Unterschiede bedingten auch große wirtschaftliche Verschiedenheiten. Im Amazonasbecken wurden durch indianische Arbeitskraft Kaffee, Kakao und Hölzer gewonnen. In den ältesten portugiesischen Kolonialgebieten Pernambuco und Bahia bestand Plantagenwirtschaft, die Zucker, Baumwolle und Tabak produzierte. Minas Gerais und die angrenzenden Provinzen wurden durch Bergbau charakterisiert, in dem Gold und Diamanten abgebaut wurden. In der Küstenzone von Rio de Janeiro herrschte ebenfalls Zucker- und Kaffeeplantagenwirtschaft vor. Rio Grande do Sul schließlich war vor allem durch Viehwirtschaft geprägt. Die Angaben zu den Bevölkerungszahlen variieren in den verschiedenen Darstellungen stark. Um 1800 gab es etwa 3 Millionen Menschen, von

denen mehr als die Hälfte Sklaven waren. 1 Million waren
Weiße, etwa 250.000 Indianer und etwa genauso viele Mulatten
und Mestizen.

Karte 6 Südamerika
Aus: Peter Waldmann, Politisches Lexikon Lateinamerika

Die Unabhängigkeit Brasiliens war geprägt durch die Anwesenheit des portugiesischen Königshofes in der Kolonie als Folge der napoleonischen Besetzung Portugals. Königin war seit 1777 Maria I., die jedoch von einer Geisteskrankheit befallen war, so dass seit 1792 ihr Sohn Johann Regent wurde. Der Hof nahm 1808 seinen Sitz in Rio de Janeiro, und die lokale Autonomie der Provinzen wurde zu Gunsten der Zentralregierung eingeschränkt. Bereits nach einer Woche in der neuen Welt erließ der Prinzregent ein Dekret, das das portugiesische Handelsmonopol aufhob und den Handel der amerikanischen Kolonien mit allen befreundeten Nationen erlaubte. 1810 wurden **Handelsverträge mit Großbritannien** abgeschlossen, das sich eine Vorzugsstellung gegenüber allen anderen Handelspartnern, Portugal eingeschlossen, sichern konnte. Die Höchstzölle für britische Güter betrugen 15 %, während die Minimalzölle für portugiesische Güter dagegen 16 % und für alle anderen ausländischen Güter 20 % betrugen. 1815 wurde dann das »**Vereinigte Königreich von Portugal, Brasilien und Algarve**« geschaffen und Brasilien damit zu einem gleichberechtigten Teilreich neben Portugal erhoben, womit die Residenz des Hofes in Brasilien eine stärkere Rechtfertigung erfuhr. 1816 wurde Johann nach dem Tod seiner Mutter König. Nachdem 1820 der liberale Aufstand in Portugal ausgebrochen war, kehrte er Mitte des folgenden Jahres nach Portugal zurück. Unruhen in Brasilien ließen Johann bereits zu diesem Zeitpunkt an eine Unabhängigkeit der Kolonie denken. Er ließ seinen Thronfolger Pedro zurück und wollte, dass dieser sich im Falle der Unabhängigkeit an die Spitze der Bewegung stellen sollte. Johann hoffte auf diese Weise, eine enge Verbindung zwischen Brasilien und der portugiesischen Krone aufrecht erhalten zu können. Der Versuch der liberalen portugiesischen Cortes, den Kolonialstatus Brasiliens wiederherzustellen, rief in Amerika Empörung und Widerstand hervor. Am 7. September **1822** kam es mit dem **Grito de Ipiranga**, »Independencia ou Morte«, durch Dom Pedro zur Unabhängigkeit Brasiliens. Im Oktober wurde er zum Kaiser proklamiert und am 1. Dezember gekrönt.

Einstieg in das Studium:
Zu den Unabhängigkeitskämpfen Lateinamerikas ist der einzige deutsche Überblick, der Hispanoamerika, Brasilien und Haiti einschließt, INGE BUISSON und HERBERT SCHOTTELIUS, *Die Unabhängigkeitsbewegungen in Lateinamerika, 1788–1826*, Stuttgart 1980. Für die Unabhängigkeit der hispanoamerikanischen Staaten ist eine ausführliche und differenzierte Darstellung JOHN LYNCH, *The Spanish American Revolutions 1808–1826*, New York-London [2]1986. Die neueste, ebenfalls sehr empfehlenswerte Behandlung erfolgt in JAIME E. RODRÍGUEZ O., *The Independence of Spanish America*, Cambridge 1998. Kurze deutsche Zusammenfassungen regionaler Schwerpunkte sind darüber hinaus MANFRED KOSSOK, »Die Unabhängigkeitsrevolutionen Spanisch-Amerikas 1810–1826«, in: *Revolutionen der Neuzeit 1500–1917*, hrsg. v. M. Kossok, Berlin (Ost) 1982 und KARIN SCHÜLLER, »Sklavenaufstand – Revolution – Unabhängigkeit. Haiti, der erste unabhängige Staat Lateinamerikas«, in: *Amerikaner wider Willen. Beiträge zur Sklaverei in Lateinamerika*, hrsg. v. R. Zoller, Frankfurt a.M. 1994. Zur Berücksichtigung der Unabhängigkeitsbewegungen in allgemeinen Darstellungen der Geschichte Lateinamerikas im 19. und 20. Jahrhundert vgl. auch die Angaben zum Einstieg in das Studium nach Kapitel VI.4.

4. Lateinamerika im 19. und 20. Jahrhundert

a) Die politische Entwicklung

Die Staats- und Nationenbildung in Lateinamerika war über lange Zeit ein schwieriger Prozess, denn es gab in der Regel weder fest voneinander abgegrenzte Territorien noch ethnische oder Volksgemeinschaften, die als feste Größe oder identitätsstiftende Einheit hätten wirksam werden können. Die **Staatsbildung** im Sinne der Abgrenzung eines bestimmten Territoriums musste in Hispanoamerika gleichzeitig mit der **Nationenbildung** erfolgen. Aber allein die endgültige Staatsbildung nahm geraume Zeit in Anspruch und war erst in der zweiten Hälfte des 19. Jahrhunderts in allen zu Beginn des Jahrhunderts unabhängig gewordenen Territorien abgeschlossen. Die Abgrenzung von den Nachbarn im Prozess der Staatsbildung ging fast überall

133

in Lateinamerika der Nationenbildung voraus. Regionale Unterschiede, die Machtkämpfe zwischen verschiedenen regionalen Eliten oder auch zwischen Einzelpersönlichkeiten führten sehr rasch zu einer Zersplitterung des ehemaligen spanischen Kolonialreiches.

Nachdem das erste mit der Unabhängigkeit entstandene **mexikanische Kaiserreich** durch den Sturz Iturbides beendet worden war, erklärte 1823 eine verfassunggebende Nationalversammlung die Unabhängigkeit der »Vereinigten Provinzen von **Zentralamerika**«. Doch auch in diesem Staatsgebilde führten regionale und personelle Konkurrenz zu Anarchie und Bürgerkriegen, Konservative gegen Liberale, Peripherie gegen Zentrum und eine Provinz gegen die andere. 1838 löste der Mestize Rafael Carrera, der ein Jahr vorher einen Indianeraufstand angeführt hatte, Guatemala aus der Konföderation heraus. Diese zerfiel in der Folge in fünf unabhängige Staaten: **Guatemala**, **Honduras**, **El Salvador**, **Nicaragua** und **Costa Rica**.

Auch die **Insel Hispaniola** bildete nach einer Etappe der Dreiteilung zeitweilig einen einheitlichen Staat. Nach der Ermordung Dessalines und dem Ende des ersten Kaiserreiches (1806) wurde Haiti in zwei Staaten geteilt, eine **Republik im Süden** unter Präsident Alexandre Pétion und ein **Königreich im Norden** unter Henri Christophe. Daneben bestand im Osten nach wie vor die Kolonie Santo Domingo. Der haitianische Präsident Jean-Pierre Boyer (1818–1843) vereinigte 1820 zunächst wieder Haiti zu einem einheitlichen Staat und besetzte 1822 dann den spanischen Ostteil der Insel, weil er durch eine nach wie vor bestehende europäische Kolonie auf der Insel die Unabhängigkeit **Haitis** bedroht sah. Nachdem der Präsident 1843 gestürzt worden war, erklärte sich der Ostteil 1844 als **Dominikanische Republik** für unabhängig. Doch die Unabhängigkeit wurde immer wieder von dem haitianischen Nachbarn bedroht, so dass sich der Osten zwischen 1861 und 1865 freiwillig erneut unter die Herrschaft Spaniens stellte – ein einmaliger Vorgang in Lateinamerika. 1865 wurde die Dominikanische Republik dann zum zweiten Mal und diesmal endgültig unabhängig.

Auch die so genannten Bolívarstaaten brauchten Jahre bis zur endgültigen Konsolidierung fester Staatsgebilde, die dann nicht mehr in Frage gestellt wurden. Gerade im politischen Denken Bolívars hat die Forschung den Begriff der »Einheit« als eines der Leitmotive herausgestellt. In seinen bedeutenden politischen Schriften, vor allem der Carta de Jamaica, kehrte immer das Streben nach Einheit und Zentralismus wieder. Es wurden drei Varianten von Einheit unterschieden, die Bolívar zu verwirklichen versuchte. Die erste war eine Einheit Amerikas, vor allem Hispanoamerikas, die er in dem 1826 zusammengerufenen Kongress von Panamá zu verwirklichen suchte. Es war der erste panamerikanische Kongress überhaupt, und Bolívar wurde damit zum Begründer der panamerikanischen Idee. Die zweite Variante war die Konzeption einer Andenkonföderation, die aus Großkolumbien, Peru und Bolivien bestehen sollte. Die dritte und kleinste Variante bildete schließlich die Einheit **Großkolumbiens**. Sie war auch die einzige, die zeitweilig Realität wurde. Regionale Unterschiede und Machtkämpfe führten aber zur Zersplitterung auch dieses Staates. Großkolumbien zerfiel 1830 in die drei Einzelstaaten **Venezuela, Kolumbien** und **Ecuador**. Zwischen 1836 und 1839 kam es zu einer Konföderation zwischen Peru und Bolivien, die aber vor allem durch eine peruanische Opposition und außenpolitisch von Chile und Argentinien bekämpft wurde und deshalb keinen Bestand hatte.

Das ehemalige Vizekönigreich Río de la Plata war gleich zu Beginn auseinander gebrochen. Hochperu, das spätere **Bolivien**, ging von Anfang an einen von Buenos Aires getrennten Weg, der stärker von Peru aus beeinflusst wurde, auch die Provinz **Paraguay** bildete einen eigenen Staat, und die Banda Oriental wurde zunächst von Brasilien besetzt und dann zum Streitobjekt zwischen Argentinien und Brasilien, bis sie 1828 durch internationale Vermittlung als Staat **Uruguay** unabhängig wurde. Doch auch innerhalb des späteren Argentiniens war in der ersten Hälfte des 19. Jahrhunderts der Antagonismus zwischen der Hafenstadt Buenos Aires und den Provinzen so stark, dass es noch 1853 zu einer Trennung in zwei Staaten kam. Erst 1862 konnte sich **Argentinien** als geeinter Staat endgültig konsolidieren.

Der Staatsbildungsprozess war damit in Lateinamerika zu Beginn der zweiten Hälfte des 19. Jahrhunderts vorläufig abgeschlossen. Neue Staaten kamen erst wieder um die Jahrhundertwende, allerdings unter anderen politischen Vorzeichen, hinzu. In den meisten lateinamerikanischen Staaten fehlte jedoch die **nationale Identität** bzw. sie wurde von den herrschenden Eliten auf widersprüchlichen Grundlagen konstruiert. Vereinfacht lassen sich zwei Grundkonzepte von nationaler Identität unterscheiden, die **Staatsbürgernation** einerseits und die Nation verstanden als **Abstammungsgemeinschaft** andererseits. Für eine Staatsbürgernation, d. h. die Identifikation politisch emanzipierter und gleicher Staatsbürger mit einem Territorialstaat, der ihnen wirtschaftliche und politische Entfaltungsmöglichkeiten bietet, waren die Voraussetzungen – wie noch erläutert wird – kaum vorhanden. Einer nationalen Identitätsbildung auf der Grundlage einer Abstammungsgemeinschaft, die die Bevölkerung eines Staates verbunden hätte, stand die rassische oder ethnische Heterogenität in fast allen Staaten entgegen.

Betrachtet man zunächst nur die hispanoamerikanischen Staaten, so waren die Gründer dieser neuen Staaten im Wesentlichen Kreolen, d. h. sie hatten eine gemeinsame Herkunft, Kultur, Sprache und Religion, alles Elemente einer nationalen Identität. Die mexikanischen teilten mit den chilenischen oder argentinischen Kreolen die gleichen spanisch-europäischen Ursprünge, die gleiche Sprache, die gleiche Religion und Kultur sowie die gleichen politischen und administrativen Traditionen. Das heißt, es handelt sich um verbindende Elemente, die nach der Unabhängigkeit staatenübergreifend waren, aber nichts spezifisch nationales für die Einzelstaaten darstellten. Der Historiker François-Xavier Guerra hat dies treffend formuliert: »Das Problem Spanischamerikas besteht darin, von der derselben Nationalität ausgehend verschiedene Nationen zu errichten«. Die Wurzeln einer nationalen Identität konnten letztlich nur in der Region selbst gefunden werden. Eine Identifikation mit der Region, der Stadt, der so genannten *patria chica*, in der man geboren wurde, setzte bereits vor der Unabhängigkeit ein. Vor allem lässt sie sich in den Werken der Exiljesuiten feststellen, die 1767 aus ihrer Heimat vertrieben worden waren und damit vielleicht als erste solche Reflexionen anstellten. Sie schrieben im europäischen Exil über ihre Heimat, über Mexiko oder über Chile. Aber worin sahen sie die Eigenheiten dieser Heimat?

Ganz wesentlich wurde hier zum ersten Mal die indianische Vergangenheit vor der Conquista. Die vorkolumbianische Epoche wurde so für die Kreolen zu einer Art klassischer Antike für Amerika. Gerade in den Gebieten, wo vor der Conquista indianische Hochkulturen lebten, berief man sich auf diese Vergangenheit. In Mexiko diente die aztekische Vergangenheit als Element spezifisch mexikanischer Identität. Der mexikanische Jesuit Francisco Javier Clavijero schrieb in seinem italienischen Exil eine Geschichte der Azteken. Solche Werke wurden nach der Unabhängigkeit begeistert aufgenommen und boten gleichzeitig die Möglichkeit, die spanische Eroberung und Kolonialherrschaft zu verurteilen. Elemente der Schwarzen Legende fanden damit Eingang in die nationale Identitätssuche Hispanoamerikas. Doch diese Identitätssuche weist Widersprüche auf, die eine wirkliche Identitätsfindung schwierig machten: zum einen stammten die weißen Eliten von den Eroberern ab, zum anderen stand die Glorifizierung der indianischen Vergangenheit häufig im Gegensatz zur Behandlung der zeitgenössischen Indianer in den unabhängigen Staaten. Es handelt sich also im Wesentlichen um Konstruktionen. Wirklich identitätsstiftend wirkte die indianische Kultur dagegen dort, wo sie nicht aus der Retrospektive glorifiziert wurde, sondern wo Elemente dieser Kultur von der gesamten Gesellschaft übernommen wurden. Drei Beispiele sollen diese unterschiedlichen »Nationalismen« verdeutlichen. Das erste Beispiel, **Kolumbien**, steht im Wesentlichen für die allgemeinen Tendenzen in Hispanoamerika, wie sie oben skizziert wurden und repräsentiert die Versuche zur Etablierung einer Staatsbürgernation. Das zweite verdeutlicht eine wenig wirksame, stark konstruierte nationale Identität, die letztlich keine ist und betrifft die **Dominikanische Republik**. Das dritte Beispiel schließlich steht für die Anfänge einer Nation im Sinne einer Abstammungsgemeinschaft und einer tatsächlichen nationalen Identität, **Paraguay**.

Bis zum Zerfall Großkolumbiens, 1830, bildete das ehemalige Neugranada einen Teil dieses größeren Staatsgebildes. Auf Grund der ethnisch und kulturell heterogenen Bevölkerung Großkolumbiens beriefen sich die Kreolen auf Freiheit und Gleichheit im Gegensatz zum vorangegangenen Kolonialstatus.

Staatsbürgerechte, die theoretisch der gesamten Bevölkerung zustanden, sollten (nach Hans-Joachim König) die Zugehörigkeit zur Nation kennzeichnen. Der Begriff des Bürgers, des *ciudadano*, wurde zu einem Schlüsselbegriff im Gegensatz zum bevormundeten Untertanen der absoluten Monarchie. Die Konstruktion einer solchen Staatsbürgernation vermochte jedoch den Zerfall Großkolumbiens nicht zu verhindern, denn in der Realität wurden die rhetorisch beschworenen Ideale nicht verwirklicht und der größere Teil der Bevölkerung wurde von politischer Partizipation ausgeschlossen. Außerdem identifizierte man sich auch in Großkolumbien bereits seit den bourbonischen Reformen eher mit kleineren regionalen Einheiten, der *patria chica*, in der politische und ökonomische Interessen eher übereinstimmten. Es waren denn auch divergierende ökonomische Interessen, die teilweise schon im ausgehenden 18. Jahrhundert bestanden hatten, für die auch der Staat Großkolumbien keine Kompromisslösungen fand und die zum Auseinanderfall des Staatsgebildes führten. Die liberalen Eliten des daraufhin entstehenden Staates Kolumbien beriefen sich auch für diesen kleineren Staat auf den *ciudadano* und eine allen gemeinsame Identität in der Staatsbürgernation. Aber nicht anders als vorher war ein großer Teil der Bevölkerung nicht in die politische Willensbildung des Staates integriert und somit konnte auch kaum eine Identifikation mit Kolumbien als einer Nation mündiger und gleicher Staatsbürger erfolgen.

Die Suche der Dominikanischen Republik nach einer nationalen Identität orientierte sich (nach Frauke Gewecke) an drei zentralen historischen Ereignissen. Das erste betrifft die Abgrenzung vom haitianischen Nachbarn, die im Befreiungskrieg gegen Haiti 1844 realisiert wurde und danach immer wieder verteidigt werden musste. Die Haitianer wurden dabei als »barbarische Afrikaner« diffamiert, und die Dominikaner grenzten sich von ihnen ab, indem sie sich kulturell an Spanien orientierten. Obwohl die eigene Bevölkerung zu mehr als zwei Dritteln aus Schwarzen und Mulatten bestand, war der Antihaitianismus bis zum Ende des 20. Jahrhunderts ein zentrales Element der Konstruktion einer nationalen Identität. Der zweite Aspekt ist die Abgrenzung von Spanien durch die 1865 endgültig gewonnene Unabhängigkeit vom ehemaligen Mutterland. Er steht im Gegensatz zum beanspruchten spanischen Kulturerbe, das dem Afrikanertum Haitis entgegengesetzt wurde. Drittens schließlich bildet der Stolz auf die Rolle der Insel Hispaniola bei der Eroberung und Kolonisation Amerikas eine zentrale Rolle. Der erste Entdecker und Eroberer Kolumbus wird dabei gleichzeitig mit dem Ureinwohner, den man ebenfalls glorifiziert, zum »padre de la patria«, auch eine widersprüchliche und problematische Identifikation.

Die paraguayische Nationalität hat ihre Ursprünge (nach Günter Kahle) in der Sonderentwicklung der Provinz während der Kolonialzeit, die sich dann nach der Unabhängigkeit fortsetzte. Das 1537 gegründete Asunción war die älteste dauerhafte Stadtgründung im La Plata-Gebiet und auch Ausgangspunkt der gesamten Kolonisation dieser Region. Mit der zunehmenden Machtstellung von Buenos Aires wurde Paraguay, erleichtert durch seine Binnenlage, immer stärker isoliert, was sich mit dem Gewohnheitsrecht verband, den eigenen Gouverneur unter bestimmten Umständen selbst zu wählen und gegebenenfalls auch abzusetzen. Die wirtschaftliche und geographische Randlage führte darüber hinaus zu einer starken Mestizisierung der Bevölkerung und zur Vermeidung stärkerer sozialer Spannungen, da sich keine Elite herausbildete, die mit der mexikanischen oder peruanischen vergleichbar gewesen wäre. Die Spanier, die sonst in der gesamten Neuen Welt ihre Sprache verbreiteten, übernahmen in Paraguay mit dem Guaraní auch die Sprache der autochthonen Bevölkerung, die noch heute fast jeder Paraguayer spricht. Der erste Präsident Paraguays nach der Unabhängigkeit, Francia, verstärkte die Isolation weiter und förderte ebenfalls eine weiter gehende Mestizisierung der Bevölkerung. Paraguay hatte dadurch von Beginn an kaum Schwierigkeiten, eine nationale Identität zu entwickeln.

Während die beiden Beispiele der Dominikanischen Republik und Paraguays Extreme darstellen, dürfte die Realität der anderen hispanoamerikanischen Staaten im Hinblick auf eine nationale Identität dem Beispiel Kolumbiens vergleichbar sein. Haiti und Brasilien dagegen dürften aus den besonderen Umständen ihrer Unabhängigkeit und der besseren Möglichkeit der Abgrenzung von den anderen Staaten eine einfachere Identitätsfindung vollzogen haben. Während Haiti in politischer und wirtschaftlicher Hinsicht die problematischste Entwicklung in Lateinamerika nahm, könnte die aus dem Sklavenaufstand erreichte Unabhängigkeit enorm identitätsstiftend für eine Nationalität gewirkt haben. In Brasilien übernahm das während des 19. Jahrhunderts bestehende Kaiserreich eine starke integrative Funktion. Insgesamt ist das Problem der nationalen Identitätsbildung jedoch für die meisten Staaten Lateinamerikas noch gar nicht detailliert erforscht.

Ebenso problematisch wie die Staatsbildung selbst und die nationale Identitätsfindung gestaltete sich die **Wahl der Staats- und Regierungsform** und der daraus fast überall resultierende Weg in die Diktatur. Bis zur Unabhängigkeit bildeten die Kolonien Teile absoluter europäischer Monarchien. Die Unabhängigkeitsbewegungen gehören in die Epoche der bürgerlichen Revolution, d.h. an die Stelle des monarchischen Absolutismus trat entweder eine **konstitutionelle Monarchie** oder eine **demokratische Republik**. Vorbilder für die sich etablierenden lateinamerikanischen Staaten wurden die Unabhängigkeit der USA, die Französische Revolution und die liberale Bewegung in Spanien. Grundlage für diese neuen politischen Modelle waren geschriebene Verfassungen, die der Vereinigten Staaten, durch die eine demokratische Republik etabliert wurde, die französischen Verfassungen, vor allem die von 1791, und die spanische Verfassung von Cádiz, wobei die beiden letzten die konstitutionelle Monarchie vorsahen. Da die Eliten Lateinamerikas in jedem Fall politische Mitbestimmung anstrebten, musste der Absolutismus überwunden werden, so dass für die entstehenden Staaten die genannten zwei Modelle in Frage kamen, die konstitutionelle Monarchie oder die Republik. Für die Monarchie entschieden sich mit der Unabhängigkeit Haiti (1804–1806), Mexiko (1821–1822) und Brasilien (1822–1889), wobei nur die brasilianische Monarchie dauerhaften Bestand hatte. Interessanterweise waren die beiden anderen Staaten die Einzigen in Lateinamerika im 19. Jahrhundert, in denen es dann nochmals zu monarchischen Zwischenspielen kam. In Mexiko wurde mit dem Habsburger Maximilian in der Jahrhundertmitte (1864–1867) unter französischer

Kontrolle ein zweites Kaiserreich errichtet, in Haiti während der Zweistaatlichkeit ein Königreich unter Henri Christophe (1806/15–1820) und schließlich ein zweites Kaiserreich unter Faustin Soulouque (1847/49–1859). Die Mehrheit der hispanoamerikanischen Staaten entschied sich für die Republik. Sowohl in diesen Staaten als auch in Mexiko und Haiti kam es im Verlauf des 19. Jahrhunderts dann immer wieder zu Diktaturen.

Es zeigte sich sehr bald, dass das Modell der demokratischen Republik die zahlreichen Herausforderungen und Probleme, denen sich die einzelnen Staaten gegenübersahen, nicht zu lösen vermochte. Allein die Staatsbildung hatte sich ja als Problem herausgestellt. Bereits hier zeigten sich deutlich die trennenden, partikularen Tendenzen sowohl zwischen einzelnen Regionen als auch zwischen einzelnen Personen. Hinzu kamen eine desolate Wirtschaftssituation auf Grund der vorangegangenen Kämpfe, eine heterogene rassische Bevölkerungsstruktur und ein niedriger Bildungsstand der Massen. Durch den Wegfall der traditionellen monarchischen Herrschaft entstand ein Machtvakuum. Die einzige Kraft, die dieses politische Machtvakuum füllen konnte, war das Militär. Damit entstand das Phänomen des **Caudillismo**. Caudillos waren die militärischen Führer Lateinamerikas, die meistens innerhalb einer bestimmten Region über ausgedehnten Landbesitz verfügten und sich dort auf eine feste Anhängerschaft (Klientel) stützen konnten. Diese Klientel bildete oft die Grundlage für eine Machtausdehnung auf die gesamtstaatliche Ebene. Im Allgemeinen verfügte der Caudillo über charismatische Eigenschaften, die von den Anhängern bewundert und als legitime Machtgrundlage akzeptiert wurden. Nach den drei Formen legitimer Herrschaft, wie sie Max Weber unterscheidet, die traditionale, die rationale und die **charismatische Herrschaft**, fügt sich die politische Herrschaft der lateinamerikanischen Caudillos in die Kategorie der charismatischen Herrschaft ein. In der Forschung findet der Begriff allerdings eine sehr breite Verwendung, so wird von manchen Autoren auch der kein Land besitzende Priestercaudillo (Hidalgo und Morelos) oder der zivile Caudillo, der eben kein Militär ist (Francia) einbezogen. Ihnen allen gemeinsam ist dabei nurmehr das Charisma und die darauf beruhende breite Akzeptanz.

In jedem Fall führte die Wahl der republikanischen Staatsform in ganz Lateinamerika in die Diktatur. **Diktatur und Militärherrschaft** werden zum Charakteristikum lateinamerikanischer Geschichte im 19. Jahrhundert und teilweise darüber hinaus. In manchen Regionen führten bis zur Jahrhundertmitte die Kämpfe zwischen verschiedenen Caudillos zu permanenten Bürgerkriegen, in anderen Regionen bildete die Diktatur bereits in der ersten Hälfte des 19. Jahrhunderts die Garantie für stabile politische und teilweise auch soziale und wirtschaftliche Verhältnisse. In den meisten Staaten stabilisierte sich die politische Situation in der zweiten Hälfte des 19. Jahrhunderts. Anhand von vier Beispielen werden im Folgenden unterschiedliche Typen diktatorischer Herrschaft im Lateinamerika des 19. Jahrhunderts vorgestellt. Am Beispiel Boliviens wird die destruktive Variante diktatorischer Herrschaft gezeigt, am Beispiel Argentiniens die klassische Form des Caudillismo mit allen negativen Begleiterscheinungen, am Beispiel Paraguays eine Diktatur, die gleich nach der Unabhängigkeit stabile Verhältnisse in allen gesellschaftlichen Bereichen zu etablieren verstand und schließlich am Beispiel Mexikos, wie erst gegen Ende des Jahrhunderts nach fast fünfzig Jahren permanentem Bürgerkrieg die Diktatur zum ersten Mal eine friedliche Entwicklung ermöglichte.

In **Bolivien** setzte nach der Unabhängigkeit ein Machtkampf der verschiedenen führenden Militärs um die politische Herrschaft ein. Eine gewisse Ruhe und Stabilität gewann das Land nur unter der Präsidentschaft und Diktatur des Generals Santa Cruz (1829–1839). In diese Zeit fiel auch die bereits erwähnte bolivianisch-peruanische Konföderation zwischen 1836 und 1839, deren Ende dann den Rücktritt Santa Cruz' nach sich zog. Anschließend wurde Bolivien von permanenten Bürgerkriegen und der Herrschaft so genannter *caudillos letrados* und *caudillos bárbaros* erschüttert, die sich dadurch unterschieden, dass die ersteren wenigstens lesen und schreiben konnten, während die zweiten teilweise Analphabeten waren. Besondere Schrecken verbreiteten die Diktaturen von **Manuel Isidoro Belzu (1848–1855)** und **Mariano Melgarejo (1865–1871)**. Durch die politische Instabilität und die Terrorherrschaft der verschiedenen

Caudillos blieb Bolivien während des 19. Jahrhunderts auch in seiner sozialen und wirtschaftlichen Entwicklung weit zurück.

Argentinien wurde nach der Unabhängigkeit vor allem durch den Gegensatz zwischen Zentralisten (Unitariern), die eine Dominanz der Provinz und Stadt Buenos Aires über den Rest des Landes befürworteten, und Föderalisten geprägt, die stärker die Gleichberechtigung auch der Binnen- und Flussprovinzen anstrebten. Juan Manuel de Rosas entstammte einer Familie, die seit Generationen zur kreolischen Elite zählte und damit für La Plata-Verhältnisse als alteingesessen galt. Er verfügte über große Estancias an der Indianergrenze, die einen Miniaturstaat bildeten, an dessen Spitze er stand. Das heißt, Rosas verfügte auch über eine umfassende regionale Klientel. Außerdem war er Militär und wurde 1827 Kommandeur der Miliz von Buenos Aires. Zu seiner wirtschaftlichen Bedeutung kam nun die höchste militärische Macht innerhalb der Provinz. Rosas kann somit als klassisches Beispiel eines Caudillos gelten. Als es 1829 wieder zu Machtkämpfen zwischen Unitariern und Föderalisten kam, griff Rosas ein und wurde noch im selben Jahr zum Gouverneur von Buenos Aires gewählt. Er bekannte sich offiziell zum Föderalismus und wurde entsprechend auch von den Föderalisten gestützt. Als Gouverneur von Buenos Aires erhielt er die Vollmacht, die gesamte Föderation der La Plata-Provinzen außenpolitisch zu vertreten. Der **Rosas-Staat (1829–1852)** wurde in gewisser Weise nach dem Vorbild seines Landbesitzes organisiert. Die Gesellschaft basierte auf dem *patrón-peón*-Verhältnis. Rosas war der höchste *patrón*, der Schutz und Sicherheit garantierte, aber als Gegenleistung Unterwerfung und Dienst für sich selbst forderte. Sein Ziel war Ordnung, eine Ideologie dagegen hatte er nicht und überzeugter Föderalist war er ebenso wenig. Einmal im Amt dachte und regierte er als Zentralist und stand für die Hegemonie von Buenos Aires. Die Sympathie des Volkes gewann er durch Demagogie, und die vorangegangene Anarchie machte sein Modell zunächst für breite Kreise attraktiv. Seine Machtbasis bildete die Estancia, die ihm Geld und ein stabiles Reservoir einer treu ergebenen Gefolgschaft sicherte. Die katholische Kirche wurde von ihm zu propagandistischen Zwecken instrumentalisiert. Zunehmende Unzufriedenheit mit dem Regime erforderte jedoch eine immer stärkere innenpolitische Kontrolle, die schließlich in ausgesprochenen Terror ausartete, der vor allem von der Geheimpolizei Mazorca ausgeübt wurde. Neueste Forschungen schätzen die Zahl der Todesopfer der Diktatur auf etwa 2.000 Menschen. Daneben wurde durch Enteignungen auch wirtschaftlicher Terror ausgeübt. 1848 begann Rosas, eine größere Kontrolle über ganz Argentinien anzustreben. Der Widerstand, der dann vier Jahre später zum Sturz von Rosas führte kam entsprechend aus der Provinz. Versucht man eine Bilanz der Diktatur Rosas' zu ziehen, so standen die Opfer in keinem Verhältnis zum Erfolg. Es gelang ihm zwar, den Gegensatz zwischen Buenos Aires und den Provinzen zeitweilig zu entschärfen, aber zu überwinden vermochte er ihn nicht. Die neuere Forschung erkennt an, dass Rosas den territorialen Besitzstand Argentiniens gewahrt hat. Zwar kam es nach seinem Sturz zunächst zu einer Trennung zwischen Buenos Aires und den Provinzen (1853–1862), aber danach schließlich zur endgültigen Einheit Argentiniens.

Paraguay hatte bereits in der Kolonialzeit die erwähnte Sonderentwicklung genommen, die zur frühen Ausbildung einer eigenen nationalen Identität beitrug und die von dem ersten Staatsoberhaupt und Diktator Paraguays, **José Gaspar Rodríguez de Francia (1813–1840),** weitergeführt wurde. Nachdem Francia nach einer vorangegangenen Konsulatsherrschaft 1814 zum Diktator auf Zeit gewählt worden war, übertrug ihm der Kongress von 1816 die Diktatur auf Lebenszeit. Seine Herrschaft war zunächst durch eine gegen die Spanier gerichtete Fremdenfeindlichkeit geprägt, was sich in einem Erbverfallsrecht und strikten Heiratsbeschränkungen äußerte. Europäer durften nur Indianerinnen heiraten. Darüber hinaus errichtete er eine paraguayische Nationalkirche, die völlig unabhängig von Rom war. Anfang der 20er Jahre schränkte er den Außenhandel stark ein, womit eine Politik der wirtschaftlichen Isolierung Paraguays eingeleitet wurde. Völlige wirtschaftliche Autarkie konnte jedoch nicht erreicht werden, weshalb einige Handelskontakte mit Brasilien bestanden, die de facto auch zu einer Anerkennung des unabhängigen Paraguay durch das brasilianische Kaiserreich führten. Paraguay erlebte als einziger hispanoamerikanischer Staat direkt nach der Unabhängigkeit eine in jeder Hinsicht stabile Entwicklung. Kahle schreibt zusammenfassend über die Diktatur Francias: »... während Amerika von den Stürmen der Bürgerkriege verheert wurde, lag Paraguay wie eine Insel des Friedens in diesem Meer des Aufruhrs«.

Mexiko wurde im ersten halben Jahrhundert seiner Unabhängigkeit von der Auseinandersetzung zwischen Liberalismus und einem stark an kirchlichen Interessen orientierten Konservatismus geprägt, die von permanenten Bürgerkriegen begleitet war und immer wieder zu Militärputschen führte. Nachdem sich in den 50er Jahren erstmalig die Liberalen unter Benito Juárez mit einem wirklichen Reformprogramm durchzusetzen vermochten, kam es zu einer französischen Intervention, die sich mit der Errichtung des zweiten mexikanischen Kaiserreiches auf die konservativen Kreise stützen wollte. Ein erneuter Bürgerkrieg war die Folge, der zum Sieg von Juárez führte, ohne dass eine wirkliche Stabilisierung des politisch und wirtschaftlich erschütterten Landes erreicht wurde. Erst die mehr als dreißigjährige Diktatur des Generals **Porfirio Díaz (1877–1880 und 1884–1911)** brachte dem Land erstmalig dauerhafte politische Stabilität. Erst unter Díaz gelang es, von der zentralstaatlichen Ebene aus das gesamte Staatsterritorium zu kontrollieren. Es setzte in Mexiko eine staatliche und wirtschaftliche Modernisierung ein, die sich unter anderem im Ausbau der Eisenbahn widerspiegelt. Das wachsende Schienennetz vereinfachte nicht nur die politische und administrative Kontrolle aller Landesteile sondern auch die wirtschaftliche Erschließung und Integration. Von 700 im Jahr 1880 stiegen die Eisenbahnkilometer Mexikos im Porfiriat über annähernd 14.000 im Jahr 1900 auf fast 20.000 um 1910. Von der Modernisierung konnten allerdings nur die oberen Schichten profitieren, insbesondere die so genannten *científicos*, die im Wesentlichen aus Finanz- und Wirtschaftsfachleuten bestanden und ein stark sozialdarwinistisch orientiertes Modernisierungskonzept vetraten. Die Mehrheit der Mexikaner dagegen lebte in Armut. Eine politische Partizipation wurde neben den unteren Bevölkerungs- und entstehenden Mittelschichten auch einem großen Teil der wirtschaftlichen Eliten verweigert, so dass von ihnen der Widerstand ausging, der den

Sturz von Díaz herbeiführte. Dies geschah durch die 1911 ausbrechende Mexikanische Revolution, in deren Verlauf sich dann aber auch Teile der unteren Bevölkerungsschichten organisieren und für ihre Rechte kämpfen sollten.

Die politische Herrschaft in Lateinamerika wurde auch zu Beginn des 20. Jahrhunderts nach wie vor von den jeweiligen Oligarchien der einzelnen Staaten unter weit gehendem Ausschluss der anderen Bevölkerungsteile ausgeübt. Zwar beruhte das politische System im Allgemeinen auf republikanisch-demokratischen Verfassungen, die theoretisch die Volkssouveränität vorsahen, aber in der Praxis waren es entweder unverschleierte Diktaturen oder – durchaus in gewissem Turnus – wechselnde Präsidenten, die aber nicht frei gewählt wurden, sondern gestützt durch die Oligarchien über den bereits im Zusammenhang mit Spanien beschriebenen Mechanismus des *caciquismo* an die Macht kamen (vgl. S. 90–91). Die Abgrenzung zwischen dem für das ausgehende 19. und das 20. Jahrhundert auf der politischen Ebene typischen *caciquismo* im Gegensatz zum *caudillismo*, der für die Epoche nach der Unabhängigkeit charakteristisch war, ist in vieler Hinsicht unscharf. Generell kann man jedoch feststellen, dass ein zentraler Unterschied die stark militärische Basis des Caudillo war, während der Kazike eher über eine Ämterlaufbahn in die Position eines Provinzgouverneurs oder Staatspräsidenten aufstieg. War das Charisma für den typischen Caudillo unverzichtbar eine wesentliche Voraussetzung für die Legitimierung seiner Herrschaft im Sinne Max Webers, so bedurfte der Kazike eines solchen Charismas nicht unbedingt, da er sich auf informelle Strukturen und Netzwerke eines weit verzweigten Familienclans oder auch entstehender Parteien und Gewerkschaften stützen konnte, ohne eine charismatische Herrschaft ausüben zu müssen. Die Unterschiede verdeutlichen also auch die allmählichen Veränderungen der lateinamerikanischen Gesellschaften. Abnehmende bürgerkriegsähnliche Zustände verhinderten den Aufstieg neuer Caudillos, während eine beginnende Parteienbildung, entstehende Gewerkschaften und die Ausdehnung zentralstaatlicher Herrschaft auf das gesamte Territorium eines Staates auch den politischen Aufstieg über soziale Netzwerke und damit verbundene Ämterkarrieren möglich machten. Diese

Prozesse waren jedoch langsam, regional sehr unterschiedlich, und in der Gestalt mancher Diktatoren vermischen sich die verschiedenen Elemente caudillistischer und kazikistischer Herrschaft. Die Ausdehnung der Macht der Zentralregierung auf alle Territorien des Staates war ebenfalls ein wichtiges und allgemeines Charakteristikum ganz Lateinamerikas, das bereits durch den Eisenbahnbau infrastrukturell etwas erleichtert wurde. Vollständig erreicht werden konnte die Integration auch abgelegener Gebiete jedoch erst durch vermehrten Straßenbau seit den 50er Jahren und durch die nationalen Flugverbindungen.

Um 1930 kam es in vielen lateinamerikanischen Staaten zu einer Auflösung oder zumindest Lockerung der **oligarchischen Herrschaft**. Das bedeutete eine Teilnahme breiterer Bevölkerungsgruppen an der politischen Herrschaft, ohne dass allerdings eine vollständige Demokratisierung einsetzte. Durch Wahlrechtserweiterungen, die die politische Partizipation breiter Bevölkerungsteile brachten, wurde die Alleinherrschaft der Oligarchien einerseits durchbrochen. Andererseits bewirkten Veränderungen in der Struktur des Militärs eine stärkere Wahrnehmung und Vertretung der Interessen des Mittelstandes. Europäische Militärmissionen, die von lateinamerikanischer Seite zur Modernisierung ihrer Streitkräfte gefördert wurden, leisteten dazu einen wichtigen Beitrag. Angesehene Offiziere, die aus der Mittelschicht stammten, bewirkten, dass die Streitkräfte nicht mehr unbedingt die oligarchischen Systeme stützten, sondern auch aus dieser Richtung eine breitere politische Beteiligung gefordert und durchgesetzt wurde. Eine solche Aufbrechung der Herrschaft der Oligarchie setzte in Mexiko und im südlichen Südamerika (Argentinien, Uruguay, Chile) bereits in den ersten Jahrzehnten des 20. Jahrhunderts ein, während die mittelamerikanischen und karibischen Staaten bis weit in das 20. Jahrhundert kontinuierlich von den jeweiligen Landeseliten unter Ausschluss der Masse der Bevölkerung regiert werden konnten. In Mexiko wurde mit der 1910 beginnenden Revolution die traditionelle oligarchische Herrschaft am frühesten und radikalsten beendet.

Die Alternativen zur oligarchischen Herrschaftsform sahen in den einzelnen lateinamerikanischen Staaten unterschiedlich aus. In den großen Staaten Mexiko und Brasilien wurde die politische Herrschaft seit den dreißiger, in Argentinien seit den vierziger Jahren von **populistisch-korporatistischen Regimen** übernommen. Die nach politischer Einflussnahme drängenden mittleren und unteren Bevölkerungsschichten wurden über die Einbindung und zentraler Kontrolle unterworfenen Gewerkschaften und anderer Körperschaften (oder Korporationen: daher der Begriff korporatistisch) zumindest scheinbar an der Herrschaft beteiligt. In jedem Falle aber wurden soziale Maßnahmen von oben ergriffen, um den Bedürfnissen auch dieser Schichten entgegenzukommen. Der wesentliche Unterschied zu der vorangegangenen oligarchischen Herrschaft, die ausschließlich im Interesse einer schmalen Elite ausgeübt worden war, bestand in einer stärker auf das Gemeinwohl zielenden Politik, die sich durch bestimmte populäre (oder populistische: daher der Begriff populistisch) Maßnahmen auszeichnete. Lázaro Cárdenas (1934–1940) in Mexiko, Getulio Vargas (1930–1954) in Brasilien und Juan Domingo Perón in Argentinien (1943–1955) leiteten diese Politik ein. Zunächst wird im Folgenden die Mexikanische Revolution skizziert werden und anschließend die Regierung von Getulio Vargas in Brasilien.

In der **Mexikanischen Revolution** entluden sich die gesellschaftlichen Widersprüche, die in der vorangegangenen Epoche des Porfiriats entstanden waren. Während die Masse der Bevölkerung, vor allem die Landarbeiter, weder am wirtschaftlichen Fortschritt Mexikos im ausgehenden 19. Jahrhundert partizipiert hatte, waren auch weite Teile der entstandenen Mittel- und neuen Oberschicht von einer politischen Mitbestimmung ausgeschlossen. Die Mexikanische Revolution teilt sich (nach Hans Werner Tobler) in zwei Großphasen. Die **Bürgerkriegsphase** reichte von **1910 bis 1920**, während die **Stabilisierungs- und Reformphase von 1920 bis 1940** dauerte. Der erste Anstoß der Revolution kam aus der neuen Wirtschaftselite des Nordens, wo **Francisco Madero**, ein reicher Landbesitzer, dessen Familie auch in der Industrie und im Bankenwesen bedeutend war, gegen eine erneute Wiederwahl von Porfirio Díaz antrat. Nachdem Díaz nicht auf eine Wiederwahl verzichtet hatte, kam es unter Maderos Führung zu einer bewaffneten Aufstandsbewegung im Norden (Coahuila, Sonora, Chihuahua und Sinaloa), und gleichzeitig begann im Süden (Morelos, Guerrero) unter **Emiliano Zapata** ein Bauernaufstand, der von Beginn an sozialreformerische Ziele hatte. Im Oktober 1911 wurde Madero Präsident, hatte aber sogleich mit einer Opposition zu kämpfen, die aus militärischen Rivalen seiner eigenen Schicht bestand und aus den radikaleren Aufständischen in Südmexiko. 1913 übernahm General Victoriano Huerta in einem Staatsstreich die Macht, um die Lage in Mexiko zu stabilisieren. Im nun folgenden Bürgerkrieg gegen das **Huerta-Regime** bildeten sich zwei große Bewegungen heraus, die **Konstitutionalisten** und die **Konventionisten**. Im Norden trat einerseits Venustiano Carranza an die Spitze der revolutionären Bewegung, um wieder verfassungsmäßige Verhältnisse herzustellen, die von Huerta außer Kraft gesetzt waren (daher Konstitutionalisten), andererseits führte der ehemalige *peón* **Pancho Villa** ebenfalls im Norden (Chihuahua) einen zweiten Teil der Aufstandsbewegung, der radikalere Maßnahmen im Agrarbereich forderte. Eine dritte Bewegung war nach wie vor die von Zapata im Süden. Nachdem Huerta 1914 gestürzt worden war, schlossen sich die Bewegungen von Pancho Villa und Emiliano Zapata (daher Konventionisten) schließlich gegen die Konstitutionalisten zusammen, konnten jedoch von diesen militärisch besiegt werden. Unter der **Regierung Carranzas (1917–1920)** wurden aber dennoch Reformen festgelegt, die ihren fortschrittlichen Ausdruck in der **Verfassung von 1917** fanden. Auf dem Papier wurde die Schuldknechtschaft (*peonaje*) abgeschafft, der Achtstundentag und ein Minimallohn eingeführt, es wurde eine Landreform zu Gunsten der Dörfer und Kleinbauern vorgesehen, die Bodenschätze wurden nationalisiert und die Entmachtung der Kirche festgelegt. Die Verfassung wurde jedoch in den folgenden Jahren kaum in die Wirklichkeit umgesetzt. Die erste Großphase der Mexikanischen Revolution wurde also im Wesentlichen durch die Entmachtung der Eliten des Porfiriats gekennzeichnet, während keine bedeutenden Eigentumsverschiebungen stattfanden und auch das Eigentum des Auslandes in Mexiko weitgehend nicht angetastet wurde. An dieser grundsätzlichen Richtung änderte sich auch zwischen 1920 und 1934 wenig, als es unter den beiden aus Sonora stammenden Präsidenten, Alvaro Obregón und Plutarco Elías Calles, zu einer politischen Stabilisierung in Mexiko kam. Der 1929 gegründete *Partido Nacional Revolucionario* (PNR) war eine von oben gegründete Regierungspartei, die die zunehmende Kontrolle aller gesellschaftlichen Kräfte ermöglichte. Der linke Flügel der Partei forderte eine konsequente Umsetzung der in der Verfassung festgeschriebenen Agrarreform und konnte sich bei der Präsidentschaftswahl von 1934 mit **Lázaro Cárdenas** durchsetzen. Unter seiner Regierung, nahm das politische System Mexikos korporatistisch-populistische Züge an, wie sie sich damals auch in Brasilien unter Vargas zeigten. Allerdings gingen die sozialen Reformen, die vor allem die Agrarreform endlich umsetzten und die ausländischen Ölgesellschaften nationalisierten, wesentlich weiter als in Brasilien.

Nachdem Kaiser Pedro II. abgedankt hatte, begann in **Brasilien** die Phase der so genannten **Alten Republik (1889–1930)**, die stark durch den *caciquismo* geprägt war. Patrone oder Kaziken dominierten die Politik auf lokaler Ebene und konnten auf Grund von weit reichenden Familiennetzwerken ihre Macht bis auf die zentralstaatliche Ebene ausweiten. Das Kazikentum wurde für Brasilien am Beispiel des nordöstlichen Bundesstaates Paraíba nachgewiesen, wo das mächtige Familiennetz der Pessoas bestimmend war, und ein Mitglied des Clans, Epitácio Pessoa, war von 1918 bis 1922 Staatspräsident. Die Opposition äußerte sich seit 1922 vor allem in der Leutnantsbewegung innerhalb des Militärs. Die jungen Offiziere (*tenentes*) strebten eine Brechung der oligarchischen Herrschaft an. Mit Unterstützung des Militärs gelangte 1930 der Gouverneur von Rio Grande do Sul, **Getulio Vargas**, an die Regierung. Vargas etablierte in der Form des **Estado Novo** ein populistisch-korporatistisches Regime in Brasilien. Charakteristisch für dieses System war die Stärkung des Militärs und die gleichzeitige Stärkung der städtischen Arbeiterschaft und der Industriellen. Es wurden umfangreiche Sozialgesetze erlassen, aber die Gewerkschaften wurden vollständig dem Staat unterstellt, so dass eine unabhängige Interessenvertretung nicht möglich war. Trotzdem war dies das erste Mal, dass der brasilianische Staat sich den Bedürfnissen unterer gesellschaftlicher Schichten annahm, wobei allerdings der hohe

Anteil der Landarbeiter nicht berücksichtigt wurde. Eine Stärkung des Zentralstaates gegenüber den Gliedstaaten wurde dadurch erreicht, dass Vargas ihm getreu ergebene Gouverneure einsetzen ließ und über dikatatorische Strukturen eine wirkungsvolle politische Opposition unmöglich machte.

Eine andere Alternative zur oligarchischen Herrschaft stellte die **kooptative Demokratie** dar, d. h. die herrschenden Oberschichten gewährten wirtschaftlich aufgestiegenen und nach politischer Mitbestimmung strebenden Mittelschichten eine Teilnahme an der politischen Herrschaft. Mittlere gesellschaftliche Schichten wurden in die Herrschaft einbezogen, kooptiert. Eine besondere Rolle spielten dabei auch die so genannten Volksfrontregierungen. Als Reaktion auf die faschistische und nationalsozialistische Bewegung in Europa hatte der Generalsekretär der Kommunistischen Internationalen (Komintern) 1935 eine Zusammenarbeit zwischen Kommunisten, Sozialdemokraten und linksorientierten Kräften aus dem bürgerlichen Lager empfohlen, um Mehrheiten gegen die neuen rechten Bewegungen zu ermöglichen. In Lateinamerika bildeten sich solche Bündnisse gegen die populistisch-korporatistischen Alternativen zur oligarchischen Herrschaftsform heraus. Die Form der kooptativen Demokratie bis hin zu wirklich demokratischen Strukturen war besonders charakteristisch für Kolumbien, Chile und am fortgeschrittensten für Uruguay. Diese Tendenz politischer Entwicklung wird am Beispiel Kolumbiens im Folgenden kurz vorgestellt.

Kolumbien wurde traditionell von den zwei politischen Strömungen der Konservativen und Liberalen geprägt. Grundsätzlich vertraten sie verschiedene Gesellschaftsmodelle, die sich vor allem dadurch unterschieden, dass die Konservativen der katholischen Kirche eine besondere Stellung innerhalb der Gesellschaft zudachten, während die Liberalen das Konzept einer strikten Trennung von Kirche und Staat vorsah. Ansonsten gab es jedoch keine fundamentalen Unterschiede innerhalb der politischen und wirtschaftlichen Konzepte von Liberalen und Konservativen. Dennoch wurden die Kolumbianer durch diese politischen Richtungen und die von ihnen ausgetragenen Konflikte seit dem 19. Jahrhundert in zwei Lager geteilt. Bis 1880 wurde das allgemeine Männerwahlrecht eingeführt, das jedoch durch die kolumbianische Variante des *caciquismo* manipuliert wurde. Die so genannten *gamonales* überwachten die Bauern auf lokaler Ebene bei den Wahlen. Bis 1934 lösten sich Konservative und Liberale in der Regierung ab. Unter dem liberalen Präsidenten **Alfonso López Pumarejo**, der 1934 an die Macht kam, wurde erstmalig eine umfassende Finanz-, Agrar- und Bildungsreform geplant, die *revolución en marcha*. Daraufhin wandten sich nicht nur die Konservativen sondern auch große Teile der eigenen Partei gegen Pumarejo, so dass die Kommunistische Partei sich 1936 entschloss, mit dem liberalen Präsidenten eine **Volksfrontregierung** zu bilden. Dennoch konnte Pumarejo sich gegenüber den gegnerischen Kräften, die massiv von der Kirche unterstützt wurden, nicht halten. 1938 trat ein anderer liberaler Präsident die Regierung an. Als Pumarejo von 1942 bis 1945 zum zweiten Mal Präsident wurde, unterstützten ihn wieder die Kommunisten. Aber zu einer Wiederaufnahme der *revolución en marcha* kam es nicht. In dieser Zeit kam es zu populistisch-korporatistischen Gegenbewegungen in Kolumbien, die eine nach italienisch-faschistischem Vorbild unter Jorge Eliécer Gaitán, die andere nach spanisch-franquistischem Vorbild (Klerikalismus) unter Laureano Gómez. Als 1947 Kommunal- und Regionalwahlen stattfanden, wurde das schon lange in der kolumbianischen Gesellschaft schwelende Gewaltpotential freigesetzt, dass sich seitdem im Phänomen der so genannten *violencia* entlud. Die *violencia* stellt den Versuch dar, mit Gewalt individuelle oder auch kollektive Interessen durchzusetzen, ohne dass sich dahinter sozialrevolutionäre Ambitionen erkennen lassen. Die *violencia* konnte nie vollständig eingedämmt werden, auch wenn seit 1958 mit dem *Frente Nacional* liberal-konservative Koalitionsregierungen versuchten, eine gesellschaftliche Stabilität zu erzeugen.

Die Formen der populistisch-korporatistischen Regime oder kooptativen Demokratien bestimmten die politische Landschaft eines großen Teiles Lateinamerikas bis in die sechziger Jahre. Die um diese Zeit häufiger auftretenden Konflikte zwischen den herrschenden Gruppen und den nach mehr Einfluss strebenden unteren Bevölkerungsschichten stellten die überkommenen

Herrschaftsformen erneut in Frage. Politische, wirtschaftliche und soziale Forderungen von Arbeitern und Bauern wurden als so bedrohlich empfunden, dass nun das Militär in vielen Staaten die Macht übernahm und die neuen Forderungen gewaltsam unterdrückte. Die Kubanische Revolution (1956/1959), die erstmalig in einem lateinamerikanischen Staat den Sozialismus etablierte, wirkte insgesamt abschreckend auf die herrschenden Eliten unter Einschluss des Militärs und trug zu dieser scharfen Reaktion bei. Begünstigend für die Militärs wirkte der kalte Krieg, der eine Unterstützung autoritärer Regime durch die USA unter dem Vorzeichen des Antikommunismus garantierte. Die **Militärdiktaturen seit den 60er Jahren** waren nicht mehr so stark personengebunden, sondern wurden häufig von mehreren aufeinander folgenden Militärs ausgeübt. Diese Phase reichte bis in die **achtziger Jahre**, als eine (Re-) **Demokratisierung** einsetzte. Nach einer Skizzierung der Kubanischen Revolution, die nachhaltig und unter Einfluss der USA auf die gesamte lateinamerikanische Politik in der zweiten Hälfte des 20. Jahrhunderts wirkte, wird am Beispiel Chiles und Uruguays diese Periode der lateinamerikanischen Geschichte erläutert.

Von 1898, der unter US-amerikanischer Dominanz erfolgten Unabhängigkeit **Kubas**, bis 1959, der Machtübernahme Fidel Castros, lässt sich die Geschichte des Landes grob in zwei Phasen einteilen. Bis 1934 währte die Phase der Ersten Republik, die sehr stark durch die kubanische Abhängigkeit von den USA geprägt war. Das Platt-Amendment, der Zusatz zur kubanischen Verfassung, erlaubte den Vereinigten Staaten, bestimmend in die Gestaltung kubanischer Politik einzugreifen. Von 1934 bis 1959 dauerte die Zweite Republik, deren neue politikbestimmende Kräfte die Mittelschichten, die Streitkräfte und die Gewerkschaftsbewegung wurden. Am Anfang der Zweiten Republik stand 1934 die Aufhebung des Platt-Amendments und damit ein spürbarer Rückgang des US-amerikanischen Einflusses auf die Politik und ein in der Folge parallel laufender Rückgang US-amerikanischen Einflusses auf die Zuckerwirtschaft, weshalb dieser Prozess auch als *cubanización* bezeichnet wird. Seit den vierziger und fünfziger Jahren wurde Kuba innerhalb der Zweiten Republik durch die Diktatur des Generals **Fulgen-**

cio Batista geprägt. Seine Regierung, die in den Anfängen noch von Teilen der Kommunisten unterstützt worden war, stand auch in einem einvernehmlichen Verhältnis mit den Vereinigten Staaten. Innerhalb der kubanischen Opposition, die sich gegen die Diktatur formierte, trat seit Anfang der fünfziger Jahre **Fidel Castro** hervor, der seit Mitte 1952 einen Angriff auf die Moncadakaserne in Santiago de Cuba plante, um eine Bewaffnung der Bevölkerung zu ermöglichen. Der Angriff auf die Kaserne am 26. Juli 1953 scheiterte jedoch, und Castro verbrachte die folgenden zwei Jahre im Gefängnis, bis er nach einer Generalamnestie nach Mexiko ausreisen konnte. 1956 kehrte Castro nach Kuba zurück und begann einen immer erfolgreicher werdenden Guerillakrieg, der Batista in der Nacht des 31. Dezember 1958 zur Flucht aus Kuba zwang. Im Zentrum der neuen Politik seit 1959 stand Castros **Agrarreform**, die Großgrundbesitz, Batistaanhänger und nordamerikanische Zuckergesellschaften enteignete. Die feindliche Haltung der USA trug wesentlich mit dazu bei, dass Castro sich immer stärker an die Sowjetunion anlehnte, sich schließlich ganz auf den Marxismus stützte und ein **sozialistisches Kuba** errichtete. Die Außenpolitik der USA wurde innerhalb des amerikanischen Kontinentes in der Folge von der Maxime mitbestimmt, dass ein zweites Kuba, das heißt ein zweiter sozialistischer Staat in Lateinamerika, nicht geduldet werden würde. Neben den mittelamerikanischen Staaten war von dieser außenpolitischen Tendenz der USA besonders Chile betroffen.

Bis 1970 wurde **Chile** von dem oben beschriebenen Modell der kooptativen Demokratie geprägt, in der von 1938 bis 1949 Volksfrontregierungen bestimmend waren. Seitdem konkurrierten drei ideologische Blöcke um die Regierungsmacht, die Rechte, die Christdemokraten (Partido Demócrata-Cristiano: PDC) und die Vereinigte Linke (Frente de Acción Popular: FRAP), an deren Spitze **Salvador Allende** stand. Zwischen 1958 und 1964 regierten die Rechten, zwischen 1964 und 1970 die Christdemokraten, die erstmalig mit einer Landreform in Chile begannen. 1970 gewann erstmalig der Präsidentschaftskandidat des FRAP, Allende, die Wahlen, ohne jedoch eine eindeutige Mehrheit zu haben. Zwischen 1970 und 1973 erlebte Chile unter der sozialistischen Politik Allendes, die von der chilenischen Opposition ebenso wie von den USA torpediert wurde, ein wirtschaftliches Desaster. Chile wurde aus US-amerikanischer Sicht und aus der Sicht der lateinamerikanischen, insbesondere der chilenischen Eliten, zu einem potentiellen zweiten Kuba. 1973 putschte das chilenische Militär unter General **Augusto Pinochet** und leitete in Chile die für ganz Lateinamerika in dieser Zeit typische **Militärdiktatur** ein. Eine zunehmende Opposition seit den achtziger Jahren führte 1988 eine Volksabstimmung und ein Jahr später,1989, die ersten freien Wahlen Chiles nach 1970 herbei, die der Kandidat des Parteienbündnisses für die Demokratie gewann, Patricio Aylwin vom PDC.

Im selben Jahr 1973, in dem in Chile die Militärdiktatur errichtet wurde, geschah dies auch in **Uruguay**. Das kleine Land am Río de la Plata hatte in der ersten Jahrhunderthälfte eine Entwicklung genommen, die früher als irgendwo sonst in Lateinamerika politische und soziale Reformen durchführte, die eher mit Europa vergleichbar waren. Das Land wurde auch als »die Schweiz Südamerikas« bezeichnet. Dieser Prozess wurde am Ende der Bürgerkriegsphase mit dem Regierungsantritt des Präsidenten **José Batlle y Ordóñez (1903–1930)** eingeleitet. Allgemeines und gleiches Wahlrecht für Männer, die radikale Trennung von Staat und Kirche, Altersrente und Mindestlöhne für Landarbeiter wurden in dieser Zeit eingeführt. Es waren vor allem die wirtschaftlichen Probleme nach der Weltwirtschaftskrise von 1930 und dann in den fünfziger und sechziger Jahren, die die so genannte Lateinamerikanisierung Uruguays bewirkten. Ende der sechziger Jahre ging die Regierung immer repressiver, auch mit militärischer Hilfe, gegen die Opposition vor, die sich am radikalsten in den Terrorakten des *Movimiento de Liberación Nacional Tupamaros* äußerte. 1973 übernahmen die Militärs die Regierung Uruguays, und erst 1984 fanden wieder freie Wahlen statt, die zum ersten Mal Julio Sanguinetti ins Präsidentenamt brachten.

In **Mittelamerika** und den **karibischen Staaten** kam es zu keiner nachhaltigen Aufbrechung oligarchischer Herrschaft wie in Südamerika. Fehlende Mittelschichten machten den Kontrast zwischen Reich und Arm hier noch deutlicher als in den anderen

Staaten Lateinamerikas und verhinderten eine Überwindung oligarchischer Herrschaft von oben. Im Gegenteil waren hier bis in die zweite Hälfte des 20. Jahrhunderts Diktaturen typisch, die von Familienclans wie den Somozas in Nicaragua oder den Duvaliers in Haiti ausgeübt wurden. Diese **Familiendiktaturen** dienten ausschließlich den wirtschaftlichen Interessen der Oberschicht und vor allem des eigenen Clans, trugen durch keinerlei Maßnahmen zum gesellschaftlichen Allgemeinwohl bei und wurden fast uneingeschränkt von den Vereinigten Staaten unterstützt, um jede Möglichkeit einer sozialistisch-radikalen Lösung der Probleme der unteren Bevölkerungsschichten zu verhindern. Auch hier setzte, allerdings zeitlich sehr unterschiedlich, eine Demokratisierungstendenz ein, die sich in den 70er Jahren in Mittelamerika in zahlreichen Volksfrontbewegungen äußerte und in der Karibik zuletzt 1986 mit dem Sturz des Duvalier-Regimes in Haiti vorläufig abschloss. Am Beispiel Nicaraguas werden einige Entwicklungstendenzen verdeutlicht.

In Mittelamerika und der Karibik begann das 20. Jahrhundert mit der unmittelbaren Einflussnahme der Vereinigten Staaten, wie bereits am kubanischen Beispiel deutlich wurde. Ebenso wie Haiti und die Dominikanische Republik wurde auch **Nicaragua** zeitweilig von US-amerikanischen Truppen besetzt (1912–1933). Führer der Guerrilleros, die sich gegen die nordamerikanische Fremdherrschaft auflehnten, war **Augusto César Sandino,** nach dem sich später auch die Gegner der Familiendiktatur der Somozas benennen würden. Nach dem Abzug der nordamerikanischen Truppen wurde Sandino 1934 im Auftrag des Kommandanten der von den USA geschaffenen Nationalgarde ermordet, **Anastasio Somoza,** der 1937 Präsident wurde. Es kam zur Etablierung einer Familiendiktatur, die Nicaragua bis 1979 beherrschte. Die Somozas erwiesen sich als verlässliche Verbündete der USA im Kampf gegen den Kommunismus. So unterstützte Anastasio Somoza Ende der 40er Jahre die antikommunistischen Kräfte im Bürgerkrieg Costa Ricas, und 1961 unterstützte das Regime die Invasion der US-Amerikaner in der Schweinebucht auf Kuba. Daraufhin wurde die Sandinistische Nationale Befreiungsfront gegründet (*Frente Sandinista de Liberación Nacional*: FSLN). Daneben wuchs die Opposition auch in den Eliten der Gesellschaft, und 1978 kam es zu einer Annäherung zwischen der konservativen Opposition, zu der auch die Katholische Kirche gehörte und den Sandinisten in einer Volksfrontbewegung. Als **Anastasio Somoza Debayle** 1979 zum Rückzug gezwungen werden konnte, war dies im Wesentlichen aber das Verdienst der Sandinisten, die im Juli **1979** in Managua eine **Revolutionsregierung** einsetzten. 1981 begann eine umfassende Agrarreform in Nicaragua und eine Sozialpolitik, die beispielsweise im Bildungsbereich dazu führte, dass die Analphabetenquote von über 40% im Jahr 1979 auf 12% im Jahr 1985 zurückging. Die sozialistische Ausrichtung des sandinistischen Regimes und seine Zusammenarbeit mit sozialistischen Staaten des Ostblocks führten zu der massiv von den USA unterstützten **Contra-Bewegung**. Erst mit der Abwahl der Sandinisten 1990 konnte auch der Contra-Krieg der achtziger Jahre beendet werden.

Die Forschungsdiskussion um die monarchische Staatsform in Lateinamerika

Von den unabhängigen Staaten, die sich zu Beginn des 19. Jahrhunderts zunächst für eine Monarchie entschieden, war es nur das brasilianische Kaiserreich, das dauerhaften Bestand hatte. Die Monarchien in Mexiko und Haiti dagegen konnten sich nicht behaupten. Die Mehrheit der Hispanoamerikaner entschied sich ohnehin sofort mit der Unabhängigkeit für die Republik, wozu Günter Kahle kommentierend schreibt: »Die durch zahlreiche politische und wirtschaftliche Rückschläge sowie z.T. durch verheerende Bürgerkriege bestimmte Entwicklung ihrer Staaten gibt jedoch Anlass zu der Vermutung, dass von ihnen – zumindest für das 19. Jahrhundert – die falsche Entscheidung getroffen wurde« (»Das Problem der monarchischen Staatsform während der argentinischen Unabhängigkeitsepoche«: *Argentinien und Uruguay*, hrsg. v. T. Heydenreich und J. Schneider, Lateinamerika-Studien Bd. 12, München 1983). Bis zu einem bestimmten Grad kann man dieser Einschätzung sicherlich zustimmen. Das Scheitern der mexikanischen und haitianischen Monarchien zeigt jedoch auch, dass die Entscheidung für die Monarchie allein nicht genügte. Sowohl Iturbides als auch Dessalines Herrschaft war letztlich nichts anderes als eine Diktatur unter dem Deckmantel der Monarchie. Was beiden im Gegensatz zum brasilianischen Kaiser fehlte, war die Legitimation der europäischen Dynastie und damit der traditionalen Herrschaft im Sinne Max Webers. Während Pedro I. legitimer Thronfolger Portugals war und auf eine jahrhundertealte Tradition des Hauses Braganza zurückblicken konnte, stellten Iturbide und Dessalines allenfalls Caudillos dar, die während der Unabhängigkeitskriege militärische Verdienste erworben hatten und bestenfalls über eine charismatische Legitimation verfügten. Eine Durchsetzung der Monarchie in Lateinamerika war also vor allem auch deshalb unmöglich, weil die europäischen Dynastien, trotz entsprechender Angebote aus Lateinamerika vor allem an Spanien, nicht bereit waren, Sekundogenituren einzurichten. Die Diskussionen, wie sie damals von den Zeitgenossen über eine mögliche Einführung der Monarchie geführt wurden, sind insgesamt noch wenig erforscht. Dass es viele und auch einflussreiche Befürworter der Monarchie gegeben hat, wird in der Historiographie, wenn überhaupt, immer nur am Rande erwähnt. Die umfassendste Diskussion über die monarchische Staatsform fand im La Plata-Raum statt, wo es von Beginn der Unabhängigkeitsepoche an starke Argumente für die Errichtung einer Monarchie gab, und wo so bedeutende Persönlichkeiten wie Manuel Belgrano und José de San Martín zu ihren Befürwortern zählten. Noch 1816 plädierte Belgrano vor dem Kongress von Tucumán für die Errichtung einer konstitutionellen Monarchie, wobei hinter diesem Vorschlag mehrere Absichten standen. Zum Einen sollte Hochperu in einen unabhängigen La Plata-Staat einbezogen werden, indem man die zukünftige Hauptstadt nach Cuzco verlegen wollte. Zum Zweiten sollte die Integration der indianischen Bevölkerung erreicht werden, indem man mit der Wahl des Monarchen auf die Nachkommen der Inkadynastie zurückgreifen wollte. Drittens schließlich gedachte man, den Binnenprovinzen, die sich gegen eine Dominanz von Buenos Aires wehrten, entgegenzukommen. Ausführlich sind die Pläne für eine Monarchie im La Plata-Raum jüngst

in einer Studie von Reinhold Blaurock akribisch genau dargestellt worden. In der hervorragenden Einleitung zu diesem Buch
werden klar die Gründe für die bisher so mangelhafte Erforschung dieser Problematik erläutert. Dabei wird in einer kriti-
schen Betrachtung der argentinischen Historiographie vor allem
auf den Wunsch der nationalen Geschichtsschreibung verwiesen, die Republik aus der Retrospektive zu rechtfertigen und
damit die Diskussion um die Monarchie schlicht zu ignorieren
und zu verschweigen, zumal einige der großen Nationalhelden
wie Belgrano und San Martín damit auf der »falschen Seite« stehen würden. Die Einleitung demonstriert beispielhaft wie kri-
tisch man bei der Bearbeitung eines Themas die Historiographie
lesen kann und soll. (*Monarchische Ideen und Initiativen am Río
de la Plata zu Beginn der Unabhängigkeitsepoche (1808–1816)*,
Frankfurt a.M. u.a. 1998).

b) Die wirtschaftliche Entwicklung

Die Wirtschaft Lateinamerikas wurde während der Unabhängigkeitskriege weitgehend lahm gelegt mit Ausnahme Brasiliens,
wo kein Unabhängigkeitskrieg stattfand und das deshalb eher
von wirtschaftlicher Kontinuität geprägt war. Mit dem wirtschaftlichen Niedergang verband sich ein fallender Lebensstandard, und in Hispanoamerika kam es durch die Rückkehr der
meisten spanischen Kaufleute nach Europa zu einer Kapital-
flucht. Der Außenhandel, sowohl der Import als auch der
Export, ging stark zurück. Die wichtigste Veränderung, die die
Unabhängigkeit im ökonomischen Bereich mit sich brachte, war
die Aufhebung des Handelsmonopols der ehemaligen Mutterländer. Dadurch wurden der Binnenhandel Lateinamerikas und
ein bereits in Ansätzen vorhandenes Manufakturwesen durch
eine Importflut britischer Waren schwer getroffen. Die über die
Unabhängigkeitskriege hinausdauernde politische Instabilität in
den meisten Staaten wirkte sich lähmend auf die wirtschaftliche
Entwicklung aus. Es gab aber auch bis zur Jahrhundertmitte
viele Kontinuitäten im Vergleich zur Kolonialzeit. Unfreie
Arbeit war bis zur Jahrhundertmitte weiterhin dominierend.

Das Gemeindeland der Indianer blieb bis dahin noch weitgehend unberührt, und auch der Kirchenbesitz blieb unangetastet. Die gesamten Rahmenbedingungen bis zur Jahrhundertmitte bedingten insgesamt eine Stagnation der Wirtschaft. Der Umfang des internationalen Handels war 1850 kaum höher als gegen Ende der Unabhängigkeitskämpfe 1825.

Es gab jedoch regionale Unterschiede. Venezuela und der La Plata-Raum konnten die Exportraten der Kolonialzeit teilweise übertreffen. Venezuelas Agrarwirtschaft und die Viehwirtschaft des La Plata Gebietes waren bereits am Ende der Kolonialzeit auf den internationalen Markt ausgerichtet gewesen, so dass sie vom Freihandel in besonderer Weise profitierten. Bolivien und vor allem Mexiko, deren Exportwirtschaft auf den Silberbergbau ausgerichtet war, hatten am stärksten unter den Unabhängigkeitskriegen gelitten. Um die Minen wieder in Stand zu setzen, waren sie auf ausländisches Kapital angewiesen. Ihnen gelang es bis 1850 nicht, den Stand der Kolonialzeit wieder zu erreichen. 1810 hatte Mexiko an Wert fünfmal so viel wie die La Plata-Region ausgeführt, 1850 exportierte Mexiko nur noch doppelt so viel wie Argentinien. Durch die wesentlich größere Bevölkerung Mexikos war der Pro-Kopf-Export Argentiniens aber dreimal so hoch wie der Mexikos (Argentinien 1,1 Mill. Einwohner, Mexiko 7,6 Mill.). Der Versuch, den Bergbau durch britische Investoren wieder in Stand zu setzen, war ein Misserfolg. 1824/ 25 wurden allein 25 britische Bergbaugesellschaften gegründet, die in Lateinamerika tätig wurden. Einige deutsche kamen hinzu, doch fast alle erlebten Fehlschläge vor allem auf Grund der politischen Instabilität. Teilweise reichte aber auch das investierte Kapital nicht aus, um die Minen wieder in Stand zu setzen. Trotz des Rückzugs von ausländischem Kapital setzte seit den 1840er Jahren dann eine langsame Erholung im Bergbau ein. Silber blieb für Mexiko während des gesamten 19. Jahrhunderts Hauptexportprodukt, und auch Bolivien exportierte zunächst weiterhin Silber. Bis zur Jahrhundertmitte wurden in Lateinamerika weitgehend die traditionellen Bergbauprodukte der Kolonialzeit abgebaut. Bis 1850 kam als neues Produkt nur der Kupfer hinzu, der im Norden Chiles gewonnen wurde. Kupfer war wichtig für die Herstellung von Leitungen in der

Elektroindustrie, so dass seine wachsende Bedeutung bereits eine Auswirkung der Industriellen Revolution in Europa war.

Im Agrarsektor veränderten sich die Produkte im Vergleich zur Kolonialzeit in den einzelnen Regionen stärker als im Bergbau. Hier gewannen nichttraditionelle Exportprodukte an Bedeutung. In Brasilien verlagerte sich der Export immer mehr auf den Kaffee, der um die Jahrhundertmitte ca. 50% der Gesamtexporte ausmachte, während in der Kolonialzeit vor allem Gold, Diamanten und Viehprodukte dominiert hatten. Auch in Kolumbien, das zuvor fast nur Gold ausgeführt hatte, wurde zunehmend Kaffee angebaut. Costa Rica, das in der Kolonialzeit stark auf Tabak ausgerichtet war, exportierte in den 1830er Jahren zum ersten Mal Kaffee und expandierte mit diesem Produkt immer stärker. Venezuela und Ecuador blieben zunächst bei dem traditionellen Kakao. Venezuela exportierte außerdem Häute und andere Rinderprodukte aus den Llanos. Argentiniens Viehwirtschaft expandierte in den 1830er und 1840er Jahren. Um die Jahrhundertmitte gab es in Buenos Aires zahlreiche *saladeros*, in denen das Fleisch für den Export präpariert wurde. Die wichtigsten Abnehmer waren Brasilien und Kuba, wo das Salzfleisch als Sklavennahrung diente. Das spektakulärste nichttraditionelle Exportprodukt war der peruanische Guano. Es handelt sich um Vogelmist, der zur Düngung Verwendung findet. Von einem Ausgangspunkt von 0 im Jahr 1840 erreichte der Guano in den 1850er Jahren ein Exportvolumen von 350.000 Tonnen jährlich. In diesem Jahrzehnt machte er etwa 60% der peruanischen Exporte aus.

Zieht man eine Bilanz der lateinamerikanischen Exportwirtschaft um 1850, so lässt sich feststellen, dass die Exportleistung dort besonders schlecht war, wo auf traditionelle Exportprodukte gesetzt wurde und dieser Zweig während oder unmittelbar nach der Unabhängigkeit besonderen Schaden genommen hatte. Das traf insbesondere für das mexikanische und bolivianische Silber zu. Dort, wo der anfängliche Niedergang nur gering war, wie in Argentinien, oder wo mit nichttraditionellen Exportgütern auf die internationale Nachfrage reagiert werden konnte, wie in Peru und Brasilien, kam es zu einem starken Wachstum der Exportraten. Der Spitzenreiter war Uruguay auf

Grund seiner niedrigen Bevölkerungsrate und den Reexporten aus Argentinien und Brasilien, denn ein nicht unbeträchtlicher Teil des Handels der gesamten Großregion lief über Montevideo. Hohe Exportraten hatten auch Chile und Costa Rica. Die anderen Staaten hatten eher niedrige Exportraten. In manchen Ländern, z.B. Kolumbien, lag das daran, dass traditionelle Produkte nur teilweise durch neue kompensiert werden konnten (Tabak und Kaffee statt Gold). In einigen Fällen wurde der Niedergang oder die Stagnation der traditionellen Exporte nicht durch neue Produkte aufgefangen. In der Dominikanischen Republik, aber vor allem in Haiti, hinterließ die zerstörte Zuckerproduktion ein riesiges Loch in der Wirtschaft. Davon konnten wiederum die noch verbleibenden spanischen Kolonien Kuba und Puerto Rico profitieren, die zu bedeutenden Zuckerinseln aufstiegen. Bolivien fand keinen Ersatz für den Silberexport. Paraguay und Guatemala wiesen mit den niedrigsten Exporten pro Kopf die schlechtesten Werte auf, was allerdings daran lag, dass beide Staaten sich in der ersten Hälfte des 19. Jahrhunderts bewusst gegen das Modell der Exportwirtschaft entschieden. Das Paraguay unter Francia hatte sich ökonomisch weitgehend isoliert, und einen ähnlichen Weg beschritt auch Guatemala unter Präsident Rafael Carrera (1838–1865). Insgesamt ist die Bilanz negativ: von der Unabhängigkeit bis ca. 1850 ist das Exportwachstum in Lateinamerika eher gering. Eine direkte Stimulation anderer Wirtschaftszweige durch den Export gab es nur in Chile mit der Kupferverarbeitung und im La Plata-Raum mit der Fleischverarbeitung.

In der zweiten Hälfte des 19. Jahrhunderts, von der Jahrhundertmitte bis zum Ersten Weltkrieg, folgten alle lateinamerikanischen Staaten dem **exportbestimmten Wachstumsmodell**. Um 1850 herrschte eine weit gehende Übereinstimmung, dass Rohstoffexporte und Kapitalimporte zum wirtschaftlichen Fortschritt führen würden. Die Gefahren dieses Wachstumsmodells wurden unterschätzt. Die schlechteste Situation für einen Staat musste sich ergeben, wenn ein einzelnes Exportprodukt für nur einen Abnehmermarkt ohne Stimulierung der Nichtexportwirtschaft des Landes durch den Exportsektor erfolgte. Dadurch war ökonomisch keinerlei Flexibilität gegeben, auf unerwartete

Änderungen zu reagieren. Das gesamte Modell musste unter solchen Bedingungen ein Fehlschlag sein. Die Entwicklung in den einzelnen Ländern verlief unterschiedlich.

Von ca. 1850, aber besonders seit den 1870er und 1880er Jahren, bis 1914 stiegen zahlreiche neue Exportprodukte auf Grund der Industriellen Revolution zunehmend in ihrer Bedeutung. Die Dominanz der Edelmetallexporte aus der Kolonialzeit wurde endgültig überwunden, wie sich in Kolumbien durch den Kaffee und Brasilien durch Kaffee und Kautschuk zeigte. In einigen Regionen, den traditionellen Silberbergbaugebieten Mexiko und Bolivien, war dies ein sehr langsamer Prozess. 1913 war Mexiko das einzige lateinamerikanische Land, dessen Hauptausfuhrprodukt noch ein Edelmetall war. Aber in Bolivien lagen Silber (hinter Zinn) und in Kolumbien Gold (hinter Kaffee) immer noch auf dem zweiten Platz. Die Zurückdrängung der traditionellen Edelmetalle bedeutete aber nicht den Niedergang des Bergbaus, denn neue Bergbauprodukte stiegen teilweise zu Hauptexportprodukten auf. Nachdem Chile im Pazifischen Krieg oder Salpeterkrieg (1879–1883, siehe unten: internationale Beziehungen) die Salpetergebiete der Atacamawüste für sich gewonnen hatte, wurde dieser Rohstoff vor dem Kupfer zum wichtigsten Exportprodukt. Salpeter wurde als Dünger und zur Herstellung von Dynamit verwendet. In Bolivien stieg nach 1890 der Zinn zum Hauptexportprodukt auf. In Peru gewann Kupfer an Bedeutung, während durch die Erfindung des Kunstdüngers der Guanoboom vorbei war. In den anderen Staaten waren landwirtschaftliche Produkte dominierend, denn durch die Industrielle Revolution war nicht nur der Bedarf an Rohstoffen für die Industrie sondern auch der Nahrungsmittelbedarf gestiegen. Steigende Einkommen in Europa und den USA führten darüber hinaus zu einem höheren Bedarf an tropischen Luxusprodukten wie Kaffee, Kakao und Bananen.

Für die gesamte wirtschaftliche Entwicklung der Einzelstaaten waren verschiedene Faktoren innerhalb des exportorientierten Wachstumsmodells von entscheidender Bedeutung für den Erfolg. Die **Exportkonzentration der Produkte** ist ein erster Faktor. Eine Diversifizierung der Produkte musste sich hier in jedem Fall günstig auswirken, weil sie eine geringere Abhängigkeit von einzelnen Produkten bedeutete. Tatsächlich war die Exportkonzentration jedoch enorm. In der Mehrheit der Länder machte unmittelbar vor dem Ersten Weltkrieg das Hauptexportprodukt mehr als die Hälfte des Gesamtexportes aus. Nur in zwei Staaten lag das Hauptexportprodukt anteilig unter 25 %, in Argentinien (Mais 22,5 %) und in Peru (Kupfer 22 %). Nur wenigen Staaten gelang es, eine hohe Exportkonzentration der Produkte zu vermeiden. Argentinien war in dieser Hinsicht am erfolgreichsten. Es exportierte verschiedene Getreidesorten, an der Spitze Mais und Weizen, während die Viehprodukte Fleisch, Wolle und Häute ebenfalls bedeutend waren. In Peru verteilten sich die Exporte nach dem Ende des Guanobooms auf Kupfer, Zucker, Baumwolle, Kaffee und Wolle. Neben Argentinien und Peru gelang es noch Mexiko und Paraguay, eine hohe Exportkonzentration zu vermeiden. Am schlechtesten standen die mittelamerikanischen Staaten da, die sich fast ausschließlich auf Kaffee und Bananen konzentrierten (Tabelle 3).

Ein zweiter wichtiger Faktor war das **Exportwachstum**. Ein kontinuierliches Exportwachstum, das in einem angemessenen Verhältnis zum Bevölkerungswachstum stand, war notwendig, um eine zufrieden stellende Bilanz der Gesamtwirtschaft zu bekommen. Für den gesamten Zeitraum von 1850 bis 1913 gelang dies nur Argentinien und Chile und bis zu einem gewissen Grad Uruguay. Die Mehrheit der Staaten schaffte kein kontinuierliches Exportwachstum, das für eine positive Gesamtbilanz ausreichend gewesen wäre. In Mexiko war dies sicher auf die bis in die 70er Jahre dauernde politische Instabilität zurückzuführen. Erst unter Porfirio Díaz wurde Stabilität und seitdem auch ein höheres Exportwachstum erreicht. Doch das Beispiel Brasilien zeigt deutlich, dass politische Stabilität allein für das Exportwachstum nicht genügte. Während in Argentinien um 1912 der Exportwert pro Kopf bei 62 Dollar lag, waren es in Brasilien nur 14,2 Dollar, d.h. weniger als ein Viertel der argentinischen Exporte. Die Konzentration auf ein einzelnes Produkt (Kaffee) schuf in Brasilien zu starke Abhängigkeiten. In einigen Ländern kam die Auslaugung des Bodens als exportwachstumshemmend ins Spiel. Nach jahrzehntelangem Anbau von Kaffee war das in Costa Rica, El Salvador, Guatemala, Haiti und Venezuela der Fall. Venezuela hatte das gleiche Problem mit Kakao, was ebenfalls für die Dominikanische Republik und Ecuador zutraf. Costa Rica gelang es, das Problem wenigstens teilweise durch eine Umstellung auf Bananen zu kompensieren. Bananenexporte begannen in Costa Rica in den 1870er Jahren und hatten den Kaffee bis zum Ersten Weltkrieg überrundet (50,9 % Bananen, 35,2 % Kaffee). Die Zyklen des Welthandels spielten dabei natürlich auch eine Rolle.

Tabelle 3:
Konzentration der Exportprodukte Lateinamerikas um 1913

Land	Hauptexportprodukt	Prozent	Zweitwichtigstes Exportprodukt	Prozent	Total
Argentinien	Mais	22,5	Weizen	20,7	43,2
Bolivien	Zinn	72,3	Silber	4,3	76,6
Brasilien	Kaffee	62,3	Kautschuk	15,9	78,2
Chile	Salpeter	71,3	Kupfer	7,0	78,3
Costa Rica	Bananen	50,9	Kaffee	35,2	86,1
Dominikanische Republik	Kakao	39,2	Zucker	34,8	74,0
Ecuador	Kakao	64,1	Kaffee	5,4	69,5
El Salvador	Kaffee	79,6	Edelmetalle	15.9	95,5
Guatemala	Kaffee	84,8	Bananen	5,7	90,5
Haiti	Kaffee	64,0	Kakao	6,8	70,8
Honduras	Bananen	50,1	Edelmetalle	25,9	76,0
Kolumbien	Kaffee	37,2	Gold	20,4	57,6
Kuba	Zucker	72,0	Tabak	19,5	91,5
Mexiko	Silber	30,3	Kupfer	10,3	40,6
Nicaragua	Kaffee	64,9	Edelmetalle	13,8	78,7
Panama	Bananen	65,0	Kokosnüsse	7,0	72,0

Tabelle 3 (Forts.):
Konzentration der Exportprodukte Lateinamerikas um 1913[*]

Land	Haupt-export-produkt	Prozent	Zweitwichtigs-tes Exportpro-dukt	Prozent	Total
Paraguay	Yerba Mate	32,1	Tabak	15,8	47,9
Peru	Kupfer	22,0	Zucker	15,4	37,4
Puerto Rico	Zucker	47,0	Kaffee	19,0	66,0
Uruguay	Wolle	42,0	Fleisch	24,0	66,0
Venezuela	Kaffee	52,0	Kakao	21,4	73,4

[*] Quelle: Bulmer Thomas, *The Economic History of Latin America*

Ein dritter wichtiger Faktor für den Wirtschaftserfolg waren die **Absatzmärkte**. Auch hier ist die Diversifizierung entscheidend. Um 1850 war Großbritannien der Hauptmarkt Lateinamerikas. Seit der Jahrhundertmitte verteilte sich der Export zunehmend auf die vier entstehenden Weltwirtschaftsmächte Großbritannien, Deutschland, Frankreich und die USA. 1913 war Großbritannien nur noch der wichtigste Abnehmer für Argentinien, Chile und Peru. Für Ecuador, Haiti und Venezuela war Frankreich der Hauptabsatzmarkt. Guatemala, Paraguay und Uruguay exportierten hauptsächlich nach Deutschland. In Europa wurden die Produkte jedoch teilweise reexportiert, so dass das Bild nicht ganz zutreffend ist. In jedem Fall aber war kurz vor dem Ersten Weltkrieg der Hauptexportmarkt für mehr als die Hälfte der lateinamerikanischen Staaten die USA. Insgesamt gingen aus Lateinamerika 30 % der Exporte in die USA, 20 % nach Großbritannien, 12 % nach Deutschland und 8 % nach Frankreich. 70 % aller lateinamerikanischen Exporte gingen demnach in die vier führenden Industrienationen der Welt, was allein schon eine hohe Abhängigkeit bedeutete. Nur Argentinien, Uruguay (um 50 %) und Paraguay (knapp 30 %) hatten eine starke Abhängigkeit von diesen Märkten vermieden. Für Paraguay bedeutete das aber keine geographische Diversifizierung, da es völlig vom argentinischen Markt abhing. Mexiko exportierte zu 75 % in die USA und zu 95 % in die vier Hauptindustrienationen, Peru über 80 % in die vier Hauptindustrienationen und jeweils über 30 % in die USA und nach Großbritannien, Chile fast 88 % in die vier Hauptindustrienationen. Im Hinblick auf die Importe war die Abhängigkeit genauso stark. 75 % aller lateinamerikanischen Importe kamen aus den vier führenden Industrienationen. War um 1850 Großbritannien noch führend gewesen, standen jetzt, vor dem Ersten Weltkrieg, die USA mit mehr als einem Viertel an der Spitze (USA: 25,5 %; GB: 24,8 %; Deutschland: 16,5 %; Frankreich: 8,3 %). An der Spitze bei der Abhängigkeit von wenigen Importmärkten stand Haiti, das 97 % seiner Einfuhren aus den vier Weltwirtschaftsmächten und 73 % aus den USA bezog. Am wenigsten abhängig war in dieser Hinsicht Uruguay, das 60,8 % von den vier Industrienationen und 24,5 % aus Großbritannien importierte.

Ein weiterer Faktor zur Bewertung des wachstumsorientierten Exportmodells sind **die positiven Auswirkungen der Exportwirtschaft auf andere Wirtschaftssektoren**. Erfolgreich ist ein exportorientiertes Wachstumsmodell nur, wenn Gewinne in andere Wirtschaftssektoren transferiert werden können. Dies ist auf verschiedene Weise möglich. Folge des Exportwachstums kann z. B. der Ausbau des Transportwesens sein. Eisenbahn, Flussschifffahrt, Küstenschifffahrt und der Transatlantikverkehr waren jedoch größtenteils in ausländischer Hand. Mit dem Aufkommen der Dampfschifffahrt gewannen die Flusssysteme als Transportwege größere Bedeutung. Da die US-Amerikaner hier auf Grund ihrer Erfahrungen auf dem Mississippi und Missouri prädestiniert waren, beherrschten sie bald vorübergehend die Flussschifffahrt auf dem Amazonas (Brasilien), dem Magdalena (Kolumbien) und den großen Flüssen des La Plata-Gebietes. Im karibischen Raum war die Schifffahrt ebenfalls in nordamerikanischer Hand, da hier von der nordamerikanischen United Fruit Company aus Mittelamerika vor allem Bananen in die USA verkauft wurden. Die Transatlantikschifffahrt lag im Wesentlichen in den Händen der Engländer, die auch den Eisenbahnbau in Lateinamerika weitgehend beherrschten. Mexiko war hier eine bedeutende Ausnahme, denn hier wurde die Eisenbahn von den USA finanziert. Bis 1914 machten die Investitionen im Eisenbahnbau den größten Teil ausländischen Kapitals in Lateinamerika aus. Was die Größe des Streckennetzes gemessen an der Bevölkerung anging, war Argentinien am Ende des 19. Jahrhunderts an der Spitze. Es verfügte über fast 32.000 Eisenbahnkilometer, d.h. 4,3 km auf tausend Einwohner. An zweiter Stelle stand Costa Rica vor Chile, und dann folgten Uruguay und Mexiko. Die wenigsten Eisenbahnkilometer hatten Haiti, Kolumbien, El Salvador und Venezuela.

Der bedeutendste Wirtschaftszweig außerhalb des Exportsektors war aber während des 19. Jahrhunderts die Agrarwirtschaft für den Inlandbedarf (nicht zu verwechseln mit Subsistenzwirtschaft). Die meisten Arbeitskräfte Lateinamerikas waren bis zum Ersten Weltkrieg in diesem Sektor tätig. Der zweite bedeutende Zweig außerhalb des Exportsektors war die Textilverarbeitung. An diesen beiden Wirtschaftszweigen lässt sich also eine allgemeine Tendenz ablesen. Ohne Stimulierung dieser zwei Sektoren durch die Exportwirtschaft ist keine reale Steigerung des Pro-Kopf-Einkommens zu erwarten. Für den ersten Bereich kann man generell sagen, dass die Produktion von Nahrungsmitteln für den Inlandbedarf mit dem Exportwachstum Schritt hielt, d.h. das Angebot wurde entsprechend der Nachfrage gesteigert. Es mussten kaum Nahrungsmittel in größerem Umfang importiert werden. Ausnahmen sind vor allem die Zuckerinseln Kuba und Puerto Rico. Ein besonders positives Beispiel ist Chile, wo sich in den vier Jahrzehnten vor dem Ersten Weltkrieg die Produktion der meisten Nahrungsmittel für den Inlandbedarf verdoppelte und die Maiserträge sich sogar verfünffachten. Für die meisten Produkte war der Ertrag pro Hektar in Chile höher als in den USA. Von den Salpeterzentren im Norden Chiles profitierten auf diese Weise auch die landwirtschaftlichen Anbaugebiete in Zentralchile. Sie versorgten die Arbeitskräfte der Bergbauzone mit den nötigen Nahrungsmitteln. Für den zweiten Sektor der Textilverarbeitung kam es nicht zu einer nennenswerten Modernisierung im 19. Jahrhundert. Es entstanden kaum moderne Manufakturen, sondern es dominierte weiterhin ineffiziente Handarbeit in kolonialer Tradition. Es fand so gut wie keine Industrialisierung im 19. Jahrhundert statt.

Zieht man für die wirtschaftliche Entwicklung Lateinamerikas im 19. Jahrhundert eine Gesamtbilanz, lässt sich zunächst zusammenfassen, dass alle Staaten im Verlauf des Jahrhunderts auf das Modell des Exportwachstums setzten, d. h. sie lieferten Rohstoffe für die Industrienationen und waren Absatzmärkte für deren Fertigwaren. Am Ende des 19. Jahrhunderts, waren die ökonomischen Unterschiede zwischen den einzelnen Staaten wesentlich größer als zur Zeit der Unabhängigkeit. Dafür gab es zwei Gründe: einmal entstanden Unterschiede allein durch das Exportwachstum, andererseits durch den Transfer von Exportgewinnen in andere Wirtschaftssektoren. Dadurch entstand ein unterschiedlicher Lebensstandard gemessen am Pro-Kopf-Einkommen.

Betrachtet man nun die einzelnen, oben genannten Faktoren, die den Erfolg dieses Modells belegen, so müssen drei Gruppen von Ländern unterschieden werden. Erstens gab es Staaten mit hohen Wachstumsraten im Export und Wachstum in den Zweigen des Nichtexportsektors. Das erreichten nur Argentinien, Chile und Uruguay. Argentinien gelang es außerdem, sowohl eine Produktkonzentration als auch eine zu starke Ausrichtung auf einen Markt zu vermeiden, letzteres traf auch für Uruguay zu. Die drei Staaten bildeten die erfolgreichsten Wirtschaften Lateinamerikas im 19. Jahrhundert, auf internationaler Ebene waren ihre ökonomischen Ergebnisse aber nur durchschnittlich. Zweitens gab es eine Gruppe, die hohe Wachstumsraten im Export erreichte, aber nur geringes Wachstum in anderen Sektoren. Das waren im Wesentlichen die Zuckerinseln Kuba und Puerto Rico, die bis 1898 noch spanische Kolonialgebiete waren. Die dritte Gruppe von Staaten erreichte im Durchschnitt ein nur bescheidenes Exportwachstum und eine unzureichende Produktivität in anderen Wirtschaftssektoren. Zu dieser Gruppe gehörten alle anderen lateinamerikanischen Staaten. Einige dieser Staaten hatten allerdings ihre Wirtschaftsleistung in den letzten Jahrzehnten vor dem Ersten Weltkrieg bedeutend gesteigert, vor allem Mexiko im Porfiriat und Peru nach dem Salpeterkrieg. In beiden Staaten kam es zu einem schnellen Exportwachstum und zur Stimulierung der anderen Wirtschaftszweige gegen Ende des 19. Jahrhunderts. Die schlechte Gesamtbilanz liegt hier an den ersten sechs Jahrzehnten nach der Unabhängigkeit. In jedem Fall ist die dritte Gruppe die größte, so dass die Wirtschaftsbilanz für Lateinamerika im 19. Jahrhundert insgesamt negativ ist.

Das exportorientierte Wachstumsmodell, auf das alle lateinamerikanischen Staaten im ausgehenden 19. Jahrhundert gesetzt hatten, bestimmte auch im 20. Jahrhundert noch nachhaltig die Wirtschaft. Allerdings geriet die Exportwirtschaft durch äußere Ereignisse dreimal in eine Krise, auf die jedes Mal ein gewisser Industrialisierungsschub folgte. Diese Einschnitte waren der Erste Weltkrieg, die Weltwirtschaftskrise von 1930 und der Zweite Weltkrieg.

Die meisten lateinamerikanischen Staaten exportierten an erster Stelle Agrarprodukte. Die mittelamerikanischen Staaten waren stark auf Kaffee und teilweise auf Bananen konzentriert, in der Karibik dominierte Zucker- gefolgt von Tabakanbau. Auch in Kolumbien und Brasilien war der Kaffee das wichtigste Exportprodukt. Die La Plata-Staaten Argentinien und Uruguay exportierten als wichtigste Agrarprodukte Getreide, hatten aber auch eine bedeutende Viehwirtschaft mit den entsprechenden Exporten von Fleisch. Nicht in erster Linie auf Agrarprodukte ausgerichtet waren im 20. Jahrhundert Venezuela, Chile und Bolivien. Vor dem Ersten Weltkrieg waren Venezuelas Hauptexportprodukte ebenfalls noch agrarisch, nämlich Kaffee und Kakao, doch dann entwickelte sich sehr schnell das neu entdeckte Erdöl zum wichtigsten Exportprodukt. Nach dem Zweiten Weltkrieg umfasste Rohöl rund 90% der venezolanischen Exporte. In Chile und Bolivien waren es Bergbauprodukte, die den Export dominierten. Chile exportierte vor allem Kupfer und Bolivien Zinn. Eine größere Vielfalt der Exportprodukte erreichten Mexiko mit Sisal, Silber, Kupfer und dann auch Erdöl, und Peru mit Zucker, Baumwolle, Silber, Kupfer und später ebenfalls Erdöl. Ein großer Teil der lateinamerikanischen Staaten erreichte auch im 20. Jahrhundert keine Diversifizierung seiner Exportprodukte, und in einer ganzen Reihe lag der Anteil des Hauptexportproduktes an den Gesamtexporten zwischen knapp 60 und annähernd 90%.

Auch im 20. Jahrhundert erfolgte eine Industrialisierung nur sehr langsam, d.h. Lateinamerika blieb größtenteils auf Land-

wirtschaft und die Förderung von Rohstoffen für den Export-
handel ausgerichtet. Die drei oben genannten Zäsuren der Weltwirtschaftskrise und der beiden Weltkriege führten aber auf
Grund der Krisen, die jedes Mal sowohl den Exportsektor als
auch den Import von Fertigprodukten betrafen, zu Industriali-
sierungsschüben. Neben einer allmählich zunehmenden Industrie expandierte auch der Dienstleistungssektor durch eine
Modernisierung der Gesellschaften und eine damit verbundene
Urbanisierung und Zunahme der mittleren Bevölkerungsschichten. In gewissem Umfang lässt sich dies an den Tätigkeitsberei-
chen der arbeitenden Bevölkerung ablesen. Das Beispiel Chile
macht eine solche Grundtendenz deutlich: Unmittelbar vor dem
Ersten Weltkrieg waren 37,7 % der arbeitenden Bevölkerung in
der Landwirtschaft tätig, 1930 noch 37,5 %. Zwischen dem Ersten Weltkrieg und der Weltwirtschaftskrise hatte die Landwirtschaft in ihrer gesamtökonomischen Bedeutung also nur sehr
geringfügig abgenommen. 1950 war der Anteil der in der Landwirtschaft Beschäftigten auf 34,2 % zurückgegangen, 1970 dann
auf 23,2 % und 1980 schließlich auf 16,4 %. Der größte Einschnitt erfolgte also sichtbar nach dem Zweiten Weltkrieg.

Während der Erste Weltkrieg eine nur geringe Stimulation
für eine Industrialisierung brachte, wirkte die **Weltwirtschaftskrise** von 1930 stärker nach. Durch extreme Preisstürze und den
noch drastischeren Rückgang des Exportvolumens sank gleichzeitig die Kaufkraft der lateinamerikanischen Staaten für
Importwaren. Es wurde erstmalig das volle Ausmaß der Abhängigkeit der lateinamerikanischen Wirtschaften sichtbar. Folge
war eine staatlich geförderte **importsubstituierende Industrialisierung**, die sich vor allem auf Textilien und Nahrungsmittel
konzentrierte. Das ausschließlich exportorientierte Wachstumsmodell wurde also erstmalig in den dreißiger Jahren nach der
Weltwirtschaftskrise durch eine stärkere Entwicklung nach
innen modifiziert. Der entscheidendere Einschnitt war aber
dann der Zweite Weltkrieg, der in den 50er und 60er Jahren
einen größeren Industrialisierungsschub brachte. Bedeutende
wirtschaftstheoretische Anstöße gingen dafür von der 1948 als
Unterorganisation der UNO gegründeten Comisión Económica Para América Latina (**CEPAL**) aus. Lateinamerikanische

Wirtschaftsexperten schufen damals die wesentlichen Grundlagen einer Theorie, die die **Abhängigkeit** von rohstoffexportierenden Ländern von den Industriestaaten als das Grundübel der rückständigen lateinamerikanischen Gesellschaften ansah (Dependenztheorie: vgl. dazu die Forschungsdiskussion um die wirtschaftliche Abhängigkeit Lateinamerikas). Die staatliche Wirtschaftsförderung in Lateinamerika wurde durch diese Thesen jetzt weg vom Exportsektor stark auf die Industrialisierung gelenkt.

Insgesamt war eine Industrialisierung in den Ländern am erfolgreichsten, in denen bereits im ausgehenden 19. Jahrhundert Ansätze vorhanden waren: in Mexiko, Brasilien und Argentinien, wobei in den entscheidenden drei Jahrzehnten zwischen 1950 und 1980 vor allem Mexiko und Brasilien stark industrialisiert wurden. Die wachsende Bedeutung der Industrieproduktion konnte die traditionellen Exportprodukte zwar nicht verdrängen, nahm aber anteilig sehr schnell zu. Zwischen 1960 und 1973 stieg der Exportanteil von Industriegütern in Lateinamerika von 9 auf 21 %.

Im Hinblick auf die Absatzmärkte lateinamerikanischer Exportprodukte kam es im Vergleich zum 19. Jahrhundert nur zu einer Verlagerung, aber nicht zu einer Diversifizierung. Die bereits zu Beginn des Jahrhunderts gewachsene Bedeutung der USA im Außenhandel Lateinamerikas verstärkte sich zunehmend, wobei vor allem der Erste Weltkrieg und die Öffnung des Panamakanals wichtige Einschnitte darstellten. Waren um 1913 knapp 30 % aller lateinamerikanischen Exporte in die USA gegangen, waren es 1918 mehr als 45 %. Aus Mexiko und Mittelamerika gingen vor dem Ersten Weltkrieg etwa 67 % der Exporte in die USA, 1918 waren es 83,5 %. In Südamerika verdoppelte sich der prozentuale Anteil der Exporte für die Vereinigten Staaten von 16,7 % vor auf fast 35 % nach dem Ersten Weltkrieg. Während Großbritannien als Handelspartner Lateinamerikas gegenüber den USA zunehmend an Boden verlor, war der eigentliche Verlierer dieser Entwicklung Deutschland. Zwar gingen die lateinamerikanischen Exporte in die USA in den Nachkriegsjahren wieder zurück und lagen Ende der zwanziger Jahre bei etwa 34 %, aber die Grundtendenz der steigenden

Bedeutung der USA blieb bestehen und 1945 bezogen sie fast 50 %, 1948 immer noch 38 % aller lateinamerikanischen Exportprodukte. Noch höher war der US-amerikanische Anteil an den Importen, der 1945 bei fast 60 % und 1948 bei 52 % lag.

Nach dem Zweiten Weltkrieg stiegen die ausländischen Investitionen in Lateinamerika stark an, wobei die USA vor den europäischen Industrienationen an der Spitze der Investoren standen. Es war vor allem die staatlich geförderte importsubstituierende Industrialisierung, die seit den 60er Jahren durch Bankkredite finanziert wurde. Die Auslandsverschuldung Lateinamerikas erreichte vor allem in den 70er Jahren kritische Dimensionen, die dann Anfang der 80er Jahre zur so genannten **Schuldenkrise** führten. Ein mitauslösender Faktor war das weltweite Steigen der Ölpreise. 1980 stellte Mexiko die Zahlung seiner Auslandsschuld ein und löste damit unmittelbar die Schuldenkrise aus. Verschiedene lateinamerikanische Staaten sahen sich in der Folge nicht mehr in der Lage, ihre Auslandsschulden zu bedienen. Man versuchte das Problem auf internationaler Ebene durch Umschuldungen und teilweise auch neue Kredite zu lösen.

Die Forschungsdiskussion um die wirtschaftliche Abhängigkeit Lateinamerikas

Die lateinamerikanischen Staaten nahmen im 19. und 20. Jahrhundert eine wirtschaftliche Entwicklung, die sie, gemessen an Kriterien wie Bruttoinlandprodukt, Pro-Kopf-Einkommen der Bevölkerung und Industrialisierung, der Gruppe der so genannten unterentwickelten Staaten bzw. Dritte-Welt-Staaten zuordnet. Zwar lassen sich die lateinamerikanischen nicht ohne weiteres mit den unterentwickelten Staaten Asiens oder Afrikas gleichsetzen, und auch innerhalb Lateinamerikas gibt es gravierende Unterschiede, aber eine ökonomische und daraus resultierende soziale Rückständigkeit ist gemäß der genannten Kriterien unzweifelhaft konstatierbar. Umstritten sind dagegen die Ursachen dieser Entwicklung.

Es lassen sich zwei radikale Begründungen für die Unterentwicklung bestimmter Regionen der Erde einerseits und den hohen Entwicklungsstand der westlichen Industrienationen andererseits unterscheiden. Eine dieser radikalen Begründungen stellen Teile der so genannten Dependenztheorien dar, eine andere hebt auf kulturelle, mentalitätshistorische Unterschiede zwischen verschiedenen Nationen ab.

Nachdem 1948 die Comisión Económica Para América Latina, Cepal, die Wirtschaftskommission für Lateinamerika innerhalb der Vereinten Nationen, gegründet worden war, wurden hier unter der Leitung des argentinischen Wirtschaftswissenschaftlers und Hochschullehrers Raúl Prebisch die Grundlagen für die Dependenztheorien geschaffen. Prebisch war bis 1962 Vorsitzender der Kommission, danach in anderer Funktion für die Vereinten Nationen tätig und leitete später die Zeitschrift der CEPAL. Er entwickelte ein Modell des Welthandels, das zwischen dem Zentrum der westlichen Industrienationen und der Peripherie der Entwicklungsländer unterschied. Die Bedingungen des Handelsaustausches wurden gemäß dieser Theorie von den Industrienationen zu ihrem Vorteil entgegen den Entwicklungs- und Modernisierungsinteressen der Dritten Welt bestimmt. Die Grundlagen der Theorie im Hinblick auf Lateinamerika finden sich in einem Artikel von Prebisch über »La perifería latinoamericana en el sistema global del capitalismo«: *Revista de la CEPAL*, 1981 (deutsch: »Die lateinamerikanische Peripherie im globalen System des Kapitalismus«: *Der lange Kampf Lateinamerikas*, hrsg. v. Angel Rama, Frankfurt a.M. 1982). Vertreter der Dependenztheorie sehen die internationale Arbeitsteilung und die aus ihr resultierenden Welthandelsstrukturen als Diktat der entwickelten Staaten, die aus den Entwicklungsländern billige Rohstoffe beziehen, dort einen Teil ihrer industriellen Fertigwaren absetzen und damit in der Dritten Welt eine Industrialisierung, eine wirtschaftliche Entwicklung nach innen, verhindern. Die Anfänge und Grundlagen dieser Abhängigkeit oder Dependenz werden bereits in der Kolonialzeit und damit in der beginnenden Entfaltung der kapitalistischen Wirtschaft gesehen. Die im 19. Jahrhundert beginnende Geschichte der »unabhängigen« lateinamerikanischen Staaten wird entsprechend auch als Neokolonialismus bezeichnet, in der die wirtschaftliche Abhängigkeit sich unter veränderten Vorzeichen fortsetzte. Wichtige Werke der Dependenztheorie sind die von Paul A. Braran u. Paul M. Sweezy, *Monopoly Capital*, New York 1966 und Andre Gunder Frank, *Capitalism and Underdevelopment in Latin America: Historical Studies in Chile and Brazil*, New York 1969. Die Dependenztheorie fand vor allem bei marxistischen und politisch links orientierten Wissenschaftlern und Intellektuellen Widerhall. Ein geradezu klassisch gewordenes Werk ist das des uruguayischen Journalisten Eduardo Galeano, *Las venas abiertas de América Latina*, Montevideo 1971 (deutsch: *Die offenen Adern Lateinamerikas. Die Geschichte eines Kontinentes von der Entdeckung bis zur Gegenwart*, Wuppertal 1973).

Die Dependenztheorie, oder besser: die Dependenztheorien, wurden unter verschiedenen Aspekten kritisiert. Zum einen ist es eine Kritik aus ökonomischer Sicht, die die Zwangsläufigkeit der Unterentwicklung bzw. Nichtindustrialisierung als Folge des kapitalistischen Welthandels bestreitet. Zum anderen wurde Kritik an der ausschließlich wirtschaftlichen Perspektive der Dependenztheorien geübt, da sie die politische Entwicklung und deren Einfluss ignorierten. Die wohl extremste Gegenposition zur Dependenztheorie sieht die Ursachen für die Unterentwicklung in der Dritten Welt im Wesentlichen in einer »Unfähigkeit vor Ort« begründet, die kulturelle Wertevorstellungen und Verhaltensnormen umfasst, die von denen der westlichen Industrienationen abweichen. Dieses Erklärungsmuster wird breit in einer jüngst erschienenen und heftig diskutierten ökonomischen Weltgeschichte von dem US-amerikanischen Wissenschaftler David S. Landes vorgetragen, *The Wealth and Poverty of Nations. Why Some Are so Rich and Some so Poor*, New York 1998 (deutsch: *Wohlstand und Armut der Nationen. Warum die einen reich und die anderen arm sind*, Berlin 1999). Hier wird eine bestimmte Kultur und ihr Wertesystem zum Erfolgsrezept erhoben: »Zu viele von uns arbeiten, um zu leben, und leben, um glücklich zu sein. Daran ist nichts auszusetzen. Nur fördert es nicht unbedingt eine hohe Produktivität. Wenn man allerdings eine hohe Produktivität will, dann sollte man leben, um zu arbeiten, und das Glück als einen Nebeneffekt nehmen« (S. 525). Aus solcher Sicht lehnt Landes die Dependenztheorien rundweg ab, da sie schädlich für Leistung und Moral seien. Seine Schlussfolgerung ist gemäß wissenschaftlicher Ansprüche mindestens ebenso problematisch wie es die radikalsten Dependenztheorien sind: »Selbst wenn sie wahr wären [die Dependenztheorien], täte man besser daran, sie ad acta zu legen« (S. 340).

c) Die soziale Entwicklung

Zur Zeit der Unabhängigkeit um 1820 hatte Lateinamerika rund 20 Millionen Einwohner. Annähernd so viele Menschen leben heute, am Ende des 20. Jahrhunderts, allein in Mexiko-Stadt. Insgesamt nahm die Bevölkerung während des 19. Jahrhunderts zu. Um 1850 hatte sie sich auf etwa 30 Millionen erhöht und um 1900 dann bereits auf gut 60 Millionen verdoppelt. Bis zur Jahrhundertmitte wurde die demographische Entwicklung im Wesentlichen durch ein natürliches Bevölkerungswachstum geprägt. Von den unabhängigen Staaten war es nur Brasilien, das bis 1850 noch Sklaven in größeren Quantitäten importierte. Schätzungen gehen davon aus, dass zwischen 1831 und 1855 noch knapp eine halbe Million Sklaven nach Brasilien verkauft wurde. Das von den Briten 1830 durchgesetzte internationale Sklavenhandelsverbot, konnte in Brasilien erst in den 50er Jahren zur Geltung gebracht werden. In der zweiten Hälfte des 19. Jahrhunderts war das Bevölkerungswachstum in Lateinamerika dann vor allem durch Einwanderung geprägt, die sich allerdings auf ganz bestimmte Regionen konzentrierte. Die europäische Masseneinwanderung betraf vor allem Argentinien, Chile, Uruguay und nach der Abschaffung der Sklaverei 1888 auch Brasilien. Diese Länder hatten dadurch ein weit über dem lateinamerikanischen Durchschnitt liegendes Wachstum, und ihre Bevölkerung machte prozentual einen zunehmenden Anteil an der gesamten lateinamerikanischen Bevölkerung aus. Um 1900 lebte in diesen Staaten fast die Hälfte aller Lateinamerikaner (43 %). Bis zum Ersten Weltkrieg kamen außerdem als Arbeitskräfte eine größere Anzahl chinesischer Kulis, vor allem nach Kuba und Peru. In manchen Staaten war das demographische Wachstum aber sehr viel geringer als der lateinamerikanische

Durchschnitt. Vor allem Paraguay hatte auf Grund des Tripelallianzkrieges (1864–1870, siehe unten: internationale Beziehungen) eine der niedrigsten Zuwachsraten zwischen 1850 und 1900.

Ein charakteristisches Phänomen für ganz Lateinamerika ist, dass die Rassenzugehörigkeit sehr stark auch die Zugehörigkeit zur sozialen Schicht bestimmte. Die hierarchische Gesellschaftsstruktur der Kolonialzeit, die sich sehr stark auf die Hautfarbe gründete, blieb auch über die Unabhängigkeit hinaus in den Einzelstaaten bestehen. Entscheidend dafür war, dass sich, außer in Haiti, nirgendwo in Lateinamerika während der Unabhängigkeitsbewegung eine soziale Umwälzung größeren Ausmaßes vollziehen konnte. Im Gegenteil übernahmen in Iberoamerika mit der Unabhängigkeit im Wesentlichen die kreolischen Eliten die politische Herrschaft, ohne dass die soziale Lage der unteren Bevölkerungsschichten verbessert worden wäre. In Mexiko wurde der indianische Volksaufstand unter Hidalgo und Morelos von den Spaniern in Kooperation mit den Kreolen niedergeschlagen, während die 1821 erreichte Unabhängigkeit von den konservativen Kräften des Landes als Reaktion gegen den spanischen Liberalismus gewertet werden muss. In Großkolumbien ergriff Bolívar zwar während der Unabhängigkeitskämpfe bereits Maßnahmen zu einer schrittweisen Abschaffung der Sklaverei, die aber im Wesentlichen darauf zielte, die Sklaven im Kampf gegen Spanien einsetzen zu können. Endgültig wurde die Sklaverei in den Nachfolgestaaten Großkolumbiens, in Kolumbien, Venezuela und Ecuador, erst in den 1850er Jahren abgeschafft. Die zunehmend erfolgende rechtliche Gleichstellung der Indianer und die im Laufe des 19. Jahrhunderts realisierte Abschaffung der Sklaverei in allen Teilen Lateinamerikas bedeuteten aber keine politische Partizipation. Fast überall in Lateinamerika dominierten autoritäre Regime, die eine politische Mitbestimmung aller Bevölkerungteile ausschlossen. Diese generell zutreffende Einschätzung bedarf jedoch einer Relativierung. In einem gewissen Rahmen erhöhte sich durch die Unabhängigkeit trotzdem die soziale Mobilität. Gerade die Unabhängigkeitskriege, aber auch die sich in vielen Regionen anschließenden Bürgerkriege gaben dem Militär eine besondere Rolle. Über das Militär wurde deshalb ein gesellschaftlicher Aufstieg möglich.

Der Caudillismo ermöglichte teilweise den bisher zurückgesetzten Mestizen, in höhere Staatsämter aufzusteigen. José Antonio Páez beispielsweise war Analphabet und während des Unabhängigkeitskrieges Anführer der *Llaneros* in Venezuela. 1830 wurde er erster Präsident der Republik Venezuela und einer der größten Grundbesitzer des Landes.

Die Sklaverei war insgesamt erst um die Mitte des 19. Jahrhunderts in einem großen Teil der lateinamerikanischen Staaten abgeschafft. Der Zeitpunkt hing dabei im Wesentlichen von ihrer wirtschaftlichen Bedeutung ab. In Chile und Mexiko erfolgte die Abschaffung relativ früh nach der Unabhängigkeit, in den Nachfolgestaaten Großkolumbiens, wie erwähnt, erst um die Jahrhundertmitte. In Brasilien wurde die Sklaverei erst 1888 und auf den Zuckerinseln Kuba und Puerto Rico in den siebziger und achtziger Jahren schrittweise noch durch das spanische Mutterland abgeschafft.

In der ersten Hälfte des 19. Jahrhunderts wurden die Indianer in den meisten Regionen Lateinamerikas zwar gesetzlich gleichgestellt, ihre tatsächliche gesellschaftliche Stellung änderte sich jedoch kaum. Der vereinfachte Gegensatz Spanier/Kreole-Indianer der Kolonialzeit lässt sich nach der Unabhängigkeit teilweise durch das Begriffspaar Hacendado-Peón ersetzen. Die Agrarproduktion für den Inlandbedarf war, wie bereits angeführt, der größte Wirtschaftssektor Lateinamerikas im 19. Jahrhundert, so dass dem Verhältnis zwischen Hacendado und Peón in der Sozialstruktur große Bedeutung zukam, die stark von der so genannten *peonaje* bestimmt wurde. Es handelt sich dabei um eine Art Schuldknechtschaft, die den Landarbeiter, den Peón, in vollständiger Abhängigkeit hielt. Er wurde teilweise mit Naturalien bezahlt, verfügte also nicht über Geld, und konnte seine Bedürfnisse an Gütern nur im haciendaeigenen Laden befriedigen. Die überteuerten Preise der dort angebotenen Waren führten zu einer raschen Verschuldung des Peóns, die er niemals abtragen konnte und ihn so fest an eine Hacienda band. Auch der Indianertribut der Kolonialzeit bestand teilweise über die Unabhängigkeit hinaus fort. In Peru wurde er 1826, in Großkolumbien 1828 wiedereingeführt. Erst 1854 während des Guanobooms wurde in Peru diese Kopfsteuer endgültig abgeschafft.

Das Gemeindeland der Indianer, das diese während der Kolonialzeit als Kollektivbesitz weiter bearbeiten durften, wurde nach der Unabhängigkeit und vor allem als die Exportwirtschaften in der Mitte des 19. Jahrhunderts stärkeren Bedarf an Anbauflächen benötigten, vom Staat zunehmend enteignet. In Großkolumbien, Peru und Bolivien sollte dieses Gemeindeland der Indianer schon seit den zwanziger Jahren aufgeteilt und in Privatbesitz der Indianer übergehen. In Peru durften die neuen indianischen Landbesitzer ihr Land bis 1850 nicht veräußern, eine Maßnahme, die ihrem eigenen Schutz diente. In der zweiten Hälfte des 19. Jahrhunderts verloren dann jedoch trotzdem viele peruanische Indianer ihr Land an größere Hacendados. In Mexiko wurde 1856 die Ley Lerdo verabschiedet, die das Kollektiveigentum an Land abschaffte. Davon wurde zum einen der Kirchenbesitz betroffen, aber auch der kollektive Landbesitz der Indianer, die *ejidos*. Trotzdem blieben 40% der *ejidos* bis zum Ausbruch der Mexikanischen Revolution von 1910 erhalten. Durch die florierende Exportwirtschaft in der zweiten Hälfte des 19. Jahrhundertes nahm auch die Ausbeutung der indianischen Arbeitskraft wieder stark zu. In Guatemala beispielsweise wurden 1877 die indianischen Gemeinschaften aufgelöst. Die Indianer wurden den Kaffeeproduzenten von den lokalen Behörden zur Arbeit zugeteilt. Dies geschah nach einem Rotationsprinzip, das jede Arbeitskraft ein bis vier Wochen im Jahr dem Arbeitszwang unterwarf. Diese Zuteilung von Arbeitskräften hieß *mandamiento* und entsprach einer Wiederbelebung des Arbeitszwanges der Kolonialzeit.

Auch die nomadischen und halbnomadischen Indianer, die in den Grenzregionen der unabhängigen Staaten außerhalb der jeweiligen Gesellschaften lebten, wurden seit der Jahrhundertmitte immer stärker verfolgt. Die seit 1850 und verstärkt seit den 1870er Jahren expandierende Exportwirtschaft erforderte den Zugriff auf immer größere Ländereien. In Nordmexiko, Südchile und Südargentinien wurden die dort lebenden Indianerstämme zu Störfaktoren für die expandierende Landwirtschaft. Teilweise wuden die Stämme brutal ausgerottet. In Argentinien wurde unter Julio A. Roca (1880–1886 Staatspräsident), der seit 1877 Kriegsminister war, 1877/78 ein großer Feldzug gegen die

Araukaner und Tehuelchen im Süden gestartet. Es war ein Aus-rottungskrieg, der finanziert wurde, indem man riesige der zu erobernden Ländereien vorher verkaufte.

Geistesgeschichtlich nahmen seit der Jahrhundertwende in Europa rassistische Theorien zu, die auch in Lateinamerika rezi-piert wurden. Das bedeutete, dass sowohl Indianer als auch Schwarze von den weißen Eliten rassistisch abgewertet wurden. Die etwa gleichzeitig aus wirtschaftlichen Gründen einsetzende europäische Einwanderung wurde ideologisch von solchen ras-sistischen Ideen begleitet. Die Masseneinwanderung von Euro-päern sollte die angeblich minderwertigen ethnischen Bevölke-rungsteile prozentual zurückdrängen und verringern.

Die Gründe für die **europäische Masseneinwanderung** waren die expandierenden Exportwirtschaften und der zuneh-mende Mangel an Arbeitskräften. Durch die Zurückdrängung unfreier Arbeit, insbesondere der Abschaffung der Sklaverei, stieg der Bedarf an Arbeitskräften immer mehr an. Es erfolgte eine Kompensation durch europäische und asiatische Einwande-rung, wobei die Arbeit der Asiaten in Lateinamerika Zwangs-charakter hatte. Die **chinesischen Kulis** waren individuelle männliche Einwanderer, d.h. es kamen keine Familien oder zusammengehörige Gruppen. Ihr Alter lag zwischen 18 und 40 Jahren, wobei 95 % zur Zeit der Vertragsschließung zwischen 20 und 30 Jahre alt und ledig waren. Die Kulis wurden unter Vor-spielung falscher Tatsachen zur Vertragsschließung gebracht, indem man ihnen schnellen Reichtum versprach, sobald ihr Ver-trag abgelaufen sei. Der Kuli verpflichtete sich, 8 Jahre lang zu arbeiten. Die durchschnittliche tägliche Arbeitszeit war auf 12 Stunden festgelegt. De facto handelte es sich um eine Verskla-vung auf Zeit. Die Chinesen wurden vor allem auf kubanischen Zuckerplantagen und beim Abbau des Guano in Peru eingesetzt. Zwischen 1847 und 1867 kamen 114.000 Chinesen nach Kuba und zwischen 1849 und 1874 rund 80.000 nach Peru. Danach hörte dieser neue Menschenhandel auf Grund von Maßnahmen der chinesischen Regierung weitgehend auf.

Die quantitativ größte Gruppe von Einwanderern im 19. Jahrhundert waren Europäer. Zwischen 1850 und 1930 kamen etwa 12 Millionen Europäer nach Lateinamerika, von denen etwa 40 % früher oder später in ihre Heimat zurückkehrten. Italiener (38 %), Spanier (28 %) und Portugiesen (11 %) bildeten den größten Anteil der Einwanderer. Die meisten kamen also aus den Mittelmeerländern, so dass ihnen auf Grund der ähnlichen Mentalitäten eine Integration relativ leicht fiel. Bei den Zielländern dominierten Argentinien (46 %), Brasilien (33 %) und Kuba (14 %), und auch Uruguay (4 %) wurde demographisch durch die Einwanderung stark geprägt. Bis in die siebziger Jahre war die Rate der europäischen Einwanderer in Lateinamerika noch gering. Bis dahin kamen vor allem noch Deutsche und Schweizer. Die Deutschen gingen vorwiegend nach Südchile, während die ersten Einwanderer in Argentinien und Uruguay Schweizer waren. Um 1875 setzte dann der Boom der Immigration aus den Mittelmeerländern ein. Argentinien entwickelte sich zwischen 1878 und 1895 zum weltweit zweitbedeutendsten Weizenexporteur hinter den USA. Daneben expandierte der Maisanbau. Zwischen 1900 und 1914 kamen jährlich 100.000 Arbeiter nur zur Erntezeit über den Atlantik und wurden deswegen auch als *golondrinas* (Schwalben) bezeichnet. Das Phänomen der »*migración golondrina*« machte zwischen 1880 und 1914 zwei Drittel der Emigration aus den Mittelmeerländern aus.

1900 lebten in Lateinamerika gut 60 Millionen Menschen. Zwischen 1930 und 1990 hat sich die Bevölkerungszahl von rund 107 auf etwa 450 Millionen mehr als vervierfacht. Die daraus resultierenden Migrationsbewegungen innerhalb Lateinamerikas äußerten sich vor allem in einer Landflucht und Urbanisierung, die im Falle von Buenos Aires, São Paulo und Mexiko-Stadt gigantische Ausmaße angenommen hat. Lebten 1930 nur 17 % aller Lateinamerikaner in Städten, waren es 1950 bereits 26 %, und 1980 lebte mit 65 % eine große Mehrheit der lateinamerikanischen Bevölkerung in der Stadt. Die ebenfalls mit der Bevölkerungsexplosion verbundene Auswanderung aus Lateinamerika hatte als Hauptzielland die USA, wo der prozentuale Anteil der *hispanics*, die vor allem aus Mexiko, Mittelamerika und der Karibik, aber auch aus südamerikanischen Staaten einwanderten, stetig gestiegen ist.

Die für den Jahrhundertbeginn noch charakteristische Masseneinwanderung aus Südeuropa, die im Verlauf des 20. Jahrhunderts dann zunehmende Industrialisierung, die Ausdehnung der zentralstaatlichen Macht und die Verstädterung führten auch zu Veränderungen in der Sozialstruktur. Es bildeten sich einerseits größere Mittelschichten heraus, die in der zunehmenden Staatsverwaltung, im Dienstleistungsgewerbe der Städte und in bestimmten Industriezweigen tätig waren, während durch die Einwanderer in einigen Staaten ein größeres politisches Bewusstsein von Unterschichten aus Europa nach Lateinamerika transferiert wurde. Es entstand zwar auch allmählich eine Industriearbeiterschaft, aber die größten sozialen Herausforderungen wurden auch im 20. Jahrhundert immer noch durch die unausgewogene Landverteilung und damit durch ein ländliches Proletariat an den Staat herangetragen.

Seit den sechziger Jahren entstand in der katholischen Kirche Lateinamerikas zunehmend eine Solidarisierung mit den Massen, die unter ökonomischer Ausbeutung und Rassismus zu leiden hatten. Eine Verbesserung der gesellschaftlichen Verhältnisse in diesem Sinne wurde erstmalig auf der 1968 stattfindenden Generalversammlung der lateinamerikanischen Bischöfe in Medellín (Kolumbien) erörtert. Analphabetismus, Rassismus, die oligarchischen Herrschaftsstrukturen in der Politik und vor allem die Wirtschaftsordnung sollten durch eine neue Art der Theologie und eine neue Praxis des Christentums in Frage gestellt werden. In den siebziger Jahren bürgerte sich für diese neue Orientierung von Teilen der lateinamerikanischen Kirche der Begriff **Befreiungstheologie** ein. Die Anliegen wurden auch von den protestantischen Kirchen aufgegriffen, die im 20. Jahrhundert zunehmend in Lateinamerika Fuß fassen konnten, und fanden modifiziert in allen Regionen der so genannten Dritten Welt, also auch in Asien und Afrika, im Kampf gegen das Massenelend Verbreitung.

Ein Phänomen des 20. Jahrhunderts war die Entstehung von organisierten Interessenvertretungen der indianischen Völker Amerikas. Sie forderten nicht nur die Akzeptanz und Förderung ihrer Sprachen und Kulturen, sondern auch die Erhaltung ihres Landbesitzes bzw. die Rückgabe von Ländereien, die sie als ihr ursprüngliches Eigentum betrachten. Dieser Bewegung wurde zunehmend auch durch Anerkennung und Schutz der kulturel-

len Eigenart indianischer Völker in Form von staatlichen Geset-
zen Rechnung getragen. Der größte Teil der etwa 40 Millionen
Indianer, die gegen Ende des 20. Jahrhunderts in Lateinamerika
lebten, konzentrierte sich in Mexiko, Mittelamerika und den
Andenstaaten.

*Tabelle 4: Schematische Übersicht von grundlegenden
Veränderungen in Lateinamerika im 20. Jahrhundert*[*]

	Wirtschaftliche Entwicklung	Sozialer Wandel	Typische politische Ergebnisse
1880–1900	Aufstieg der Exportwirtschaften	Modernisierung der Elite, Entstehung des Handelssektors	Oligarchische Demokratie oder integrierende Diktatur
1900–1930	Expansion der Exportwirtschaften	Anfänge einer Entstehung von Mittelklassen und eines Proletariats	Kooptative Demokratie
1930–1960er	importsubstituierende Industrialisierung	Bildung von Unternehmereliten; Zunahme der Arbeiterklasse	populistisch-korporatistische Regime oder kooptative Demokratien
1960er– 1980er	Stagnation der importsubstituierenden Industrieentwicklung; exportorientiertes Wachstum in den 70er Jahren	verstärkte gesellschaftliche Konflikte, häufig Klassenkonflikte	bürokratische Militärdiktaturen
1980er– Gegenwart	Stagnation oder Rezession und Schuldenkrise	Wachsender Einfluss von Mittel- und Unterschichten	Eingeschränkte Demokratien (mit militärischem Veto)

* Quelle: leicht verändert übernommen aus Thomas E. Skidmore u.
Peter H. Smith, Modern Latin America, S. 62

d) Die internationalen Beziehungen

Die internationalen Beziehungen Lateinamerikas im 19. Jahrhundert lassen sich in drei große Bereiche teilen. Der erste umfasst die **Beziehungen der einzelnen Staaten untereinander**, der zweite das **Verhältnis zu Europa**, und drittens schließlich wurden die **Beziehungen zu den USA** immer bedeutungsvoller. Das Verhältnis der lateinamerikanischen Staaten untereinander begann bereits während der Staatsbildungsprozesse problematisch zu werden, weil die gegenseitige Abgrenzung der verschiedenen Staaten voneinander, wie schon gezeigt, Konflikte mit sich brachte. Der Staatsbildungsprozess war um die Jahrhundertmitte dann weitgehend abgeschlossen. Aber einzelne Territorien waren zwischen den verschiedenen Staaten nach wie vor umstritten. Besondere Konfliktherde waren der La Plata-Raum, wo einerseits Paraguay eine Isolationspolitik betrieb und wo andererseits in Uruguay nach wie vor sowohl Brasilien als auch Argentinien Einfluss ausüben wollten, und Peru, Bolivien und Chile. In diesen Regionen kam es zu den zwei großen Kriegen, die zwischen lateinamerikanischen Staaten in der zweiten Hälfte des 19. Jahrhunderts ausgetragen wurden.

Der **Tripelallianzkrieg (1864–1870)** vereinigte Brasilien, Argentinien und Uruguay in einer Allianz gegen Paraguay. Auslöser des Krieges waren politische Wirren in Uruguay, in die sich zunächst die anderen La Plata-Staaten einmischten und die dann zum Krieg führten. In diesem Krieg verlor etwa die Hälfte der paraguayischen Bevölkerung ihr Leben, mehr als 200.000 Menschen. Die neuere Forschung vertritt drei Kriegsschuldtheorien, von denen keine zweifelsfrei bewiesen werden konnte. Die erste geht davon aus, dass der damalige paraguayische Präsident, Francisco Solano López, schon lange expansionistische Ziele verfolgt habe und sich einen Zugang zum Meer verschaffen wollte. Die uruguayischen Ereignisse seien deshalb für ihn nur ein Vorwand für den Krieg gewesen, den er ohnehin schon geplant hatte. Die zweite Theorie besagt, dass Brasilien und Argentinien in diesem Fall Uruguay ebenfalls als Vorwand benutzten, um Paraguay zu entmachten, da sie das Land als Bedrohung für das Gleichgewicht am Río de la Plata sahen bzw.

keine weitere starke Macht in der Region dulden wollten. Drittens schließlich haben einige Historiker im Hintergrund Interessen Großbritanniens vermutet, weil Paraguay durch seine weit gehende wirtschaftliche Autonomie ein unerwünschtes Gegengewicht zur ökonomischen Beherrschung Südamerikas durch britisches Kapital dargestellt habe.

Der **Salpeterkrieg oder Pazifische Krieg (1879–1883)** wurde um die pazifische Wüstenregion um Antofagasta geführt, die ursprünglich bolivianisches Territorium war. Als in dieser Region um die Jahrhundertmitte zuerst Guano und dann auch Salpetervorkommen entdeckt wurden, verstärkte sich der Einfluss Chiles in der Region. Nach verschiedenen Vereinbarungen zwischen Bolivien und Chile, die auf Dauer trotzdem kein Einvernehmen herstellen konnten, kam es schließlich zum Krieg, in dem sich Peru gegen seinen alten Rivalen Chile auf die Seite Boliviens stellte. Nachdem der Krieg 1879 begonnen hatte, schied Bolivien auf Grund seiner Schwäche bald ganz aus den Kampfhandlungen aus. Chile konnte den Krieg militärisch für sich entscheiden und gewann neben der pazifischen Provinz Antofagasta von Bolivien, das zum Binnenstaat wurde, noch drei südliche Provinzen Perus.

Die beiden großen Kriege demonstrieren, dass die beiden Staaten, die im 19. Jahrhundert wirtschaftlich die beste lateinamerikanische Bilanz aufwiesen, Argentinien und Chile, in der jeweiligen Region auch politisch dominierten. Eine gegenteilige Entwicklung, also eine Annäherung der lateinamerikanischen Staaten, eine gemeinsame Interessenvertretung in einem Staatenbund, kam im 19. Jahrhundert nicht zu Stande. Der erste panamerikanische **Kongress von Panamá (1826)**, der auf die Initiative Simón Bolívars zurückging, scheiterte. Erst mit dem Ausgreifen der USA in den karibischen und mittelamerikanischen Raum am Ende des Jahrhunderts wurde einigen lateinamerikanischen Politikern die Notwendigkeit deutlich, gemeinsame Interessen zu formulieren.

Das Verhältnis der lateinamerikanischen Staaten zu Europa wurde nach Erreichen der Unabhängigkeit zunächst von dem Wunsch nach diplomatischer Anerkennung bestimmt. Die europäischen Staaten verfolgten in dieser Hinsicht zunächst keine einheitliche Linie. Das nachnapoleonische Europa war insgesamt durch eine Restaurationspolitik gekennzeichnet, d.h. alle Mächte forcierten grundsätzlich eine Restauration der Monarchie und eine repressive Politik gegenüber revolutionären und republikanischen Ideen (Legitimitätsprinzip), wobei jedoch gegenüber Lateinamerika keine einheitliche Haltung eingenommen wurde. Zunächst gilt es die ehemaligen Metropolen Frankreich, Portugal und Spanien zu betrachten. Am leichtesten wurde es für Portugal, das ehemalige Kolonialreich als unabhängig anzuerkennen. Die monarchische Staatsform war erhalten, der portugiesische Thronfolger war Kaiser von Brasilien, und es hatte keinen blutigen Unabhängigkeitskrieg gegeben. In Frankreich dominierten zunehmend wirtschaftliche Erwägungen die Politik gegenüber Haiti. Die Unabhängigkeit Haitis bestand in den zwanziger Jahren außerdem schon zwei Jahrzehnte. Im April 1825 war Frankreich der erste europäische Staat, der die Unabhängigkeit seiner ehemaligen lateinamerikanischen Kolonie anerkannte, allerdings gegen eine von Haiti zu zahlende riesige Entschädigungssumme, die das Land für Jahrzehnte hoch verschuldete. Haiti war darüber hinaus der einzige unabhängige Staat Lateinamerikas, der den größten Prozentsatz seiner landwirtschaftlichen Erzeugnisse (v.a. Kaffee) im 19. Jahrhundert noch in das ehemalige Mutterland exportierte. Im August 1825 folgte Portugal mit der Anerkennung Brasiliens. Wesentlich schwerer tat sich Spanien, das zunächst starr am Legitimitätsprinzip festhielt. Das heißt, die monarchische Legitimität, die nach der Französischen Revolution und den Napoleonischen Kriegen auf dem Wiener Kongress von 1814/15 restauriert wurde, sollte auch für die Aufrechterhaltung der kolonialen Herrschaft in Lateinamerika gelten. Dieser Auffassung folgten alle großen europäischen Monarchien, allerdings die Staaten der Heiligen Allianz zunächst kompromissloser als England. Preußen, Österreich und Russland stützten die radikale Position Spaniens, wobei sich der Zar dem spanischen Standpunkt am meisten annäherte. England riet zu einer Gewährung von Autonomie, Selbstverwaltung und Freihandel und schloss jede Form von militärischer Gewalt gegenüber den Rebellen aus. Der Tod Ferdinands VII. 1833 leitete für Spanien einen gemäßigteren

Kurs ein. Es sollte allerdings noch sechzig Jahre dauern, bis die Unabhängigkeit aller hispanoamerikanischen Staaten durch Spanien anerkannt war. Die erste ehemalige Kolonie, deren Unabhängigkeit Spanien 1836 anerkannte, war Mexiko, die letzte 1894 Honduras.

Die Haltung Englands wurde vor allem von wirtschaftlichen Erwägungen bestimmt. Bereits im Oktober 1823 wurden erste britische Konsuln in die wichtigsten Hafen- und Handelsstädte Hispanoamerikas geschickt. 1825/26 wurden Handelsverträge mit Mexiko, Brasilien, Kolumbien und den Vereinigten Provinzen des Río de la Plata geschlossen. Als äußeres Zeichen, dass Großbritannien das amerikanische Staatensystem in seiner Gesamtheit anerkannte, schickte es auch einen Vertreter zum Kongress von Panamá. Die anderen europäischen Mächte mochten zwar offiziell weiterhin am Legitimitätsprinzip festhalten, aber auch hier bestimmten die Wirtschaftsinteressen immer mehr die praktische Politik. Seit 1826 wurden Schiffe in französischen Häfen zugelassen, die unter Flaggen hispanoamerikanischer Staaten fuhren. 1827 schlossen Frankreich und Preußen Handelsabkommen mit Mexiko ab, die zwar de jure keine Anerkennung der Unabhängigkeit darstellten, de facto aber letztlich doch. Auch die deutschen Hansestädte gingen einen halboffiziellen Weg, um nicht mit den großen Staaten der Heiligen Allianz in Konflikt zu geraten.

Doch die Anerkennung der Unabhängigkeit hinderte die europäischen Staaten im 19. Jahrhundert nicht daran, militärisch in Lateinamerika einzugreifen. Meistens ging es dabei um wirtschaftliche Interessen, d.h. den Schutz europäischer Kaufleute gegen Übergriffe auf deren Besitz oder Ansprüche. Englische und französische Blockaden des Río de la Plata zwischen 1838 und 1849 und der so genannte Kuchenkrieg zwischen Mexiko und Frankreich 1838, dessen Auslöser die finanziellen Ansprüche eines französischen Bäckers in Mexiko waren, hatten solche wirtschaftlichen Gründe. Spanien und dann auch Frankreich hatten zeitweise aber zugleich auch eine Art politisches und kulturelles Sendungsbewusstsein. Spanien als ehemalige Kolonialmacht war vor allem um die Jahrhundertmitte daran interessiert, wieder politische Kontrolle über Teile Hispanoamerikas zu gewinnen. 1845 warb der ehemalige ecuadorianische Präsident Juan José de Flores in Spanien für eine Rückgewinnung des Landes durch die ehemalige Metropole. Er fand in Regierungskreisen zunächst tatsächlich Unterstützung, aber letztlich scheiterte das Unternehmen. Um diese Zeit gab es auch ähnliche Projekte für Mexiko. Von spanischer Seite kam jedoch nur ein Plan zur Ausführung, nämlich eine Intervention in Santo Domingo. Als die Konservativen der Dominikanischen Republik Spanien 1861 um ein Eingreifen baten, wurde diesem Wunsch von spanischer Seite entsprochen. Doch bereits vier Jahre später, 1865, zogen die Spanier unter zunehmendem US-amerikanischen Druck wieder ab. Der Sezessionskrieg in den USA (1861–1865) war eine günstige Zeit für europäische Machtentfaltung in Lateinamerika. Von 1863 bis 1866 kam es zu einem Krieg zwischen Spanien und Peru, der sich dann kurzzeitig (Ende 1865–1866) zu einem Konflikt mit der Viererallianz Peru, Chile, Ecuador und Bolivien ausweitete. Spanische Siedler und Kaufleute wurden in Peru nicht so behandelt, wie es von Spanien erwartet wurde. Als es zu einem Zusammenstoß zwischen spanischen Peones und einem peruanischen Hacendado kam, bei dem zwei Spanier ermordet wurden, hatte Spanien einen Vorwand, um in Peru einzugreifen. Spanien besetzte die guanoreichen Chinchainseln und bombardierte 1865 Callao. Als sich Bolivien, Ecuador und Chile solidarisch auf die Seite Perus stellten, kam es auch noch zu einer Bombardierung von Valparaiso. 1866 zogen sich die Spanier zurück. Schließlich kam es auch in Mexiko während des Sezessionskrieges der USA zu einer europäischen Intervention. Napoleon III. von Frankreich schickte zunächst im Verbund mit Spanien und England bewaffnete Schiffe nach Mexiko, um Schulden einzutreiben. Während sich England und Spanien wieder zurückzogen, besetzten die Franzosen das Land und etablierten eine Monarchie mit dem österreichischen Erzherzog Maximilian an der Spitze. Doch der liberale Präsident Benito Juárez, den die Intervention zur Flucht gezwungen hatte, stellte sich an die Spitze einer mexikanischen Gegenbewegung, die schließlich nach dem nordamerikanischen Bürgerkrieg auch von den USA unterstützt wurde. Das zweite mexikanische Kaiserreich wurde 1867 gestürzt und Maximilian in Querétaro erschossen. Eine wichtige Entwicklung gegen Ende des 19. Jahrhunderts war schließlich die zunehmende Einflussnahme des Deutschen Reiches auf den mittelamerikanischen und karibischen Raum, wo die deutschen vor allem mit US-amerikanischen Interessen kollidierten. Die USA betrachteten diese Region zunehmend als ihren »Hinterhof«. Insgesamt waren es im 19. Jahrhundert im Wesentlichen aber noch die europäischen Mächte, die wirtschaftlichen, aber auch politischen Einfluss in Lateinamerika nahmen.

Die USA erklärten 1776 als erster amerikanischer Staat ihre Unabhängigkeit von Europa. Im sich anschließenden Krieg gegen das englische Mutterland wurden die dreizehn Kolonien von Spanien und Frankreich militärisch unterstützt. 1783 musste England die Unabhängigkeit im Frieden von Paris anerkennen. Der spanische Vertreter bei den Friedensverhandlungen in Paris war der Graf Aranda, ein Vertreter des aufgeklärten Absolutismus im Spanien Karls III. Noch im selben Jahr des Friedensschlusses 1783 verfasste Aranda eine Denkschrift über die Verhältnisse in Amerika, in der folgende von geradezu prophetischer Weitsicht zeugende Sätze über die USA zu finden sind: »Diese föderative Republik entstand, drücken wir es so aus, als Zwerg, weil sie von zwei Mächten wie Spanien und Frankreich ins Leben gerufen wurde, die ihr mit vereinten Kräften zur Unabhängigkeit verhalfen. Morgen wird sie [die föderative Republik] ein Riese sein, entsprechend ihre Verfassung konsolidieren und danach zu einem unwiderstehlichen Koloss in jenen Regionen werden. In diesem Zustand wird sie die Wohltaten vergessen, die sie von den beiden Mächten erhalten hat und an nichts anderes denken als an ihre Vergrößerung«. Die territorialen Ambitionen der USA beschränkten sich zunächst ausschließlich auf Nordamerika, das zum allergrößten Teil noch europäisches Kolonialgebiet war. Die unabhängigen ehemaligen dreizehn Kolonien umfassten nur einen vergleichsweise kleinen Teil an der Ostküste. Die Westgrenze bildete der Mississippi, an den sich das Louisiana-Territorium anschloss, das damals noch spanisch war. Kanada, das nördliche Nordamerika, war englisch, und Alaska wurde von Russland besetzt. Im Westen erstreckte sich das Vizekönigreich Neuspanien bis weit in den

Norden und schloss Kalifornien ein. Im Norden schloss sich dann das Oregon-Gebiet an, auf das sowohl Spanien als auch Russland Ansprüche erhoben. Zunächst erwarben die USA 1803 das direkt angrenzende Louisiana-Territorium, das zwischenzeitlich französisch geworden war. Mit Lousiana verdoppelte sich das Territorium der USA, denn es erstreckte sich vom Mississippi bis zu den Rocky Mountains. In den darauf folgenden Jahren wurde eine Expedition weiter nach Westen unternommen, über die Rocky Mountains bis zum Pazifik, und die USA erhoben nun Rechtsansprüche auf das Oregon-Gebiet. 1819 erwarben sie von Spanien Florida, und gleichzeitig musste Spanien die US-amerikanischen Ansprüche auf das Oregon-Gebiet anerkennen.

Nachdem Frankreich 1822/23 militärisch den Trienio Liberal in Spanien beendet hatte, befürchtete Großbritannien eine Ausdehnung der Restaurationspolitik nach Amerika. Die Engländer versuchten, die Restaurationsbestrebungen der Heiligen Allianz diplomatisch zu stoppen, und als bester Verbündeter erschienen ihnen dabei die USA, die bereits 1822 als erster Staat mit Mexiko und Großkolumbien unabhängige hispanoamerikanische Republiken anerkannt hatten. Großbritannien schlug vor, eine gemeinsame Erklärung abzugeben, durch die jede Einmischung europäischer Mächte in Lateinamerika ausgeschlossen werden sollte. Gleichzeitig sollten Großbritannien und die USA selbst erklären, sich territorial in Amerika nicht weiter ausdehnen zu wollen. Der zweite Teil dieser geplanten Erklärung hätte jedoch den Interessen der USA widersprochen, die ihr Territorium im Westen Nordamerikas durchaus noch erweitern wollten. Am 2. Dezember 1823 verkündete Präsident James Monroe in seiner Jahresansprache vor dem Kongress die Sichtweise der USA, die später als **Monroe-Doktrin** bezeichnet wurde. Die betreffende Passage enthält vier zentrale Aussagen. Erstens dürfe sich Europa in Amerika keine weiteren Kolonien mehr aneignen, was sich im Wesentlichen gegen die russischen Ambitionen im Nordwesten richtete. Zweitens werde noch bestehender europäischer Kolonialbesitz in Amerika von den USA nicht in Zweifel gezogen und angetastet. Drittens unterscheide sich das politische System Europas von dem Amerikas ganz wesentlich, eine Feststellung, die sich gegen die Restauration des monarchischen Absolutismus richtete, wie sie die Heilige Allianz mit dem Legitimitätsprinzip vertrat. Viertens würden sich die USA nicht in europäische Kriege einmischen, was zu der damaligen Zeit jedoch ohnehin undenkbar gewesen wäre. Es war allerdings nicht die Monroe-Doktrin, die eine europäische Intervention zu Gunsten der spanischen Ansprüche verhinderte, sondern es waren vielmehr die wirtschaftlichen Interessen Großbritanniens und dann auch der anderen europäischen Staaten. Die Monroe-Doktrin spielte bis in die 1840er Jahre überhaupt keine Rolle in der Außenpolitik. So besetzten die Engländer beispielsweise 1833 die Falklandinseln, ohne dass es von Seiten der USA zu einer feindlichen Reaktion gekommen wäre. Mitte der vierziger Jahre wurde dann mit James Polk ein Mann Präsident, der die USA um die mexikanischen Nordgebiete zu vergrößern gedachte. Den Anfang sollte Texas machen, das sich 1836 unabhängig von Mexiko erklärt hatte. Polk erweiterte die Monroe-Doktrin in seiner Jahresbotschaft an den Kongress im Dezember 1845. Die Europäer hätten sich nicht einzumischen, falls irgendein amerikanischer Staat die Absicht habe, sich freiwillig an die USA anzuschließen. Diese Aussage zielte ganz klar auf Texas. 1846 begann der **Mexikanisch-US-amerikanische Krieg**, der zwei Jahre dauerte und von Mexiko verloren wurde. Mexiko verlor mit Texas, Neu-Mexiko und Kalifornien die Hälfte seines Territoriums. 1853 verkaufte Mexiko den USA noch zusätzlich das Mesilla-Tal (Teile der heutigen Staaten Neu-Mexiko und Arizona), durch das eine geplante Eisenbahnlinie nach Kalifornien führen sollte. Bereits 1846 hatten die USA sich auch Oregon endgültig angeeignet. Vor der Besitznahme Oregons und dem Krieg mit Mexiko wurde in der US-amerikanischen Presse erstmalig der Begriff *Manifest destiny* gebraucht, womit propagiert wurde, es sei die offenbare Bestimmung der US-Amerikaner, sich über den ganzen amerikanischen Kontinent auszubreiten und ihre Kultur und Zivilisation auf andere Völker zu übertragen. Die Monroe-Doktrin war unter Präsident Polk erstmalig als Werkzeug nordamerikanischer Machtpolitik zur Anwendung gekommen. Die erste Expansionsphase der USA, die nun auch ein pazifischer Staat waren, war beendet.

Durch die Ausdehnung bis an den Pazifik wurden für die USA neue Verkehrswege wichtig, denn da in Kalifornien große Goldvorkommen gefunden wurden, strömten seit der Jahrhundertmitte Tausende von Menschen nach Westen. Durch Nordamerika war die Reise gefährlich, beschwerlich und lang, denn diese Route führte durch nach wie vor von Indianern kontrollierte Gebiete. Am günstigsten war deshalb die Überquerung des Isthmus von Panamá, so dass die USA nun Interesse an der mittelamerikanischen Landenge entwickelten. In Mittelamerika hatten aber auch die Briten ihren Einflussbereich. An der Ostküste Guatemalas besaßen sie Belize (Britisch-Honduras) und im Osten Nicaraguas die Mosquitoküste. England wollte sich Rechte an einem geplanten Kanal sichern, für den Nicaragua ebenso wie Panama in Frage kamen. 1850 einigten sich Großbritannien und die USA zunächst in einem Vertrag über ihre Interessen in Mittelamerika. Im **Clayton-Bulwer-Vertrag** wurde die Neutralität der Landenge und eines zukünftigen Kanals vertraglich festgelegt. Bis zum letzten Viertel des 19. Jahrhunderts kam der Expansionsdrang der USA jedoch weitgehend zum Stillstand, wozu wesentlich der Sezessionskrieg beitrug, der das Land über die Kriegsjahre (1861–1865) hinaus sowohl im Vorfeld als auch noch danach im Inneren band. Wie bereits erwähnt, versuchten gerade in diesen Jahren die Europäer wieder in Lateinamerika Fuß zu fassen. Die französische Intervention in Mexiko und das zweite Kaiserreich führten jedoch erstmalig zu einer Anwendung der Monroe-Doktrin in ihrem ursprünglichen Sinn. Die USA stellten sich damals klar auf die Seite des mexikanischen Präsidenten Juárez und beriefen sich dabei ausdrücklich auf die Monroe-Doktrin. Unter der Regierung von Präsident Ulysses Grant wurden dann erstmalig Pläne für ein Ausgreifen der USA in den karibischen Raum formuliert. 1868 begann der zehnjährige Bürgerkrieg in Kuba, der ein erfolgloser erster Versuch war, die Unabhängigkeit von Spanien zu erreichen. Grant verkündete in seiner Jahresbotschaft an den Kongress im Dezember 1869, dass die USA die Unabhängigkeit der noch bestehenden Kolonien begrüßen, aber die Unterstellung unter eine andere europäische Macht nicht dulden würden. Eine Kernaussage der Monroe-Doktrin wurde damit klar verändert, nämlich dass die noch bestehenden europäischen Kolonien in Amerika durch die USA voll anerkannt würden. Unter Grant wurden erstmalig Pläne gemacht, die Karibikinseln in den eigenen Machtbereich zu ziehen. Die Gelegenheit bot sich, als Kuba am Ende des Jahrhunderts verstärkt seine Unabhängigkeit verfolgte. 1895 begann der zweite Unabhängigkeitskrieg Kubas. Als sich bis Anfang des Jahres 1898 keine endgültige Entscheidung in diesem Krieg zeigte, entschlossen sich die USA einzugreifen. Von April bis August **1898** kam es zum **Spanisch-US-amerikanischen Krieg**, der Kuba aus der spanischen Herrschaft in eine von den USA kontrollierte Scheinabhängigkeit führte. Spanien musste seine Kolonialherrschaft sowohl in Kuba und Puerto Rico als auch in Asien in Guam und den Philippinen aufgeben. Puerto Rico und die Philippinen wurden US-amerikanische Kolonien, während Kuba von 1898 bis 1902 eine nordamerikanische Militärregierung erhielt. 1902 erfolgte dann zwar der Abzug der US-Truppen, aber die Unabhängigkeit der Insel wurde durch das **Platt-Amendment** stark eingeschränkt. In diesem Zusatz zur kubanischen Verfassung wurde Kuba eine von den USA unabhängige Außenpolitik untersagt, und die USA erhielten das Recht, in Kuba zu intervenieren, wann immer sie es für nötig halten würden. Damit begann eine neue Phase der Beziehungen zwischen den USA und Lateinamerika, die charakteristisch für das 20. Jahrhundert werden würden. Michael Zeuske hat den Epocheneinschnitt treffend formuliert: »Mit der Okkupation Cubas und mit der Transition der Regierungsmacht war ein Modell für Eingriffe der USA in Lateinamerika geschaffen worden, das bald darauf, 1903, auch in Panamá und später bis in die 2. Hälfte des 20. Jahrhunderts Anwendung fand«.

In keinem anderen Bereich lateinamerikanischer Geschichte ist der Übergang vom 19. zum 20. Jahrhundert so deutlich von einschneidenden Veränderungen geprägt wie in den internationalen Beziehungen. Der Einfluss der Vereinigten Staaten nahm gegenüber dem Europas stark zu und dominierte zu Beginn des Jahrhunderts zunächst im karibischen und zentralamerikanischen Raum die wirtschaftliche und politische Entwicklung der dortigen Staaten in hohem Maße. Dabei trat gerade in dieser

Region das Deutsche Kaiserreich in immer stärkere Konkurrenz zu den USA. Als Venezuela um die Jahrhundertwende seine Auslandsschulden nicht mehr begleichen konnte und es zu Übergriffen auf deutsches Eigentum in diesem Land gekommen war, unternahm Deutschland zusammen mit Großbritannien und Italien eine militärische Expedition nach Venezuela. In der folgenden diplomatischen Auseinandersetzung mit den USA in der **Venezuelakrise** musste Deutschland schließlich zurückstecken. Mit dem Ersten Weltkrieg, in den die USA 1917 als Kriegsteilnehmer eingriffen, wurde Deutschland als ernst zu nehmender Konkurrent um Einfluss in Mittelamerika und der Karibik ausgeschaltet.

Die Erklärungen nordamerikanischer Präsidenten im Hinblick auf das Verhältnis zu Lateinamerika, die 1823 mit der Monroe-Doktrin ihren Anfang genommen hatten, setzten sich auch im 20. Jahrhundert fort. Großbritannien verzichtete in den beiden **Hay-Pauncefote-Verträgen** (benannt nach den aushandelnden Diplomaten beider Vertragspartner) von 1900 und 1901 zu Gunsten der USA auf seine 1850 im Clayton-Bulwer-Vertrag noch geltend gemachten Ansprüche auf die Kontrolle eines mittelamerikanischen Kanals. 1903 machte sich Panama mit der Unterstützung der USA von Kolumbien unabhängig, und seitdem wurde das Land, von den USA dominiert. Der Panamakanal wurde 1914 eröffnet und unterstand bis zum ausgehenden 20. Jahrhundert US-amerikanischer Kontrolle. Bereits ein Jahr nach der »Unabhängigkeit« Panamas erklärte der nordamerikanische Präsident Theodore Roosevelt in einem Zusatz zur Monroe-Doktrin *(Roosevelt-corollary):* »Chronic wrongdoing, or an impotence which results in a general loosing of the ties of civilized society, may in America, as elsewhere, ultimately require intervention by some civilized nation, and in the Western Hemisphere the adherence of the United States to the Monroe Doctrine may force the United States, however reluctantly, in flagrant cases of such wrongdoing or impotence, to the exercise of an international police power«. Mit dieser Botschaft hatten sich die USA zur Kontroll- und Polizeimacht erklärt, die sie in den sich anschließenden Jahrzehnten vor allem durch direkte und indirekte Interventionen im karibischen und mittelamerikanischen Raum im Zuge der so genannten *big-stick-policy* und der eng damit verbundenen **Dollardiplomatie** oder »**Politik der offenen Tür**« auch wahrnahmen. So wurden die Dominikanische Republik von 1916 bis 1924 und Haiti von 1915 bis 1934 von US-amerikanischen Truppen besetzt, um vor allem eine wirtschaftliche Kontrolle über diese Staaten auszuüben. Auch Nicaragua wurde indirekt durch die nordamerikanische Stützung einer Minderheitsregierung kontrolliert, die durch den Guerillakrieg unter der Führung von Augusto César Sandino bekämpft wurde, nach dem sich die linksgerichtete politische Bewegung der Sandinisten benannte. Seit den dreißiger Jahren wirkte die US-amerikanische Politik dann mäßigend. 1930 distanzierte sich Präsident Herbert Hoover ausdrücklich von dem im *Roosevelt-corollary* beanspruchten Recht der Polizeigewalt, und unter der Präsidentschaft von Franklin Delano Roosevelt (1933–1945) bemühten sich die Vereinigten Staaten um ein kooperativeres Verhältnis zu ihren südlichen Nachbarn, das der Präsident bereits beim Amtsantritt als »**Politik der guten Nachbarschaft**« formuliert hatte.

Der Zweite Weltkrieg brachte die Etablierung der kommunistischen Staaten Osteuropas mit sich und damit verbunden eine weltweite Blockbildung. An der Spitze des westlichen Bündnisses standen die USA, während die Führungsmacht des Ostblocks die Sowjetunion war. Die politische Entwicklung in Lateinamerika wurde von den USA seitdem vor allem unter dem Gesichtspunkt des Antikommunismus betrachtet. Demokratische Systeme, die linksgerichteten Strömungen Entwicklungsmöglichkeiten boten, wurden direkt oder indirekt bekämpft, während Diktaturen, die den politischen und wirtschaftlichen Interessen der USA entgegenkamen, gestützt wurden. Der **Kalte Krieg** verschärfte sich auf dem amerikanischen Kontinent durch die Kubanische Revolution von 1956/1959. Bis Anfang der sechziger Jahre wurden radikale sozialistische Reformen durchgeführt, und Fidel Castro lehnte sich immer stärker an die Sowjetunion an. Als 1962 sowjetische Raketen auf der Insel stationiert wurden, kam es zur so genannten **Kuba-Krise**, die die Welt an den Rand eines dritten Weltkrieges brachte, nach einem Ultimatum der USA jedoch zum Abbau der Raketen führte. Die

Vereinigten Staaten begannen auf Grund der kubanischen Entwicklung seit Anfang der sechziger Jahre mit der so genannten »Allianz für den Fortschritt« die wirtschaftlich schwachen und politisch instabilen Staaten Lateinamerikas finanziell zu unterstützen. Doch dieses Hilfsprogramm trat immer mehr hinter die um die gleiche Zeit beginnende Förderung spezieller lateinamerikanischer Militäreinheiten zurück, die von den USA zur Guerillabekämpfung ausgebildet wurden *(Counter-Insurgency)*. Die von den USA angeführte Ächtung des kubanischen Regimes setzte sich auch nach dem Zusammenbruch des kommunistischen Blocks seit 1989 fort.

Auch die Beziehungen der lateinamerikanischen Staaten untereinander wurden im 20. Jahrhundert teilweise durch das Verhältnis zu den USA bestimmt. 1889 begann eine neue Phase des Panamerikanismus. Die auf Simón Bolívar zurückgehende Idee eines engeren Zusammenschlusses der amerikanischen, vor allem der hispanoamerikanischen, Staaten wurde nun unter anderen Vorzeichen neu belebt. Die in jenem Jahr stattfindende erste **panamerikanische Konferenz** ging auf die Initiative der Vereinigten Staaten zurück und der Konferenzort war **Washington**. Die seitdem regelmäßig erfolgenden Treffen dienten vor allem den außenwirtschaftlichen Interessen der USA und wurden entsprechend vom US-amerikanischen Außenminister in besonderen Funktionen dominiert. Bereits seit den Anfängen der immer stärker werdenden Einflussnahme der Vereinigten Staaten im zentralamerikanischen und karibischen Raum seit Ende des 19. Jahrhunderts, wurden in Lateinamerika Stimmen laut, die ein ausländisches Interventionsrecht verneinten. Die Argentinier Carlos Calvo und Luis Drago entwickelten diesbezügliche Rechtsvorstellungen. Calvo sprach sich im letzten Viertel des 19. Jahrhunderts dafür aus, dass Ausländer in den jeweiligen Gastländern wie deren Staatsangehörige zu behandeln seien. Das heißt, es sollte keine Möglichkeit geben, dass diese Ausländer von ihren Herkunftsländern bei der Durchsetzung wirtschaftlicher Interessen unterstützt würden, um dadurch Gründe oder auch Vorwände für Interventionen zu schaffen. Auf der zweiten panamerikanischen Konferenz, die 1901 in Mexiko-Stadt begann, versuchten Lateinamerikaner, diese **Calvo-Dok-**

trin in verbindliches Recht zu wandeln, was am Widerstand der USA scheiterte. Die **Drago-Doktrin** besagte dann, dass die Eintreibung von Schulden nicht mehr gewaltsam erfolgen dürfe. 1907 wurde diese Regelung auf der Zweiten Haager Friedenskonferenz diskutiert. Der US-amerikanische Delegierte Horace Porter erreichte den Zusatz, dass sich der betroffene Staat den Bestimmungen eines internationalen Schiedsspruches zu unterwerfen habe. In dieser Form fand dann die so genannte **Drago-Porter-Konvention** Eingang in das Völkerrecht.

Ein weiteres Problem der internationalen Beziehungen stellte die diplomatische Anerkennung verschiedener lateinamerikanischer Regierungen durch das Ausland dar. Einerseits konnten diktatorische Regime auf diese Weise gestützt, andererseits dem Ausland unliebsame Regime destabilisiert werden, je nach Interessenlage. 1907 formulierte der ecuadorianische Diplomat Carlos R. Tobar die Forderung, dass man lateinamerikanischen Regierungen die Anerkennung verweigern müsse, die durch einen Putsch oder Staatsstreich verfassungswidrig an die Macht gelangt seien. Noch im selben Jahr 1907 nahmen die fünf mittelamerikanischen Staaten die **Tobar-Doktrin** in einen in Washington geschlossenen allgemeinen Friedens- und Freundschaftsvertrag auf. Die mittelamerikanischen Staaten erwiesen sich jedoch als zu schwach, das vereinbarte Prinzip ohne die Unterstützung der USA durchzusetzen, die nach wie vor jene Regierungen anerkannten, die ihren wirtschaftlichen und politisch-strategischen Interessen entgegenkamen. Nach Ausbruch der Mexikanischen Revolution wurde vor allem dieses Land in der Zeit Wilsons und der Big-Stick-Politik von der Anerkennungs- bzw. Nichtanerkennungspolitik der Vereinigten Staaten betroffen, so dass es kein Zufall war, dass der mexikanische Außenminister Genaro Estrada 1930 verkündete, dass Mexiko in Zukunft keine Anerkennungserklärungen mehr abgeben würde. Die Diplomatie der Anerkennung sei eine unrechtmäßige Einmischung in die Souveränitätsrechte ausländischer Staaten.

Blieben viele der Stellungnahmen und Forderungen lateinamerikanischer Politiker und Diplomaten wirkungslos, so zeigen sie doch den Versuch, der Dominanz Europas und der USA im Völkerrecht eigene Positionen entgegenzusetzen. Eine größere internationale Aktivität konnten die lateinamerikanischen Staaten im nach dem Ersten Weltkrieg gegründeten Völkerbund (1919/1920) entwickeln, was allerdings durch das Festhalten der USA an der Monroe-Doktrin eingeschränkt wurde. Als es in den dreißiger Jahren zum Chacokrieg zwischen Paraguay und Bolivien kam, wurde zwar zuerst der Völkerbund für eine Lösung des Konfliktes mobilisiert, aber letztlich war es die Vermittlung der lateinamerikanischen Staaten, die den Krieg beenden konnte. Nach dem Zweiten Weltkrieg wurden spezifische lateinamerikanische Interessen vor allem durch die 1948 innerhalb der Vereinten Nationen gegründete Wirtschaftskommission für Lateinamerika (**CEPAL**: *Comisión Económica para América Latina*) formuliert, die vor allem eine zunehmende Industrialisierung befürwortete (vgl. Forschungsdiskussion über die wirtschaftliche Abhängigkeit Lateinamerikas). Um die gleiche Zeit wurde die **Organisation amerikanischer Staaten** (**OAS**) gegründet, die jedoch in der Zeit des Kalten Krieges vor allem dem Sicherheitsbedürfnis der USA auf dem amerikanischen Kontinent diente, was 1962 folgerichtig zum Ausschluss Kubas aus der OAS führte. Zunehmende Bedeutung für Lateinamerika gewann die ursprünglich von afrikanischen und asiatischen Staaten ausgehende **Bewegung der Blockfreien**. Bei der Gründung 1961 wurde zunächst nur Kuba Vollmitglied, aber in den folgenden Jahren kamen immer mehr lateinamerikanische Staaten dazu. Seit den 1970er Jahren befassten sich die Blockfreien immer stärker mit den wirtschaftlichen Problemen der so genannten Dritten Welt und der politische Ost-West-Konflikt trat gegenüber der wirtschaftlichen Nord-Süd-Problematik in den Hintergrund.

Einstieg in das Studium:
Gute Überblicksdarstellungen zur Geschichte Lateinamerikas im 19. und 20. Jahrhundert sind: *The Cambridge History of Latin America* (hrsg. v. Leslie Bethell), Vol. III *From Independence to ca. 1870*, Vol. IV *ca. 1870 to 1930* sowie Vols. VI-X *Latin America since 1930*, Cambridge u.a. 1985–1995. In den Bänden enthalten sind sowohl allgemeine Einführungskapitel über Entwicklungen, die das gesamte Lateinamerika betrafen, als auch zusammenfassende Darstellungen zu jedem einzelnen

Staat. GUSTAVO BEYHAUT, *Süd- und Mittelamerika II. Von der Unabhängigkeit bis zur Krise der Gegenwart* (Fischer Weltgeschichte Bd. 23), Frankfurt a.M. 1965, ist vor allem für die allgemeinen sozialen und wirtschaftlichen Entwicklungstendenzen empfehlenswert, während die hier geschilderte politische Geschichte bereits ein gewisses Maß an Kenntnissen voraussetzt. Sehr ausführlich für alle Teilbereiche der lateinamerikanischen Geschichte, wobei auch die einzelnen Nationalgeschichten relativ gut in die allgemeine Darstellung integriert werden, ist TULIO HALPERIN DONGHI, *Geschichte Lateinamerikas. Von der Unabhängigkeit bis zur Gegenwart*, Frankfurt a.M. 1994 (spanisches Original 1968). In allen bisher genannten Handbüchern wird auch die Unabhängigkeitsepoche behandelt, wobei Halperin Donghi zusätzlich weit in die Kolonialzeit zurückgehend auch auf die Ursachen ausführlich eingeht. Einen ausgezeichneten Überblick über die lateinamerikanische Geschichte im 19. und 20. Jahrhundert bietet die Zusammenfassung von THOMAS E. SKIDMORE und PETER H. SMITH, *Modern Latin America*, Oxford u.a. [3]1992 (erste Auflage 1984). Einen Überblick über die Geschichte Lateinamerikas von der Unabhängigkeit bis zur Mitte des 19. Jahrhunderts bieten DAVID BUSHNELL und NEILL MACAULAY, *The emergence of Latin America in the nineteenth century*, New York-Oxford 1988. Einen ersten differenzierten und dennoch gut lesbaren Überblick über die hauptsächlichen Entwicklungstendenzen lateinamerikanischer Geschichte im 20. Jahrhundert kann man sich im einleitenden Teil zu Bd. 3 des *Handbuchs der Geschichte Lateinamerikas* verschaffen: WALTHER L. BERNECKER und HANS WERNER TOBLER, »Staat, Wirtschaft, Gesellschaft und Aussenbeziehungen Lateinamerikas im 20. Jahrhundert«, in: *Lateinamerika im 20. Jahrhundert*, hrsg. v. Hans Werner Tobler u. Walther L. Bernecker.

Zur nationalen Identitätsfindung ist der Sammelband empfehlenswert: FRANÇOIS-XAVIER GUERRA und MONICA QUIJADA (Hrsg.), *Imaginar la Nación* (Cuadernos de Historia Latinoamericana 2), Münster-Hamburg 1994, darin insbesondere die, allgemeine Probleme behandelnden, Artikel der beiden Herausgeber. Zu den angeführten Beispielen Kolumbien, Paraguay und Dominikanische Republik vgl. die Darstellungen von HANS-JOACHIM KÖNIG, *Auf dem Wege zur Nation. Nationalismus im Prozess der Staats- und Nationbildung Neu-Granadas 1750 bis 1856*, Stuttgart 1988, GÜNTER KAHLE, »Die Diktatur Dr. Francias und ihre Bedeutung für die Entwicklung des paraguayischen Nationalbewusstseins«: *Jahrbuch für Geschichte von Staat, Wirtschaft und Gesellschaft Lateinamerikas* 1 (1964) und FRAUKE GEWECKE, *Der Wille zur Nation. Nationsbildung und Entwürfe natio-*

naler Identität in der Dominikanischen Republik, Frankfurt a.M. 1996. Einige Aspekte der nationalen Identitätsfindung in Hispanoamerika behandelt BENEDICT ANDERSON, *Die Erfindung der Nation. Zur Karriere eines folgenreichen Konzepts*, Berlin 1998 (englisches Original 1983). Obwohl seine Konzepte nicht alle überzeugen können, ist es allein schon bemerkenswert, dass Anderson dem amerikanischen Phänomen, insbesondere Hispanoamerika, einen relativ hohen Stellenwert im Gesamtzusammenhang der Nationbildung der westlichen Welt, einräumt.

Zum Problem der diktatorischen Herrschaft in Lateinamerika ist eine gute deutsche Einführung in die Grundproblematik mit anschließender Behandlung von Beispielen aus Bolivien, Ecuador und Paraguay GÜNTER KAHLE, »Diktatur und Militärherrschaft in Lateinamerika«: *Zeitschrift für Lateinamerika Wien* 19 (1980). Von demselben Autor stammt ein Artikel, der schematisiert über die politischen Doktrinen, angefangen mit der Monroe-Doktrin von 1823, die Politik der USA gegenüber Lateinamerika skizziert, »Die Rolle der politischen Doktrinen in den Beziehungen zwischen den USA und Lateinamerika 1823–1933«: *Iberoamerika.* , Köln-Wien 1987.

Ein ausgezeichneter Überblick über die wirtschaftliche Entwicklung Lateinamerikas im 19. und 20. Jahrhundert ist VICTOR BULMER-THOMAS, *The Economic History of Latin America since Independence*, Cambridge 1994. Einen kürzeren Überblick gewinnt man durch die entsprechenden Kapitel in der *Cambridge History of Latin America*.

5. Die Frauen in der iberischen Welt im 19. und 20. Jahrhundert

Die Lebenswelt der iberischen Frauen diesseits und jenseits des Atlantiks stand in der ersten Hälfte des 19. Jahrhunderts in vieler Hinsicht in ungebrochener Tradition des 18. Jahrhunderts. Grundlegende Veränderungen im Hinblick auf die außerhäusliche Arbeit, die Erziehung und Forderungen nach politischer Mitbestimmung begannen erst in der zweiten Jahrhunderthälfte. Dies hängt auf das Engste mit den strukturellen Veränderungen in der Wirtschaft und der Politik zusammen. Die Orientierung ganz Lateinamerikas zum exportorientierten Wirtschaftsmodell im ausgehenden 19. Jahrhundert, das langsame Einsetzen einer Industrialisierung in der gesamten iberischen Welt um die Jahrhundertwende und die Auflösung oligarchischer Herrschaft auf der politischen Ebene veränderten auch die Rolle der Frau in der Gesellschaft. Noch langsamer als tatsächliche Veränderungen im Verhältnis der Geschlechter innerhalb der Gesellschaft veränderten sich die gesamtgesellschaftlichen Idealvorstellungen von der Rolle der Frau.

Das Ideal von der Frau als Ehefrau und Mutter blieb auch im 19. Jahrhundert bestehen. Ihre eigentliche Arbeit sollte die Hausarbeit sein, während außerhäusliche Arbeit dem eigentlichen Wertesystem der Zeit widersprach. War in der frühen Neuzeit die bezahlte Arbeit von Frauen noch sehr stark durch Heimarbeit geprägt, begannen Frauen jedoch schon im 18. Jahrhundert zunehmend auch in Manufakturen außerhalb des Hauses zu arbeiten, eine Tendenz, die sich im 19. Jahrhundert verstärkte. Die stärkere Verlagerung der Arbeit aus dem Haus in die Fabrik erschwerte es, die bezahlte mit der häuslichen Arbeit zu vereinbaren. Gleichzeitig wurde in der bezahlten Arbeit der Frau eine Unterminierung der traditionellen Familienordnung gesehen, eine Bedrohung für die Macht des Ehemannes. Viele Arbeiter waren theoretisch gegen die Fabrikarbeit der Frau, insbesondere der verheirateten Frau, wenn die materielle Realität ihre Arbeit auch häufig unverzichtbar machte. Grundsätzlich unterschied sich die Definition von Männlichkeit der Arbeiterschaft unter diesem Gesichtspunkt nicht von dem des Bürgertums. Im Idealfall sollte der Mann den Unterhalt seiner Familie durch die eigene Arbeit allein bestreiten, und darauf basierte letztlich auch seine Stellung als Oberhaupt der Familie.

Neben den traditionellen bezahlten Arbeiten, denen Frauen außerhalb des Hauses nachgingen, als Waschfrauen, Dienstmädchen und Köchinnen, waren sie im 19. Jahrhundert vor allem in der Textilindustrie tätig. Daneben stellte die Frau nach wie vor auf dem Land eine wichtige Arbeitskraft dar, wo sie auf Familiengütern, aber auch im Rahmen des Großgrundbesitzes und bei saisonalen Ernteeinsätzen eine wichtige Rolle spielte. Diese Tätigkeiten wurden von Frauen sowohl auf der Iberischen Halbinsel als auch in Lateinamerika ausgeübt. In der Neuen Welt, wo auch im 19. und 20. Jahrhundert die ethnische Zugehörigkeit noch sehr stark die soziale Schicht bestimmte, waren es aber vor allem Indianerinnen und Mestizinnen (Hispanoamerika) sowie schwarze Frauen und Mulatinnen (Brasilien), die in diesen Bereichen arbeiteten. Im 20. Jahrhundert ging in Lateinamerika die Arbeit der Frauen im landwirtschaftlichen Bereich kontinuierlich zurück, was im Zusammenhang mit dem Exportrückgang von Agrarprodukten steht. Im 20. Jahrhundert gewannen Frauen vor allem im stetig wachsenden Bereich der Dienstleistungen eine besondere Rolle. 1970 arbeiteten 60 % aller berufstätigen Frauen Lateinamerikas in diesem Sektor. Daneben blieb der traditionelle Frauenberuf der Hebamme auch im 19. und 20. Jahrhundert bestehen, wobei die Vorbereitung der Frau auf diese Tätigkeit verbessert wurde. Bereits 1750 und 1804 waren in Spanien für zukünftige Hebammen Prüfungen eingeführt worden, eine spezielle Ausbildung wurde durch Gesetze von 1857 und 1860 festgelegt. Neben der Tätigkeit als Hebamme, wurde auch der Lehrerberuf vor allem im Bereich der Grundschule zu einem ausgesprochenen Frauenberuf, der sich mit dem gesellschaftlichen Weiblichkeitsideal problemlos vereinbaren ließ. Allerdings waren es vor allem unverheiratete oder zumindest kinderlose Frauen, die in diesem Beruf die Mehrheit stellten.

Grundsätzlich wurden Frauen bis ins 20. Jahrhundert für ihre Arbeit schlechter bezahlt als Männer, im landwirtschaftlichen Bereich arbeiteten sie teilweise völlig unentgeltlich. Mit den entstehenden Gewerkschaftsbewegungen wurden aber zunehmend auch die Rechte der Frauen eingefordert, ohne dass diese jedoch bis weit ins 20. Jahrhundert eine entsprechende Verwirklichung in der Realität gefunden hätten. Der Aufstieg von berufstätigen Frauen in Führungspositionen wurde erst im Verlauf des 20. Jahrhunderts mit einer gesetzlich garantierten Ausbildung möglich, die der der Männer entsprach. Frauen in Führungspositionen sind jedoch bis zum Ende des 20. Jahrhunderts die Ausnahme geblieben. Insgesamt hat die Frau in der zweiten Hälfte des 20. Jahrhundert jedoch auch in der iberischen Welt größere Wahlmöglichkeiten im Hinblick auf die Gestaltung ihres Lebens, wobei die nach wie vor bestehenden krassen sozialen Unterschiede in Lateinamerika diese Aussage für die unteren Gesellschaftsschichten stark relativieren.

Ein nicht unwichtiger Faktor für die gesamtgesellschaftliche Bedeutung der Frau bildeten Kriege, die die männliche Bevölkerung stark dezimierten und die wirtschaftliche Rolle der Frauen vor allem in der Nachkriegszeit verändern konnte. Am Beispiel des Tripelallianzkrieges gegen Paraguay (1864–1870) wurde bereits für das 19. Jahrhundert nachgewiesen, dass der große Frauenüberschuss der Nachkriegsjahre ihre ökonomische Bedeutung in Paraguay enorm verstärkte, ohne dass daraus allerdings größere gesamtgesellschaftliche Macht, Autorität oder politische Partizipation für die Frauen erwuchs. Ähnliche Muster wurden auch für die Rolle der Frauen nach Kriegen des 20. Jahrhunderts festgestellt, wobei in der iberischen Welt der Spanische Bürgerkrieg (1936–1939) herausragt.

Bis zur zweiten Hälfte des 19. Jahrhunderts wurde Mädchenerziehung im Wesentlichen als Privatangelegenheit gesehen. Während die Liberalen bereits am Anfang des Jahrhunderts eine öffentliche, einheitliche und unentgeltliche Erziehung für Jungen forderten, blieben Mädchen aus solchen Konzeptionen ausgeschlossen. Erst in der zweiten Hälfte des 19. Jahrhunderts wurden Mädchen zunehmend auch staatliche Schulen zugänglich gemacht. In Spanien wurde 1857 ein Gesetz erlassen, dass die Einrichtung von Mädchenschulen festlegte. Die Analphabetenrate unter Frauen war entsprechend höher als unter Männern. 1870 waren 68 % der spanischen Männer und 81 % der spanischen Frauen Analphabeten, 1900 55,7 % der Männer und 71,4 % der Frauen. Auch in Lateinamerika wurden die Voraussetzungen für eine Grundschulbildung von Frauen im ausgehenden 19. Jahrhundert geschaffen. Doch vor allem in ländlichen Gebieten Lateinamerikas blieb der Anteil der Frauen, die keine Grundschulausbildung erhielten, bis in die zweite Hälfte des 20. Jahrhunderts bei über 50 %. Der Prozentsatz der Analphabeten lag noch in den siebziger Jahren in allem lateinamerikanischen Staaten unter den Frauen höher als unter den Männern, außer in Cuba, Costa Rica und Uruguay, wo in dieser Hinsicht so gut wie kein Unterschied zwischen Frauen und Männern bestand und die Analphabetenrate insgesamt sehr niedrig war (Tabelle 5). Eine über die Grundschulbildung hinausgehende Erziehung vollzog sich noch langsamer, obwohl sie um die gleiche Zeit ihren Anfang nahm, nämlich im ausgehenden 19. Jahrhundert. Das Universitätsstudium für Frauen war dann eine der Errungenschaften, die dem 20. Jahrhundert vorbehalten blieben. Erste vereinzelte Absolventinnen gab es aber schon am Ende des 19. Jahrhunderts auf der Iberischen Halbinsel und innerhalb Lateinamerikas in den kulturell nach Europa bzw. nach den Vereinigten Staaten hin orientierten Ländern Chile, Argentinien, Uruguay, Brasilien und Mexiko. Freien Zugang zu den Universitäten erhielten die spanischen Frauen jedoch erst 1910, während sie vorher jeweils eine Sondererlaubnis zum Studium einholen mussten. In den Anfängen studierten Frauen vor allem Medizin, so dass von den akademischen Berufen, der der Ärztin im Verlauf des 20. Jahrhunderts zu einem typischen Frauenberuf wurde, der sich zunehmend auch mit dem gesellschaftlichen weiblichen Image vereinbaren ließ.

Tabelle 5: Analphabetenrate in Lateinamerika unter Erwachsenen über 15 Jahren (1970–1980)[*]

Land	Jahr	Prozentsatz der Bevölkerung	Prozentsatz der Männer	Prozentsatz der Frauen
Argentinien	1971	8,4	–	–
Bolivien	1976	36,8	24,2	48,6
Brasilien	1978	23,9	22,0	25,7
Chile	1970	11,0	10,1	11,8
Costa Rica	1973	11,6	11,4	11,8
Guatemala	1973	54,0	46,4	61,5
Kolumbien	1973	19,2	18,0	20,2
Kuba	1979	4,6	4,3	4,9
Mexiko	1980	19,0	16,7	21,2
Panama	1980	15,4	14,7	16,0
Peru	1972	27,5	16,7	38,2
Uruguay	1975	6,1	6,6	5,7
Venezuela	1971	25,5	20,3	26,6

* Quelle: Asunción Lavrin, »Women in Twentieth-Century Latin American Society«: *Cambridge History of Latin America*, Bd. VI, p. 511.

Die rechtliche Stellung der Frau hat sich gegenüber der frühen Neuzeit im Verlauf des 19. nur wenig, im 20. Jahrhundert dagegen beträchtlich verändert, was auch für die iberische Welt zutrifft. Spezifischer sind die Möglichkeiten einer politischen Partizipation der Frauen auf der Iberischen Halbinsel und in Lateinamerika im Vergleich zum übrigen Europa und zu Angloamerika zu sehen, denn die oligarchischen und diktatorischen Regime verhinderten eine solche politische Einflussnahme nicht nur für die Frauen sondern auch für einen hohen Prozentsatz der Männer. Der Erlangung des Frauenwahlrechtes ist deshalb vor dem Einsetzen einer kontinuierlichen demokratischen Entwicklung kein so hoher Stellenwert beizumessen wie in anderen Staaten der Welt.

In den Rechtsnormen des 19. Jahrhunderts blieb die Frau im Wesentlichen dem Vater und später ihrem Ehemann rechtlich untergeordnet. In den letzten Jahrzehnten des 19. Jahrhunderts begannen auch Frauen der iberischen Welt, vor allem aus der Elite, analog zu ihren Geschlechtsgenossinnen in Europa und den USA eine rechtliche Gleichstellung mit den Männern zu fordern. Erste Frauenrechtsgruppen wurden zu Beginn des 20. Jahrhunderts gegründet, und in den zwanziger Jahren gab es solche Gruppen nicht nur in Spanien und Portugal sondern auch in allen lateinamerikanischen Staaten. Die Emanzipationsbewegung der Frauen oder der Feminismus begann also auch in der iberischen Welt um die Jahrhundertwende. Der erste internationale Feministenkongress fand 1910 in Buenos Aires statt. Die rechtliche Unterordnung von Frauen unter ihre Ehemänner blieb dennoch in den meisten lateinamerikanischen Staaten bis in die zweite Hälfte des 20. Jahrhunderts bestehen, die fortschrittlichste Entwicklung nahmen auch hier, wie im Bildungssektor, Costa Rica, Cuba und Uruguay. Eine zunehmende rechtliche Gleichstellung und die bessere Ausbildung und damit wachsende Berufstätigkeit der Frau sowie der verbreitete Zugang zu Verhütungsmitteln führte auch zu einem Rückgang der Kinderzahl. Während dies bei den krassen sozialen Unterschieden in Lateinamerika gesamtgesellschaftlich weniger zum Tragen kam, lässt sich in Spanien eine solche Tendenz seit dem ausgehenden 19. Jahrhundert beobachten (Tabelle 6). Selbst in der Francoära, die eine geburtenfreundliche Politik propagierte und in der die Katholische Kirche in Spanien gesellschaftlich sehr einflussreich blieb, setzte sich der Geburtenrückgang fort. In der zweiten Hälfte des 20. Jahrhunderts wurde von der Frauenbewegung immer stärker ein Recht auf Abtreibung gefordert, was gerade in der iberischen Welt auf Grund der gesellschaftlichen Bedeutung des Katholizismus ein noch problematischeres Konfliktthema war als in anderen Gesellschaften.

Tabelle 6: Durchschnittliche Kinderzahl der spanischen Frauen [*]

1887	5,4
1900	4,7
1910	4,4
1920	4,1
1930	3,6
1935	3,3
1950	2,5

[*] Quelle: Erstellt nach den Angaben von Fausto Dopico, »Ganando espacios de libertad. La mujer en los comienzos de la transición demográfica en España«: *Historia de las mujeres*, Bd. 5.

Das Frauenwahlrecht wurde in den meisten lateinamerikanischen Staaten im zweiten Viertel des 20. Jahrhunderts eingeführt, in einigen aber erst in der zweiten Jahrhunderthälfte. Doch, wie bereits erwähnt, war die praktische Bedeutung während großer Zeitabschnitte auf Grund der allgemeinen politischen Strukturen eher gering. In Spanien wurde das Frauenwahlrecht 1931 in der Zweiten Republik eingeführt. Portugal war 1974 nach der Nelkenrevolution der letzte Staat der iberischen Welt, in dem die Frauen das Wahlrecht erhielten.

Tabelle 7: Anerkennung des Frauenwahlrechtes auf der Iberischen Halbinsel und in Lateinamerika[*]

Ecuador	1929
Spanien	1931
Brasilien	1932
Uruguay	1932
Kuba	1934
El Salvador	1939
Dominikanische Republik	1942
Guatemala	1945
Panama	1945
Argentinien	1947
Venezuela	1947
Chile	1949
Costa Rica	1949
Haiti	1950
Bolivien	1952
Mexiko	1953
Honduras	1955
Nicaragua	1955
Peru	1955
Kolumbien	1957
Paraguay	1961
Portugal	1974

[*] Quelle: Leicht verändert übernommen aus Skidmore u. Smith, *Modern Latin America*, S. 64.

Einstieg in das Studium:
Ein Überblick zur Frauen- und Familiengeschichte Lateinamerikas im
19. Jahrhundert ist ELISABETH A. KUZNESOF u. ROBERT OPPENHEI-
MER, »The Family and Society in Nineteenth Century Latin America:
An Historiographical Introduction«: *Journal of Family History* 10,3
(1985). Vgl. auch die Artikel in dem Lateinamerika im 19. Jahrhundert
gewidmeten Band des *Journal of Familiy History* 16,3 (1991). Die einzige deutsche Studie zur Rolle der Frau im Lateinamerika des 19. Jahrhunderts wurde für Paraguay angefertigt, ein Land, in dem die starke
Mestizisierung der Bevölkerung charakteristisch war, und wo der Tripelallianzkrieg spezifische Auswirkungen auf die Rolle der Frau hatte:
BARBARA POTTHAST-JUTKEIT, *»Paradies Mohammeds« oder »Land
der Frauen«? Zur Rolle von Frau und Familie in Paraguay im 19. Jahrhundert*, Köln u. a. 1994. Einen guten Überblick über die Geschichte der
lateinamerikanischen Frauen des 20. Jahrhunderts vermittelt Asunción
Lavrín, »Women in Twentieth-Century Latin American Society«: *The
Cambridge History of Latin America*, Vol. VI: *Latin America since
1930. Economy, Society and Politics*, Cambridge 1994. Einige interessante Informationen können auch den verschiedenen Beiträgen zu Spanien und Iberoamerika entnommen werden, die in den Bänden 4 und 5
der *Historia de las mujeres en Occidente*, hrsg. v. Georges Duby u.
Michelle Perrot, Madrid 1993, im abschließenden Teil »Una mirada
española« zu finden sind.

VII. Hilfsmittel des Studiums und ihre Anwendung

Wichtige Hilfsmittel, auf die bereits im Anschluss an die Einleitung hingewiesen wurde, sind auch für Studenten der iberischen und lateinamerikanischen Geschichte allgemeine **Einführungen in das Studium der neueren Geschichte**. In diesen allgemeinen Einführungen erfährt der Anfänger etwas zur besonderen Methode der Geisteswissenschaften im Vergleich zu den Naturwissenschaften, zu verschiedenen Arten von historischen Quellen, zu Teildisziplinen der Geschichte (Wirtschaftsgeschichte, Sozialgeschichte, Geschlechtergeschichte etc.), zu den Hilfswissenschaften der Geschichte und in einigen Einführungen auch zum praktischen Aufbau des Studiums. Die wichtigsten Einführungen sind: ERNST OPGENOORTH, *Einführung in das Studium der neueren Geschichte*, Paderborn u.a. [3]1989; WINFRIED SCHULZE, *Einführung in die neuere Geschichte*, Stuttgart 1987; VOLKER SELLIN, *Einführung in die Geschichtswissenschaft*, Göttingen 1995. Vgl. zu diesen drei Büchern auch den kurzen Kommentar im Anschluss an die Einleitung der vorliegenden Einführung. Weiterhin nützlich sind: P. BOROWSKY, B. VOGEL, H. WUNDER, *Einführung in die Geschichtswissenschaft*, 2 Bde., Opladen 1975, eine Einführung, die sehr praxisorientiert ist; A. v. BRANDT, *Werkzeug des Historikers. Eine Einführung in die Historischen Hilfswissenschaften*, Stuttgart u.a. [13]1992 eignet sich vor allem für einen Einstieg in die Hilfswissenschaften; E. BOSHOF, K. DÜWELL, H. KLOFT, *Grundlagen des Studiums der Geschichte. Eine Einführung*, Köln u.a. 1973, ein Buch, dessen besonderer Vorteil in der Integration der Alten, Mittleren und Neueren Geschichte liegt. Die Entscheidung, ob und welches dieser Werke man sich kauft, wird u.a. von der eigenen Fächerkombination bestimmt werden.

Bei der Vorbereitung eines Referates, einer Hausarbeit oder einfach bei der Lektüre von Fachliteratur zur Vorbereitung auf eine Prüfung werden gerade dem Studienanfänger bisweilen Begriffe, Institutionen oder Namen begegnen, die nicht näher erklärt sind, weil ihre Kenntnis vorausgesetzt wird. Um dabei eigene Wissenslücken zu schließen oder rudimentär vorhandene Kenntnisse zu vertiefen oder aufzufrischen, empfiehlt sich das

Nachschlagen in einem schnell zugänglichen Hilfsmittel. Dafür stehen verschiedene **Enzyklopädien** oder **Konversationslexika** zur Verfügung, die in den Lesesälen der meisten Universitätsbibliotheken und auch in vielen Seminarbibliotheken zugänglich sind. Im Allgemeinen wird man dabei zunächst zu einer deutschen Enzyklopädie greifen. Die bedeutendsten sind die *Brockhaus Enzyklopädie* und *Meyers Lexikon*. Zur gesamten spanischen Welt steht die *Enciclopedia universal ilustrada Europeo-Americana*, nach dem Verlag häufig nur kurz *Espasa Calpe* genannt, zur Verfügung. Ausgesprochen nützlich ist außerdem die englischsprachige *Encyclopaedia Britannica*.

Darüber hinaus gibt es zahlreiche **Sachlexika**, die sich ausschließlich mit der Geschichtswissenschaft befassen. Gerade wenn iberische und lateinamerikanische Geschichte als einziges historisches Fach studiert wird, fehlt manchmal der Bezug zur Gesamtdisziplin, ohne den ein sinnvolles Studium jedoch kaum möglich ist. In einem zentralen Sachlexikon werden historische Grundbegriffe in ausführlichen Artikeln, die manchmal den Umfang einer Monographie haben, vorgestellt. Viele dieser Grundbegriffe sind auch für die iberische und lateinamerikanische Geschichte von großer Bedeutung. *Geschichtliche Grundbegriffe. Historisches Lexikon zur politisch-sozialen Sprache in Deutschland*, hrsg. v. Otto Brunner, Werner Conze, Reinhart Koselleck, Bde. 1–8 (Stuttgart 1972–1997), umfasst Artikel z.B. zu den Begriffen »Demokratie«, »Diktatur«, »Rasse« und »Gleichheit«, aber auch zu mehreren zusammengehörigen Begriffen, deren Behandlung in einem Artikel sinnvoll ist, wie z.B. »Volk, Nation, Nationalismus, Masse«. Ein älteres, aber immer noch nützliches Sachlexikon zur Geschichte der spanischen Welt ist *Diccionario de Historia de España*, 3 Bde., Madrid 1979, das auch zahlreiche Kurzbiographien enthält. Ein neueres spanisches Lexikon zur Geschichte ist MIGUEL ARTOLA (Hrsg.), *Enciclopedia de Historia de España*, 7 Bde., Madrid 1988 ff. Die ersten drei Bände weisen mit ihren umfassenden Beiträgen eher den Charakter eines Handbuches auf, die Bände 4 und 5 umfassen ein biographisches und ein thematisches Wörterbuch, Band 6 umfasst eine Zeittafel, Karten und zahlreiche Statistiken. Um sich schnell über einzelne Sachverhalte, chronologische Abfolgen und Jahreszahlen zu informieren ist vor allem der Ploetz geeignet: KLAUS-JÖRG RUHL u.a., *Spanien-Ploetz. Spanische und portugiesische Geschichte zum Nachschlagen*, Freiburg-Würzburg 1986; GÜNTER KAHLE u.a., *Lateinamerika-Ploetz. Die Geschichte der lateinamerikanischen Länder zum Nachschlagen*, Freiburg-Würzburg 1989. Nützlich für Grundtendenzen der politischen Entwicklung Lateinamerikas ist außerdem PETER WALDMANN (Hrsg.), *Politisches Lexikon Lateinamerika*, München 1980.

Um sich über Einzelpersönlichkeiten der iberischen und lateinamerikanischen Geschichte kurz zu informieren, gibt es **biographische Nachschlagewerke**. Zum habsburgischen Herrscherhaus der frühen Neuzeit steht zur Verfügung BRIGITTE HAMANN (Hrsg.), *Die Habsburger. Ein biographisches Lexikon*, Wien 1988. Die meisten Eintragungen zur iberischen Welt finden sich im *Archivo Biográfico de España, Portugal e Iberoamérica*. Das Werk enthält über 400.000 biographische Einträge auf Mikrofiches aus verschiedenen biographischen Nachschlagewerken, die seit dem 17. Jahrhundert erschienen sind. Die Benutzung wird erleichtert durch den in Buchform erschienenen *Indice Biográfico de España, Portugal e Iberoamérica*, 7 Bde., München u.a. [2]1995, in dem alle biographischen Einträge des Archivo alphabetisch geordnet aufgelistet sind. Der Indice selbst enthält einige knappe Angaben zu allen Personen (Lebensdaten, Herkunft, Beruf).

Anschauliches Kartenmaterial zu allen Epochen lateinamerikanischer Geschichte findet sich in CATHRYN L. LOMBARDI u.a. (Hrsg.), *Latin American History. A Teaching Atlas*, Madison-London 1983. Der Atlas enthält auch einige Karten zur Iberischen Halbinsel.

Um sich einen Überblick über Ausschnitte des Fachgebietes zu verschaffen, oder um sich zunächst in ein Thema einzulesen, das Gegenstand eines Seminars oder einer Vorlesung ist, beginnt man im Allgemeinen mit der Lektüre von Überblicksdarstellungen. Dabei kann man als Faustregel für die eigene Arbeitsplanung nehmen: je geringer das Wissen über einen Gegenstand ist, desto knapper und einfacher sollte die erste Lektüre sein. Danach empfiehlt sich die Lektüre eines etwas umfangreicheren Textes zum Thema, und dann schließlich von Detailstudien. Darüber hinaus sollten die ersten Informationen zu einem Thema möglichst in einer Sprache gelesen werden, die man flüssig beherrscht. Auf diese Weise lässt sich problemlos und ohne ständige Überforderung das nötige Wissen schrittweise aufbauen. **Handbücher** eignen sich für eine erste Orientierung meistens am besten und stellen geschichtliche Strukturen und Prozesse im besten Falle so dar, dass man sie ohne Vorkenntnisse verstehen kann. Im Folgenden werden nach Regionen geordnet einige wichtige und brauchbare Handbücher vorgestellt. Die meisten der deutsch- und englischsprachigen Handbücher wurden bereits nach den Abschnitten der Darstellung in der Rubrik »Einstieg in das Studium« angeführt. Dort finden sich weitere Monographien, die hier nicht mehr aufgelistet werden.

Spanische Geschichte:

RAMÓN MENÉNDEZ PIDAL (Hrsg.), *Historia de España*, 41 Bände, Madrid 1975–1998, behandelt die Geschichte Spaniens von der Prähistorie bis in die neueste Zeit.

MANUEL TUÑÓN DE LARA (Hrsg.), *Historia de España*, 10 Bände (Darstellung), Barcelona 1982–1991. An die Darstellungsbände schließen sich weitere Bände mit Dokumenten zu allen Epochen an. Stärker als bei Menéndez Pidal findet hier auch die Wirtschafts- und Sozialgeschichte Berücksichtigung. Integriert ist ebenfalls (Bd. VII, 1983) die hispanoamerikanische Kolonialzeit einschließlich der Inseln Kuba und Puerto Rico bis 1898.

WALTHER L. BERNECKER und HORST PIETSCHMANN, *Geschichte Spaniens. Von der frühen Neuzeit bis zur Gegenwart*, Stuttgart u.a. 1993. Es handelt sich um eine neuere deutsche Gesamtdarstellung, die einen knappen und kompetenten Überblick bietet. HARTMUT HEINE, *Geschichte Spaniens in der frühen Neuzeit, 1400–1800*, München 1984: Es handelt sich um eine kompetente und teilweise detaillierte Darstellung, die aber Vorkenntnisse voraussetzt.

JOHN LYNCH, *Spain 1516–1598. From Nation State to World Empire*, Oxford-Cambridge (Mass.) 1992; Idem, *The Hispanic World in Crisis and Change 1598–1700*, Oxford-Cambridge (Mass.) 1992; Idem, *Bourbon Spain 1700–1808*, Oxford-Cambridge (Mass.) 1989. Die drei Monographien behandeln jeweils ausführlich und weit gehend auf dem neuesten Forschungsstand ein Jahrhundert der frühneuzeitlichen Geschichte Spaniens und sind besonders empfehlenswert.

RAYMOND CARR, *Spain 1808–1939*, Oxford 1966. Idem, *Modern Spain 1875–1980*, Oxford 1980. Beide Monographien sind brauchbare Überblicksdarstellungen zur spanischen Geschichte des 19. und 20. Jahrhunderts.

JAIME VICENS VIVES, *Manual de Historia Económica de España*, Barcelona 1959. Zwar reicht das Buch nur bis zur einsetzenden Industrialisierung Spaniens im 19. Jahrhundert und ist in einigen Teilen durch den neuesten Forschungsstand überholt, es ist jedoch ein Klassiker der Geschichtsschreibung über Spanien und stellt nach wie vor die einzige Überblicksdarstellung zur gesamten Wirtschaftsgeschichte Spaniens dar.

JAMES CASEY, *Early Modern Spain. A Social History*, London-New York 1999; WALTHER L. BERNECKER, *Sozialgeschichte Spaniens im 19. und 20. Jahrhundert. Vom Ancien Régime zur Parlamentarischen Monarchie*, Frankfurt a.M. 1990. Die beiden Monographien präsentieren jeweils einen Überblick der Sozialgeschichte zur frühen Neuzeit bzw. zum 19. und 20. Jahrhundert auf dem neuesten Forschungsstand.

Portugiesische Geschichte:

A. H. DE OLIVEIRA MARQUES, *História de Portugal*, 2 Bde. Lissabon 1972. Das Werk liegt auch in englischer Übersetzung vor: *History of Portugal Vol. I: From Lusitania to Empire*, New York-London 1972; Idem, *History of Portugal Vol. II: From Empire to Corporate State*, New York-London 1972. Es handelt sich bei diesen Handbüchern des portugiesischen Historikers nach wie vor um die besten Überblicksdarstellungen.

C. R. BOXER, *The Portuguese Seaborne Empire 1415–1825*, London 1969; FERNAND SALENTINY, *Aufstieg und Fall des portugiesischen Imperiums*, Wien u.a. 1977. Beide Bücher behandeln ausführlich das portugiesische Kolonialreich, wobei die Darstellung von Boxer zu den Klassikern der iberischen Geschichte zählt.

Lateinamerikanische Geschichte:

The Cambridge History of Latin America, hrsg. v. Leslie Bethell, 11 Bände, Cambridge u.a. 1984–1995. Es handelt sich um das beste und ausführlichste Handbuch zur lateinamerikanischen Geschichte überhaupt, in dem ausschließlich Experten zu den jeweiligen Sachthemen bzw. Länderdarstellungen zu Wort kommen. Die lateinamerikanische Geschichte wird hier unter thematischen und regionalen Aspekten von den indianischen Ureinwohnern vor der Eroberung ausgehend bis zum Ende des 20. Jahrhunderts umfassend und auf dem neuesten Forschungsstand behandelt.

Handbuch der Geschichte Lateinamerikas, hrsg. v. Walther L. Bernecker u.a., 3 Bände, Stuttgart 1992–1996; *Bd. 1: Mittel-, Südamerika und die Karibik bis 1760*, hrsg. v. Horst Pietschmann; *Bd. 2: Lateinamerika von 1760 bis 1900*, hrsg. v. Raymond Th. Buve u. John R. Fisher; *Bd. 3: Lateinamerika im 20. Jahrhundert*, hrsg. v. Hans Werner Tobler u. Walther L. Bernecker. Es handelt sich um das ausführlichste Handbuch zur lateinamerikanischen Geschichte in deutscher Sprache. Die meisten Teile sind von Experten ausgesprochen kompetent und auf dem neuesten Forschungsstand geschrieben.

RICHARD KONETZKE, *Süd- und Mittelamerika I. Die Indianerkulturen Altamerikas und die spanisch-portugiesische Kolonialherrschaft* (Fischer Weltgeschichte Bd. 22), Frankfurt a. M. 1965; GUSTAVO BEYHAUT, *Süd- und Mittelamerika II. Von der Unabhängigkeit bis zur Krise der Gegenwart* (Fischer Weltgeschichte Bd. 23), Frankfurt a. M. 1965; TULIO HALPERIN DONGHI, *Geschichte Lateinamerikas. Von der Unabhängigkeit bis zur Gegenwart*, Frankfurt a.M. 1994 (Originalausgabe 1968); THOMAS E. SKIDMORE und PETER H. SMITH, *Modern Latin America*, Oxford u.a. 1984. Bei diesen Handbüchern handelt es sich um empfehlenswerte Darstellungen entweder zur Kolonialgeschichte oder zur Entwicklung der unabhängigen Staaten Lateinamerikas, die in der vorliegenden Einführung teilweise genauer unter »Einstieg in das Studium« am Schluss der entsprechenden Kapitel kommentiert werden.

Ebenfalls unter »Einstieg in das Studium« wurden bereits die folgenden Titel angeführt, die sich mit wichtigen Teilaspekten der lateinamerikanischen Geschichte befassen: HANS POHL, *Die Wirtschaft Hispanoamerikas in der Kolonialzeit (1500–1800)*, Stuttgart 1996; VICTOR BULMER-THOMAS, *The Economic His-*

tory of Latin America since Independence, Cambridge 1994; GÜNTER KAHLE, *Lateinamerika in der Politik der europäischen Mächte 1492–1810*, Köln u.a. 1993; HORST PIETSCHMANN, *Die staatliche Organisation des kolonialen Iberoamerika*, Stuttgart 1980; HANS-JÜRGEN PRIEN, *Die Geschichte des Christentums in Lateinamerika*, Göttingen 1978.

Zur Vorbereitung eines Referates oder einer Hausarbeit folgt nach dem Einlesen mit Hilfe der Handbücher das **Bibliographieren**, das heißt die Suche und Erfassung von Literatur zum eigenen Spezialthema. Dabei gibt es verschiedene Möglichkeiten: das Bibliographieren nach dem »**Schneeballsystem**«, wobei ein neueres Werk zum Thema den Ausgangspunkt bilden muss. Man erfasst die für das Thema relevante Literatur (Monographien und wissenschaftliche Zeitschriftenartikel) aus den Fußnoten oder dem Literaturverzeichnis des neueren Werkes, wozu auch die zuvor konsultierten Handbücher einen Ausgangspunkt bilden können, und versucht sich diese über die Seminarbibliothek, die Universitätsbibliothek oder durch Fernleihe zugänglich zu machen. Eine solche Vorgehensweise ist nur sinnvoll, wenn den aktuellen Forschungsstand repräsentierende Werke zur Verfügung stehen, weil man sonst möglicherweise nur veraltete Literatur und keine neueren Publikationen erfasst. In der Regel wird eine systematischere Vorgehensweise dennoch unerlässlich sein, um sicher sein zu können, keine neuere Publikation zu übersehen. Das **systematische Bibliographieren** kann entweder durch gedruckte **bibliographische Nachschlagewerke** und Rezensionen in wissenschaftlichen Zeitschriften erfolgen oder über das Internet. Der *Indice Histórico Español (Bibliografía histórica de España e Hispanoamérica)* erscheint regelmäßig seit 1954, ist in seiner Erfassung aber keineswegs vollständig. Das *Handbook of Latin American Studies* ist eine Bibliographie zu Lateinamerika, die seit 1936 in den USA erscheint. Hier werden Publikationen zu verschiedenen Wissenschaftsdisziplinen erfasst, auch zur Geschichte. Seit Band 26 (1964) erscheinen jährlich abwechselnd Bände zu den *Humanities* (Geisteswissenschaften), zu denen auch die Geschichte gehört, und zu den *Social Sciences* (Sozialwissenschaften im weitesten Sinne: Geographie, Wirtschaft, Soziologie etc.). Im *Hispanic American Periodicals Index*, der seit 1975 ebenfalls in den USA erscheint, werden Zeitschriftenartikel der wichtigsten internationalen Zeitschriften zur hispanoamerikanischen Geschichte erfasst. Bei der Fülle von Neuerscheinungen sind solche bibliographischen Nachschlagewerke kaum vollständig und erscheinen außerdem meist mit Verspätung, was ihre Aktualität beeinträchtigt. Aus diesem Grund ist eine Literatursuche über das **Internet** meist die sicherste Methode, um die aktuellste Literatur zu einem Thema zu erfassen. Eine erste Anleitung zur Literatursuche im Internet, mit dem Schwerpunkt Lateinamerika, bietet JOACHIM GARTZ, *Lateinamerika Online. Theorie und Praxis effizienter Internet-Recherchen im virtuellen Eldorado*, Köln 1999. Da es jedoch zu vielen Themen Standardwerke gibt, das heißt Literatur, die zwar möglicherweise schon älter ist, aber deswegen noch nicht veraltet sein muss, kann es ebenfalls nützlich sein, Band 11 von *The Cambridge History of Latin America. Bibliographical Essays* zum Bibliographieren heranzuziehen. Es handelt sich um einen guten Überblick über klassische ältere und neuere Studien bis Mitte der 90er Jahre, die kommentiert werden. Darüber hinaus können die **Rezensionsteile von wissenschaftlichen Zeitschriften** durchgesehen werden, um einen Überblick über die neu erschienenen Monographien und gleichzeitig eine Einschätzung dieser Literatur durch Experten zu gewinnen.

Neben Monographien sollten für Referate und Hausarbeiten in jedem Fall wissenschaftliche Artikel herangezogen werden, die im Allgemeinen neueste Forschungsergebnisse zu Spezialthemen präsentieren. Über die Artikel hinaus erscheinen in einigen **wissenschaftlichen Zeitschriften** auch Rezensionen zu neuerschienener Fachliteratur, Forschungsdiskussionen, Nekrologe (Nachrufe auf Wissenschaftler) etc., so daß durch die Zeitschriften ganz allgemein aktuelle Informationen über das Fachgebiet gewonnen werden können. Im Folgenden werden die wichtigsten Zeitschriften des Faches nach Regionen geordnet kurz vorgestellt, wobei nur Zeitschriften zur allgemeinen Geschichte Berücksichtigung finden, während spezielle Zeitschriften etwa zur Kirchen- oder zur Rechtsgeschichte ausgeklammert bleiben. Dagegen werden am Schluss zusätzlich einige universalhistorische Zeitschriften angeführt, die in Europa (bzw. den USA) erscheinen und teilweise auch wichtige Artikel zur iberischen und zur lateinamerikanischen Geschichte veröffentlichen.

Spanische Geschichte:

Hispania. Revista Española de Historia. Die Zeitschrift erscheint seit 1940 und publiziert in spanischer Sprache sowohl Artikel als auch Rezensionen.

Boletín de la Real Academia de la Historia. Erscheint seit 1877 und publiziert nur wissenschaftliche Artikel.

Archivo Hispalense. Revista histórica, literaria y artística. Erscheint seit 1886 und enthält auch einen Rezensionsteil.

Cuadernos de Investigación Histórica. Erscheint seit 1977 mit Rezensionsteil.

Portugiesische Geschichte:

Clio. Revista do Centro de História da Universidade de Lisboa. Die ersten sechs Hefte erschienen zwischen 1879 und 1988. Seit 1995 wird eine neue Serie der Zeitschrift publiziert, die viel versprechend begonnen hat und neben Artikeln auch Rezensionen, Dokumente, Beiträge zur Geschichtstheorie, Nekrologe etc. enthält.

Revista de História Económica e Social. Erschien seit 1978 und wurde mit Bd. 27 (1989) eingestellt.

Revista Portuguesa de História Erscheint seit 1941.

Lateinamerikanische Geschichte:

The Hispanic American Historical Review (HAHR). Erscheint seit 1918 in den USA und ist die wichtigste Zeitschrift zur hispanoamerikanischen Geschichte, enthält aber auch Beiträge zu Brasilien. Die Zeitschrift publiziert in englischer Sprache und enthält den international bedeutendsten Rezensionsteil zu Neuerscheinungen der lateinamerikanischen Geschichte.

The Americas. A Quarterly Review of Inter-American Cultural History. Erscheint seit 1944 in den USA, publiziert in Englisch, enthält einen Rezensionsteil und ist eine wichtige Ergänzung zur *HAHR*, da sie ihren Schwerpunkt auf der Geistesgeschichte hat.

Colonial Latin American Historical Review. Erscheint seit 1992 in den USA, publiziert Artikel (neben Englisch auch in spanischer Sprache), Rezensionen und wissenschaftliche Mitteilungen.

Journal of Latin American Studies (JLAS). Erscheint seit 1969 in England und publiziert auch Rezensionen (in englischer Sprache).

Revista de Indias (RI). Erscheint seit 1940 in Spanien und publiziert auch Rezensionen (in spanischer Sprache).

Anuario de Estudios Americanos (AEA). Erscheint seit 1944 in Spanien und enthält auch einen Rezensionsteil (in spanischer Sprache).

Cahiers des Amériques Latines. Erscheint seit 1968 in Paris und seit 1985 in einer neuen Serie (in französischer Sprache).

Jahrbuch für Geschichte Lateinamerikas (JbLA, früher: *Jahrbuch für Geschichte von Staat, Wirtschaft und Gesellschaft Lateinamerikas)*. Erscheint seit 1964 und enthält neuerdings eine Sektion zur wissenschaftlichen Debatte. Die Zeitschrift publiziert in den folgenden fünf Sprachen: Deutsch, Englisch, Französisch, Portugiesisch und Spanisch.

Ibero-Amerikanisches Archiv. Zeitschrift für Sozialwissenschaften und Geschichte. Die interdisziplinäre Zeitschrift wurde zwischen 1924 und 1944 mit Rezensionsteil publiziert. Eine neue Folge der Zeitschrift erscheint seit 1975, und seitdem wird in folgenden Sprachen veröffentlicht: Deutsch, Englisch, Spanisch.

Iberische und lateinamerikanische Geschichte:

Caravelle. Cahiers du Monde Hispanique et Luso-Brésilien. Erscheint seit 1963 (in französischer Sprache).

Notas. Reseñas iberoamericanas. Literatura, sociedad, historia ist eine interdisziplinäre Rezensionszeitschrift, die seit 1993 in Deutschland erscheint und in Spanisch, Portugiesisch und Englisch publiziert. Jedes Heft beginnt mit einer oder mehreren Sammelrezensionen, die den Umfang und den Charakter wissenschaftlicher Aufsätze zur aktuellen Historiographie annehmen können.

Universalhistorische Zeitschriften:
Annales. Économies. Sociétés. Civilisations. Unter verschiedenen Titeln erscheint die Zeitschrift in französischer Sprache seit 1929. In dieser Zeitschrift zur Universalgeschichte bilden die iberische und die lateinamerikanische Geschichte wichtige regionale Schwerpunkte.

Revue Historique (RH). Enthält auch Beiträge zur iberischen und lateinamerikanischen Geschichte (in französischer Sprache).

The English Historical Review (EHR). Enthält auch Beiträge zur spanischen Geschichte (in englischer Sprache).

Past and Present. A Journal of Historical Studies. Erscheint seit 1952, enthält auch Beiträge zur spanischen Geschichte (in englischer Sprache).

The American Historical Review (AHR). Enthält auch Beiträge zur lateinamerikanischen Geschichte (in englischer Sprache).

Historische Zeitschrift (HZ). Die älteren Jahrgänge des ausgehenden 19. und der ersten Hälfte des 20. Jahrhunderts enthielten einige Artikel zur spanischen und lateinamerikanischen Geschichte (in deutscher Sprache).

Der Studienanfänger im Fach Geschichte sollte von Beginn an, neben der Lektüre von Fachliteratur auch mit der Interpretation von historischen Quellen beginnen. Zur Typologisierung von Quellen und zur Quellenkritik sei er an die oben genannten Einführungen in die (neuere) Geschichte verwiesen. An dieser Stelle werden einige wenige **Quellenhefte und Quellensammlungen** vorgestellt, die **ins Deutsche übersetzte Dokumente** enthalten und einen ersten Einstieg in die Interpretation von Quellen und ihre Einordnung ermöglichen:

EBERHARD SCHMITT (Hrsg.), *Dokumente zur Geschichte der europäischen Expansion*, 4 Bde., München 1986–1988. Bd. 1: *Die mittelalterlichen Ursprünge der europäischen Expansion*; Bd. 2: *Die großen Entdeckungen*; Bd. 3: *Der Aufbau der Kolonialreiche*; Bd. 4: *Wirtschaft und Handel der Kolonialreiche*. Die Dokumente sind eingeleitet und mit Literaturhinweisen versehen. Es sind weitere Bände geplant!

URS BITTERLI (Hrsg.), *Die Entdeckung und Eroberung der Welt. Dokumente und Berichte*, 2 Bde., München 1980/1981. Bd. I: *Amerika, Afrika*; Bd. II: *Asien, Australien, Pazifik*. Enthält vollständige Dokumente und Quellenauszüge aus Reiseberichten, Briefen, Verträgen etc.

RICHARD KONETZKE (Hrsg.), *Lateinamerika seit 1492* (Quellen- und Arbeitshefte zur Geschichte und Gemeinschaftskunde), Stuttgart 1971. Das Quellenheft enthält Dokumente und Dokumentenauszüge zur Kolonialzeit und zum 19. und beginnenden 20. Jahrhundert.

HANS-OTTO KLEINMANN (Hrsg.), *Lateinamerika. Probleme und Perspektiven* (Quellen zur Geschichte und Politik), Stuttgart u.a. 1992. Enthält Dokumente und Dokumentenauszüge zur Zeitgeschichte Lateinamerikas, also zum ausgehenden 20. Jahrhundert.

EMIR RODRÍGUEZ MONEGAL (Hrsg.), *Die Neue Welt. Chroniken Lateinamerikas von Kolumbus bis zu den Unabhängigkeitskriegen*, Frankfurt a.M. 1982. In dieser Quellensammlung kommen Entdecker, Eroberer, Piraten, Geistliche etc. und eine Frau zu Wort.

ANGEL RAMA (Hrsg.), *Der lange Kampf Lateinamerikas. Texte und Dokumente von José Martí bis Salvador Allende*, Frankfurt a.M. 1982. Im Wesentlichen werden hier Denkschriften und Reden von lateinamerikanischen Politikern des ausgehenden 19. und des 20. Jahrhunderts in Auszügen oder vollständig wiedergegeben.